本书受中南财经政法大学出版基金资助

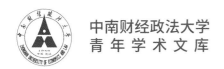

中南财经政法大学
青年学术文库

胡宗彪 〇 著

International Trade Costs
and Productivity in Services Sectors

国际服务贸易成本
与服务业生产率研究

中国社会科学出版社

图书在版编目（CIP）数据

国际服务贸易成本与服务业生产率研究 / 胡宗彪著 . —北京：
中国社会科学出版社，2018.9

（中南财经政法大学青年学术文库）

ISBN 978 - 7 - 5203 - 2504 - 2

I. ①国… Ⅱ. ①胡… Ⅲ.①国际贸易—服务贸易—成本分析—
研究②国际贸易—服务贸易—全要素生产率—研究 Ⅳ. ①F740.47

中国版本图书馆 CIP 数据核字（2018）第 103402 号

出 版 人	赵剑英	
责任编辑	徐沐熙	
特约编辑	白雪帆	
责任校对	王凤和	
责任印制	戴 宽	

出 版	中国社会科学出版社	
社 址	北京鼓楼西大街甲 158 号	
邮 编	100720	
网 址	http://www.csspw.cn	
发 行 部	010 - 84083685	
门 市 部	010 - 84029450	
经 销	新华书店及其他书店	

印刷装订	北京君升印刷有限公司
版 次	2018 年 9 月第 1 版
印 次	2018 年 9 月第 1 次印刷

开 本	710 × 1000 1/16
印 张	16.75
插 页	2
字 数	210 千字
定 价	48.00 元

前　　言

　　贸易成本与生产率之间的关系是国际贸易研究的重要论题之一，然而，迄今为止围绕该论题的多数研究都隐含了一个假定，即一个行业内的所有企业都是同质的，出口部门的所有企业均参与出口。但现实世界并非如此，参与国际贸易的企业存在差异（特别是生产率差异）是一个普遍现象。大量的经验研究显示，不论是服务部门还是商品部门，出口企业的生产率都要高于非出口企业，且参与贸易的企业只是该部门中的一小部分。这是因为出口沉没成本的存在导致异质性企业的行为选择存在差异，生产率更高的企业更倾向于参与国际贸易。在此背景下，国际贸易理论研究的最新进展突破了代表性企业的分析框架，转而在企业异质性条件下研究贸易成本下降的生产率效应。囿于数据原因，目前对该领域的研究仍主要局限于商品贸易领域，对服务贸易的相关研究极其有限。在经济服务化、服务全球化的今天，服务企业参与国际贸易的程度逐步提高，这使我们以最新的贸易理论为支撑，考察贸易成本影响服务业生产率的微观机理以及实际表现显得尤为重要。因此，本书研究的目的在于，结合中国服务业生产率的行业异质性事实，进一步在服务企业异质性条件下，探讨服务贸易成本下降促进服务业生产率提升的微观机理，并利用世界投入产出表数据全面测度国际服务贸易成本，进而对服务贸易成本的服务业生产率效应进行经验考察。

在理论层面上，本书以异质性企业在服务全球化背景下的动态行为视角，探讨贸易成本下降促进服务业生产率提升的微观机理。首先，在企业生产率保持不变的假定下，揭示异质性企业在贸易成本下降背景下的生产及出口决策，并通过行业内资源再配置效应来影响服务业生产率的微观机理。行业内资源再配置效应的机理可概括为：贸易成本下降→出口扩张、进口渗透和竞争加剧→低生产率企业退出市场（选择效应）和资源向高生产率企业转移（份额转移效应）→服务业生产率提升。其次，引入服务企业的内生技术选择假设，在企业生产率可变的假定下，揭示异质性企业在贸易成本下降背景下的出口及技术选择决策，并通过企业技术选择效应影响服务业生产率的微观机理。服务企业技术选择效应的机理可概括为：贸易成本下降→出口扩张、进口渗透和竞争加剧→高技术的引入成本降低→更多企业采用高技术→行业内技术进步→服务业生产率提升。最后，以此为基础，提出了"服务贸易成本下降促进服务业生产率及其增长提升"的理论假说。

在经验层面上，首先，基于中国服务业的最新修订数据，对各行业的生产率进行测算和分析，发现服务业全要素生产率（TFP）整体呈上升趋势，但存在较大的行业异质性，对此我们提出了三种可能的解释。进而基于细分行业层面的服务进出口和TFP数据，在考虑内生性偏误后的固定效应估计结果显示，样本期内服务进口而非出口显著促进了中国服务业生产率提升。其次，基于具有微观理论基础的测度方法和世界投入产出表数据，计算了世界各国的双边及多边服务贸易成本，并与商品贸易成本进行了对比分析。结果发现，不论是总体样本还是按收入水平的国家分类样本，服务贸易成本都远远高于商品贸易成本，但两者均处于下降通道，且服务贸易成本的下降速度低于商品贸易成本。针对中国的测算表明，中国对外服务贸易成本与商品贸易成本均呈下降趋势，且与高收入经济体的贸易成本低于与中等收入经济体的贸易成本。各部门的贸易成本从高到低依次是：生活性服务业、电力燃气及水的生产和供应业、建筑业、生产性服务业、农业、采矿业和制造业。再次，基于数理模型分析以及前期文献的经验模型设定，采用大样本数据考察了服务贸易成本对服务业生产率的实际影响。跨国面板的估计结果显示，服务部门与商品部门相同，更低的贸易成本与更高的生产率及更快的生产率增长相联系，且这一效应主要体现在生产性服务部门。然而，在对中国的检验中，不论是总体样本还是分行业样本（生产性服务业和生活性服务业），都未发现服务贸易成本下降提升服务业生产率及其增长的经验证据。不过，中国商品部门的表现与跨国分析的结论一致。我们将中国服务业的这一特定表现与跨国结论的不一致，称为"中国对外服务贸易成本的生产率效应悖论"现象，并对此提出了三种可能的解释。

基于理论分析及经验考察的结论，本书也得到了相应的政策启示，对于新时代推动形成全面开放新格局具有较强的现实意义。尽管如此，与商品贸易的相关研究相比，本书对服务贸易的研究深度仍然不够。在服务企业层面的贸易数据（包括中国）可以获得时，我们将进一步对服务贸易成本的行业内资源再配置效应以及企业技术选择效应进行深入考察，并对"中国对外服务贸易成本的生产率效应悖论"现象作出进一步的原因透视和学理分析。

胡宗彪

2017 年 12 月

目　录

第一章

导　论

第一节　研究背景与意义

一　全球服务经济的兴起

现代经济发展的一个典型事实是：随着人均收入的增加，服务业增加值占 GDP 的比重不断上升（Eichengreen and Gupta, 2013）。[①] 服务业日益成为全球经济活动的重要组成部分，世界银行的最新统计数据显示，2015 年高收入经济体的服务业增加值占 GDP 比重平均为 74.2%，中等收入经济体和低收入经济体也分别达到了 57.1% 和 48%，世界平均为 69.1%。[②] 相关研究表明，服务业生产率差异在很大程度上可以反映国家之间的总体经济增长差异（van Ark et al., 2008；Inklaar et al., 2008a），这意味着服务业是世界经济中的一大核心要素。特别是，国家间的生产率增长差异很大一部分可以由服务业全要素生产率（TFP）所解释（van der

---

[①] 艾肯格林和古普塔（Eichengreen and Gupta, 2013）的研究发现，服务部门呈现两波（two waves）增长态势。第一波发生在人均收入较低时（1800 美元以下），主要是传统服务业的增长；第二波则发生在人均收入较高时（4000 美元左右），主要是现代服务业（如金融、通信、计算机服务等）的增长。

[②] 数据来源于世界银行网站：https://data.worldbank.org/indicator/NV.SRV.TETC.ZS?view=chart，数据更新于 2017 年 12 月 22 日。

Marel，2012）。[1] 然而，根据表6—2 的结果表明，服务业 TFP 增长相较于制造业 TFP 增长是滞后的。

与其他经济体相比，中国服务业发展存在着三低现象，即增加值比重、就业比重和人均增加值均较低（程大中，2003）[2]；与国内制造业企业相比，服务企业的财务和经济效益也较差（刘培林、宋湛，2007）。克鲁格曼曾指出，生产率并非一切，但从长远来看，它几乎就是一切。在内生经济增长理论中，生产率或技术进步是经济增长的重要源泉。夏杰长等（2010）根据服务业增加值占 GDP 比重以及就业比重两个指标，对中国何时进入服务经济时代作出了初步判断，他们认为在"十二五"时期末（2015 年）最有可能迎来服务经济时代，且自 2000 年开始，中国服务业 TFP 有了明显提高，2010—2015 年服务业能否保持持续稳定增长，关键取决于服务业的 TFP 是否能够持续改善；唐烨（2012）也认为提升服务业生产率是产业升级的新方向。尤其是，党的十九大报告明确提出要"以供给侧结构性改革为主线，推动经济发展质量变革、效率变革、动力变革，提高全要素生产率"，那么作为供给侧结构性改革的重心（沈坤荣，2016），全要素生产率的总体提高必然离不开服务业全要素生产率的提高。

综上所述，在服务经济日益兴起的国际国内背景下（Buera and Kaboski，2012；Bensidoun and Unal-Kesenci，2008；江小涓，2008；程大中，2010；夏杰长等，2010），服务业及其生产率在一个国家经济增长及总生产率增长中的作用将越来越重要（Hoekman and Mattoo，2012；Verma，2012；Fan，2011；Maroto-Sanchez and Cuadrado-Roura，2009；江小涓、李辉，2004）。国家"十二五"规

---

[1] 贝塔斯曼等（Bartelsman et al.，2013）强调了配置（allocation）和选择（selection）在跨国生产率差异中的作用。

[2] 根据《中国统计年鉴2016》，2015 年中国服务业增加值占 GDP 的比重以及就业比重分别为50.2%（首次突破50%）和42.4%，低于中等收入经济体的平均水平。

划指出：经济结构战略性调整是加快转变经济发展方式的主攻方向。经济结构调整的一个重要方向就是提高服务业比重，发挥服务业在国民经济发展中的"黏合剂"功能。因此，如何加快国内服务业发展是当前服务经济研究的热点和难点之一。我们认为，加快服务业发展主要有两大方向：一是基于国内视角，继续深化各种体制机制改革；二是基于国际视角，通过扩大对外开放，即通过开放促进服务业及其生产率增长。夏杰长等（2010）认为，"融合、积聚、开放"是促进我国服务业跨越式发展的必然选择路径。由此可见，本书研究服务业对外开放特别是跨境服务贸易对服务业生产率的影响，既是对中国如何通过对外开放转变经济发展方式、追求增长质量的战略思路的探讨，也是迎合产业结构演进的世界趋势以及推动国内服务业发展的客观需要，更是深入贯彻落实党的十九大报告关于"'推动形成全面开放新格局''发展更高层次的开放型经济'"相关精神的有力体现。

二　国际贸易理论的发展

根据内生经济增长理论，生产率或技术进步对经济增长具有决定性作用。那么，在开放型经济中，企业生产率乃至行业生产率的决定机制如何？以梅里兹（Melitz，2003）和伯纳德等（Bernard et al.，2003）为代表的异质性企业贸易理论将企业异质性（特别是生产率差异）作为其前提假设，结果证明了出口企业比非出口企业具有更高的生产率，并且国际贸易将推动行业内企业间的资源再配置，起到达尔文式优胜劣汰的作用，最终提升行业生产率。但由于各种条件的限制，目前对异质性企业贸易理论的经验检验主要局限于制造业企业，对服务企业异质性条件下行业生产率变动的研究还极其有限。

尽管传统国际贸易理论将贸易成本排除在模型分析之外[①]，但随着国际贸易理论与实践的不断发展，贸易成本已成为新贸易理论（Krugman，1980）、新经济地理学（Fujita et al.，1999；Krugman，1991）和异质性企业贸易理论（Melitz，2003；Bernard et al.，2003）的核心概念，在国际专业化和贸易模型中扮演着重要角色。奥布斯特费尔德和罗戈夫（Obstfeld and Rogoff，2001）更是指出，贸易成本是打开所有其他开放宏观经济学之谜的钥匙。特别是，贸易成本对资源再配置过程及其对生产率的作用机制方面也具有重要意义（Bernard et al.，2006；Blyde and Iberti，2012）。因此，从贸易成本的理论视角研究服务业生产率变迁具有重要的理论意义。

与此同时，服务企业的特殊性也决定了其参与国际贸易的成本构成不同于制造业企业，那么商品领域的异质性企业贸易理论能否适用于服务领域，服务贸易成本与商品贸易成本有何差异，两者对各自行业生产率影响的机理及实际表现是否存在显著差异？对这些问题的解答有助于我们深入认识服务企业参与国际贸易对自身行业生产率的作用机制，进而把握其与制造业企业的不同。因此，从理论层面上看，本书的研究有利于异质性企业贸易理论的进一步拓展。在实践层面上，基于贸易成本视角，探讨服务企业参与国际市场对国内服务业生产率变动的作用机理，对中国服务业开放特别是服务进出口发展具有一定的实践参考意义。因此，本书对服务业企业参与出口能否提高国内服务业生产率的经验研究结论，能够为国家制定服务贸易出口政策提供一定的参考。

最后，需要说明的是，本书的研究暗含了一个假设条件，即我们不片面强调服务业生产率的作用，而是在服务质量保持不变的前

---

① 对于传统国际贸易理论忽视贸易成本的原因，贝伦斯等（Behrens et al.，2007）给出了三种解释。

提下研究服务业生产率变动问题。这是因为单独强调服务业生产率增长是没有意义的。比如，一个医生每天能诊断 50 位病人，如此之高的生产率能否保证诊断结果的准确性以及能否让病人感觉到良好的服务质量，这些都是值得怀疑的。由此可见，我们更应该在服务生产率和顾客感知的服务质量（perceived service quality）之间作出权衡。卡拉贝斯（Calabrese，2012）认为一个服务企业具有良好表现的两个驱动因素是较高的服务生产率和服务质量，而员工的能力和积极性、组织效率、技术设备可用性以及信息技术等均会对二者产生影响。鉴于此，我们在考察国际服务贸易成本对服务业生产率的影响时，是在服务质量保持不变的前提下进行的。

第二节 研究思路与内容

一 研究思路

本书借鉴商品领域的国际贸易理论及经验研究成果，先从中国服务业生产率的行业异质性以及服务贸易的生产率效应出发，探讨在服务企业异质性条件下，国际服务贸易成本下降促进服务业生产率提升的两大微观机理，进而采用行业层面的跨国大样本数据进行国际服务贸易成本测度及经验检验，最后提出相应的政策建议。因此，本书研究的逻辑思路是：起点：现实现状→中国经验→机理探源→服务贸易成本测度→经验考察→结论及政策启示。具体的研究思路与框架结构如图 1—1 所示。

二 研究内容

基于上述研究思路和框架结构，全书共分七章，具体内容如下：

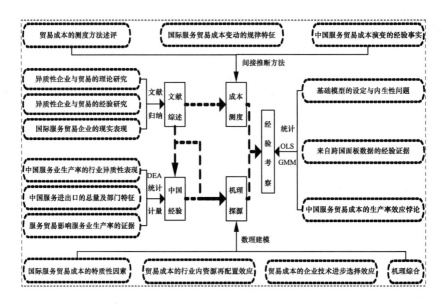

图1—1　研究思路与框架结构

第一章：导论。从全球服务经济兴起的国际背景和加快转变经济发展方式的国内背景以及异质性企业与贸易的理论发展现实出发，简要介绍本书研究的目的和意义、研究思路和内容、主要研究方法以及可能的创新点。

第二章：国际贸易与生产率：文献综述。文献综述既是本书研究的逻辑起点又是本书研究的理论基础。本章对异质性企业与国际贸易的相关理论及经验研究的文献进行梳理，简要介绍异质性企业贸易理论的兴起背景及其发展；从商品出口与生产率、商品进口与生产率以及对中国的特定检验三个方面梳理国际商品贸易领域的经验研究文献；重点对服务企业的自我选择效应和出口学习效应进行归纳和总结；最后是简要的评论。

第三章：服务贸易的生产率效应：中国的经验分析。本章是理论研究的前导部分。利用1990—2010年的中国服务业分行业面板数据考察生产率的历史变迁及行业异质性事实，并对生产率异质性进行内在机制讨论；采用1982—2011年的服务进出口数据分析中国服务贸易的总量及部门特征；控制服务领域的对外直接投资（OFDI）、利用外国直接投资（FDI）、研发资本投入、人力资本数量、行业人均实际工资、资本劳动比、行业结构等影响因素，并充分考虑可能存在的内生性及结果的稳健性问题，深入考察服务进出口对服务业分行业生产率的实际影响。

第四章：服务业生产率变动：基于贸易成本的理论视角。本章在企业异质性条件下应用数理经济学方法，从理论层面探讨国际服务贸易成本下降促进行业生产率提升的微观机理。首先，重点阐述国际服务贸易成本的几大特质性因素构成，即政策壁垒、语言、时区以及空间距离等。其次，根据布赖因利希和克里斯库奥洛（Breinlich and Criscuolo, 2011）的研究，借鉴梅里兹（Melitz, 2003）的基本思路和分析框架，采用鲍德温（Baldwin, 2005）与鲍德温和福斯里德（Baldwin and Forslid, 2010）的方法引入企业提供服务的边际成本服从帕累托分布的假设，阐释贸易成本变动影响行业生产率的微观机理之一，即行业内资源再配置效应，具体又通过选择效应和生产再配置或份额转移效应实现。再次，放弃服务企业生产率保持不变的基本假设，在梅里兹（Melitz, 2003）模型基础上引入耶普尔（Yeaple, 2005）的内生技术选择假定，并借鉴布斯托斯（Bustos, 2007）的处理方法来深入探讨贸易成本变动如何影响服务企业的出口和技术选择的决策，从而揭示贸易成本变动影响行业生产率的微观机理之二，即服务企业的技术选择和学习效应。最后是服务贸易成本影响行业生产率的作用机理综合。

第五章：服务贸易成本测度：规律特征与中国经验。本章既作为独立章节对贸易成本变动的特征事实进行详细解读，同时也是第六章跨国经验考察的数据基础来源。在对国际贸易成本测度方法进行述评的基础上，首先重点介绍诺维（Novy, 2013）间接推断方法的理论基础；再对世界投入产出数据库（WIOD）（Timmer et al.，2012）中的样本国家分类、国民经济行业分类以及指标数据进行细致的处理和说明。其次基于诺维（Novy，2013）方法和 WIOD 数据库，考察国际服务贸易成本变动的规律特征，包括服务贸易成本与商品贸易成本的水平及变动速度对比，高收入经济体与低收入经济体以及生活性服务业与生产性服务业之间的贸易成本水平对比。再次对中国双边服务贸易成本的变动趋势和国家差异，以及中国多边服务贸易成本演变的部门差异进行比较。最后考察不同的计算方法和替代弹性取值对研究结论的可能影响。

第六章：服务贸易成本与服务业生产率：经验证据。本章作为理论分析之后的经验检验部分，首先，基于伯纳德等（Bernard et al.，2006）、因卡拉等（Inklaar et al.，2008a）、米鲁多等（Miroudot et al.，2012）和范德玛瑞尔（van der Marel，2012）的基本方法，构建经验模型并充分讨论内生性问题。其次，对全要素生产率（TFP）、劳动生产率（LP）、信息通信技术资本投入、高技能劳动投入以及技术差距等变量的数据来源和处理过程进行细致说明。再次，对主要经济体的七大行业 TFP 增长率进行基本统计分析，进而以 TFP 水平值和增长率为被解释变量，分别考察跨国总体样本和分行业样本（生产性服务业和生活性服务业）的贸易成本对服务业生产率的影响，并与商品贸易成本进行对比分析。与此同时，遵循大样本的跨国分析逻辑，专门考察中国双边服务贸易成本影响服务业生产率的实际表现。最后，对本章的研究结论进行稳健性检验。

第七章：主要结论及政策启示。总结全文，根据研究结论探讨中国服务业开放发展的战略选择，并指出本书研究的不足及可能进一步的研究方向。

第三节　主要研究方法

本书根据具体研究内容的具体特点选择合适的研究方法，使定性分析与定量分析、逻辑推演与经验考察有效结合，力求多方法、多视角、多维度地研究本书主题。具体而言，运用的主要研究方法包括下述各点。

一　规范分析与实证分析相结合的方法

实证分析与规范分析是西方经济学的两种基本分析方法，规范分析以实证分析为基础，而实证分析需要规范分析的指导。本书首先采用中国服务业分行业的面板数据，对分行业生产率的异质性进行现实考察，并初步检验服务进出口对服务业生产率的实际影响，以此作为规范分析的基础；其次基于前人的研究成果，构建服务企业异质性条件下的数理经济模型，对服务贸易成本下降促进行业生产率提升的两大微观机理进行规范分析；最后在理论分析的基础上，进一步测度国际服务贸易成本并进行实证研究。

二　数理建模与计量经济分析相结合的方法

以商品领域的异质性企业贸易理论为基础，分别构建在服务企业生产率不变和可变两种假设情形下，服务贸易成本影响服务业生产率的数理经济模型；在所有的计量检验过程中，为控制遗漏重要解释变量以及逆向因果关系等可能引起的内生性问题，主要采用能够控制个体和时间因素的面板数据组内估计量进行固定效应回归。对于内生性问题，采用 GMM 距离检验及戴维森和麦金农（David-son and MacKinnon，1993）检验两种方法。在稳健性分析中，运用

GMM 方法以考察研究结论是否依赖于参数估计方法。

三 线性规划以及比较研究方法

在测算中国服务业分行业的全要素生产率及其分解时，采用目前较为流行的数据包络（DEA）这一非参数分析方法。且为避免技术退步的结果出现，采用序列 DEA-Malmquist 生产率指数法对各行业的 TFP 指数、技术效率和技术进步变化指数等进行测度。作为对比，也采用传统的当期 DEA-Malmquist 生产率指数方法。此外，在结果分析中，坚持与相关的前期研究成果进行对比分析，特别是在贸易成本的生产率效应检验中，始终坚持在与商品贸易的对比分析中，对服务贸易的相关结果进行讨论。

第四节　可能的创新之处

根据我们掌握的资料来看，目前涉及服务领域的国际贸易成本与服务业自身生产率的研究还较为有限。因此，本书对该领域的研究具有一定的引领性，属于探索性研究。具体而言，可能的创新之处如下所述。

（1）在中国服务业生产率测度中，采用的是全国两次经济普查（2004 年和 2008 年）后修订的服务业增加值数据，能够提高基础数据的质量并增加结论的可信度；区别于现有文献从整体时序和省际差异角度展开的研究，我们以服务业细分行业的差异性为视角，引入"过去掌握的技术不会遗忘"假定，运用基于序列 DEA（而非传统的当期 DEA）的 Malmquist 生产率指数法，以避免现有服务业生产率测算文献中普遍存在的技术退步问题，从而可以更为准确地揭示中国服务业分行业生产率的历史变迁及行业异质性事实。

（2）在理论分析中，考虑到服务产品的无法存储、生产与消费的同时性等独特性质，重点区分服务企业相比商品企业的国际贸易成本构成差异，特别是政策壁垒、时区和语言等因素。在此基础上，以异质性企业贸易理论为支撑，构建服务企业异质性条件下的两个数理模型，从而阐释国际服务贸易成本影响服务业生产率变动的微观作用机理。第一个假设当服务企业生产率不变时，服务贸易成本下降促进服务业生产率提升的行业内资源再配置效应；第二个假设当服务企业生产率可变时，服务贸易成本下降促进服务业生产率提升的企业技术选择和学习效应。

（3）在国际服务贸易成本测度中，采用的是"自上而下"间接推断方法，相比传统引力模型具有坚实的微观理论基础，无须事前假定贸易成本构成且考虑了多边阻力的影响，由此得到的贸易成本结果相比"自下而上"的直接测度方法更为全面；采用的基础数据是"国家—伙伴国—行业—年份"形式的大样本数据（861000个观测），这样有利于提炼出各国多边及双边服务贸易成本区别于商品贸易成本的演变规律特征；鉴于现有数据的可行性，我们还重点对中国服务业分行业的贸易成本进行测度并与商品贸易成本进行对比分析。

（4）在跨国面板的大样本经验检验中，对前期文献中的经验模型设定进行了拓展，以避免遗漏重要解释变量所带来的内生性偏误，同时进行 OLS 和 IV-GMM 估计以考察结果的稳健性；在生产率变量的选取上，与以往研究不同，我们采用的是全要素生产率而非劳动生产率；特别是，中国样本的特定检验结果与跨国分析的结论并不一致，即中国对外服务贸易成本下降没有表现出对服务业生产率的显著促进作用，由此提出"中国对外服务贸易成本的生产率效应悖论"问题，以引起国内外学者对这一现象的特别关注。

第二章

国际贸易与生产率：文献综述

国际贸易理论主要回答国家或地区间进行贸易的基础、贸易模式以及贸易利益等问题。自亚当·斯密的《国富论》（1776）问世以来，国际贸易理论大致经历了古典贸易理论、新古典贸易理论、新贸易理论以及新新贸易理论（new new trade theory）[①]。其中，新新贸易理论又包括异质性企业贸易理论（heterogeneous firms trade theory）和企业内生边界理论（endogenous boundary theory of the firm）。根据研究主题，本章主要对异质性企业贸易理论及其经验研究，该理论在服务领域的具体表现以及服务贸易的生产率效应等进行系统的文献梳理和述评。

第一节　异质性企业与贸易：理论研究

一　企业异质性

（1）国际贸易理论演进的基本维度。国际贸易理论大致可以概括为如下三个研究层次：宏观——国家层面：古典贸易理论（如比较优势理论）、新古典贸易理论（如要素禀赋理论）；中观——行

---

① 这一术语由鲍德温和尼库（Baldwin and Nicoud，2004）首次提出。

业层面：新贸易理论（如规模经济和产业内贸易理论）；微观——
企业层面：新新贸易理论（如企业异质性对国际贸易模式的影响研
究）。

（2）新新贸易理论的产生背景。古典贸易理论、新古典贸易理
论以及新贸易理论是从国家和产业层面解释贸易的发生、贸易结构
以及贸易对社会福利的增进和影响。不过，它们均忽略了处于微观
层次上的企业在生产率和规模等方面存在的诸多差异，即这些国际
贸易理论均基于同质企业的假定。并且，它们无法对如下两类现象
作出合理解释：第一，在一个产业中通常只有小部分企业从事出口
或对外直接投资活动，这些企业并不是一个产业内所有企业中的随
机样本；第二，与国内企业相比，该产业中从事出口或对外直接投
资的企业通常具有规模较大、技术较先进、工资和生产率水平都较
高等特征（Helpman，2006）。

（3）企业异质性（firm heterogeneity）。企业异质性主要体现在
规模大小、生产率、组织结构、产品质量、员工技能等方面。20
世纪90年代中期以来，大量基于企业层面生产和贸易数据的微观
经验研究发现，出口企业相比非出口企业表现出生产规模更大、生
产率和工资水平更高、技术和资本更为密集等特征，如伯纳德和詹
森（Bernard and Jensen，1995）针对美国企业的研究。瓦格纳
（Wagner，2007b）则认为，从实证的角度看，除生产规模和生产率
有差异之外，企业的异质性还应体现在企业历史、人力资本、资本
密集度、所有权等各个方面。此外，微观企业在成本控制、市场定
位以及经营理念方面等都存在诸多差异性。

（4）新新贸易理论的主要研究方向和内容。概括而言，新新贸
易理论就是打破了传统贸易理论和新贸易理论关于企业同质性的假
定，把贸易理论研究由产业层面进一步深入到微观企业层面。新新
贸易理论与传统贸易理论、新贸易理论在基本假设和主要结论方面

的差异见表 2—1。具体而言，新新贸易理论主要包括两大研究分支：一是以伯纳德等（Bernard et al.，2003）和梅里兹（Melitz，2003）为代表的异质性企业贸易理论，主要探讨企业的国际化路径选择问题，即解释为什么有的企业会从事出口贸易，而另一些则不会从事出口贸易；着重将企业生产率差异纳入新贸易理论，并以此分析企业商业模式选择。二是以安特拉（Antras，2003）为代表的企业内生边界理论，主要探讨企业全球组织生产的抉择问题，即解释是什么因素决定了企业会选择公司内贸易、市场交易还是外包形式进行资源配置。将新制度经济学的不完全契约思想纳入一体化和外包的商业模式选择（李春顶，2010）。

表 2—1　　新新贸易理论与传统贸易理论、新贸易理论的比较

比较内容 理论名称	基本假设	主要结论
传统贸易理论	企业同质性、产品同质、完全竞争市场、规模报酬不变	国际贸易产生的主要原因：比较优势和要素禀赋差异；主要贸易模式：产业间贸易
新贸易理论	企业同质性、产品差异化、不完全竞争市场、规模经济	国际贸易产生的主要原因：市场结构差异、规模经济和产品差异化；主要贸易模式：产业内贸易
新新贸易理论	企业异质性、产品差异化、不完全竞争市场、规模经济	企业异质性假定使企业面临不同的贸易抉择，主要解释了企业内贸易、产业间贸易以及不同企业异质性的根源

资料来源：朱廷珺、李宏兵（2010）。

二　相关理论研究

梅里兹（Melitz，2003）和伯纳德等（Bernard et al.，2003）分别采用不同的机制，将生产率异质性纳入垄断竞争理论框架中，构建了两类具有代表性的异质性企业垄断竞争理论模型。此后，诸多学者基本上都沿着这两种思路对生产率异质性理论和方法进行拓

展和应用。梅里兹（Melitz，2003）的"贸易对行业内资源再配置与行业生产率的影响"一文，被赫尔普曼（Helpman，2006）称为异质性企业贸易理论的基石。

（一）梅里兹（2003）的异质性企业贸易模型

梅里兹（Melitz，2003）模型以克鲁格曼（Krugman，1979，1980）的差异化产品、规模经济和垄断竞争模型为基础，引入用企业生产率差异衡量的企业异质性变量[①]，在消费者偏好方面则参考了迪克西特和斯蒂格利茨（Dixit and Stiglitz，1977）的 CES 效用函数。从而开拓了国际贸易理论和经验研究的新前沿，解释了行业生产率动态演化的内在机制。

梅里兹（Melitz，2003）的开放经济模型主要包括四个假设：一是希望出口的企业必须进行初始的固定投资，但是这一投资决策在获知企业生产率之后发生；二是尽管一个国家相对于其他国家（由贸易伙伴构成）的规模没有被限制，但仍然假设世界（or trading group）由一些相同的国家组成，这一假设是为了保证国家之间的要素价格均等成立，进而将分析集中在独立于工资差异的企业选择效应（firm selection effects）上；三是被研究的经济体能够与 n（$n \geq 1$）个其他国家进行贸易；四是无论出口状况如何，企业都要承担相同的额外生产成本。

在开放经济条件下，一个国家某行业的均衡生产率是该国所有企业（包括出口和非出口企业）的加权平均，其福利与该国产品种类（来自本国和外国的产品）及行业平均生产率成正比。梅里兹（Melitz，2003）模型得到的贸易自由化的效应包括：开放经济不仅能够提高行业平均生产率和平均利润，而且能够实现行业内资源优

---

① 企业生产率差异采用的是 Hopenhayn（1992a，1992b）关于行业总体生产率和企业生产率的动态演化模型，并进一步假定每个企业的最初生产率分布从一个外生的生产率分布密度函数 g（φ）中随机获取。

化。此外，贸易伙伴国的增加、运输成本及贸易进入成本的降低均能带来均衡生产率和利润的提高。概括而言，异质性企业贸易理论的主要思想为以下几点。

（1）企业和行业演化体现为达尔文式的优胜劣汰。生产率高的企业不仅能获得更高的市场份额，也能得到更高的利润；而生产率最低的企业将由于市场份额的缩小，利润的损失而最终被迫退出市场，资源会在同一行业内得到优化配置。

（2）贸易自由化有助于进一步优化该国的资源配置。虽然自由化会给国内企业带来冲击（一些企业被淘汰），但一个国家的总体福利会提高。

（3）除通过技术提升企业生产率外，梅里兹（Melitz，2003）模型揭示了一个国家企业或行业生产率的提高还可以来源于资源的有效配置（陈丽丽，2008）。

因此，该模型的政策启示主要包括：一是开放未开放的行业或者增加已开放行业中的贸易伙伴，这些都会直接导致临界生产率（cutoff productivity）的提高和市场份额（收入和利润）向高生产率企业的转移，从而提高行业生产率水平。二是降低贸易成本，包括进入国际市场的固定成本。一方面，进入成本下降会降低国际市场的临界生产率，使更多的企业有能力进入国际市场，对于原来从事国际业务的企业来说，新进入的企业会分享它们的国际市场份额，从而降低国际市场的利润水平；另一方面，由于国内低生产率企业的退出，这些国际企业同样可以增加国内市场份额，国际市场的利润降低可以从国内市场份额的提高得到弥补，总体利润水平同样可以增加。总之，自由贸易可以提高行业生产率水平和社会福利，这既可以解释为什么只有一部分企业从事国际业务，又可以说明在不提高单个企业生产率的情况下，贸易也能提高总体生产率和福利水平（邓翔、路征，2010）。

（二）伯纳德等（2003）的异质性企业贸易模型

伯纳德等（Bernard et al.，2003）以多恩布什等（Dornbusch et al.，1977）的连续型李嘉图模型与伊顿和科特姆（Eaton and Kortum，2002）为基础，引入 Bertrand 寡头垄断和用生产率表示的企业异质性，并假设企业生产率由 Frechet 分布随机决定，且消费者需求的价格弹性改变会导致企业的加成率随之变化。进而考察了多个国家、地理壁垒（geographic barriers）和不完全竞争等因素，将贸易理论与企业出口行为相结合。

该模型指出了出口成本在分割市场方面所扮演的角色，并强调企业生产率差异在增强市场力量、克服地理障碍等方面的重要作用。尽管国外市场在企业收入中只占一小部分，但国际经济在决定哪些企业能够在市场上生存，抑或有能力出口方面意义重大。贸易壁垒的降低会将低生产率的企业逐出市场，同时增加高生产率企业的出口量。在竞争过程中，就业从低生产率企业向高生产率企业转移，高生产率企业则转向国外市场。

（三）伯纳德等（2007a）对梅里兹（2003）模型的扩展

梅里兹（Melitz，2003）模型强调行业内的资源再配置（reallocation of resources within industries），而传统国际贸易理论（如 H-O 模型）强调比较优势和行业间的再配置。伯纳德等（Bernard et al.，2007a）应用迪克西特和诺曼（Dixit and Norman，1980）及赫尔普曼和克鲁格曼（Helpman and Krugman，1985）使用的一体化均衡（integrated equilibrium）概念，将梅里兹（Melitz，2003）模型嵌入一般均衡贸易理论的标准框架当中。假设世界由两国（本国和外国）、两个行业和两种生产要素（技能和非技能劳动）组成，本国相对于外国是技能丰裕的国家，消费者偏好相同。与标准的 H-O 模型相同，假设国家间具有一样的生产技术，但行业间的要素密集度不同，那么商品 1 相对于商品 2 是技能密集型。在每一个部门，都存在固定的生产成本和不变的可变成本（依赖于企业生产率）。

当固定和可变贸易成本等于0时，一体化均衡概念能够用于确定两国的要素配置集合，商品贸易等于要素价格。在要素价格均等中，H-O 模型的四个定理（Factor Price Equalization、Stolper-Samuelson、Rybczynski 和 H-O Theorems）在企业异质性假设下仍然成立。

当固定和可变贸易成本不等于0时，要素价格均等定理就不再成立，贸易开放将导致企业间的行业内资源再配置。由于行业内资源再配置是由贸易开放对出口商和非出口商的差异化影响驱动的，所以在出口更具吸引力的比较优势行业体现更为强烈。尽管比较劣势行业的大量企业减少，但由于生产要素根据比较优势原则进行再配置，所以比较优势行业内的低生产率企业最容易退出市场。

因此，贸易开放导致比较优势行业的零利润临界值（zero-profit cutoff）以及平均生产率相对于比较劣势行业会有更大的提高（Redding，2011）。[①]

需要说明的是，尽管当前异质性企业贸易理论在模型构建和贸易影响生产率的机制分析上不完全相同，但它们的思想内核是一致的，即都强调了企业异质性因素对贸易的影响，企业生产率会决定企业的出口行为，贸易开放能够导致行业内的资源从低生产率企业流向高生产率企业，从而实现资源的合理优化配置。

第二节　异质性企业与贸易：经验研究

国际贸易与生产率的关系具体包括出口与生产率及进口与生产率，自伯纳德和詹森（Bernard and Jensen，1995）的第一篇改变研

---

① 雷丁（Redding，2011）对异质性企业与贸易的理论文献进行了详细综述。

究视角的文献发表以来，特别是梅里兹（Melitz，2003）和伯纳德等（Bernard et al.，2003）的异质性企业贸易理论问世以来，广大学者开始采用企业层面数据研究出口与生产率的关系。可以说，2003 年之前的研究构成了异质性企业贸易理论的基础，之后的研究则基本是对该理论结果的经验检验。

一　出口与生产率

根据瓦格纳（Wagner，2007a）对 1995—2006 年的经验文献综述，基本可以得到如下主要结论。

（1）除仅有的几个个例外，出口企业相比非出口企业具有更高的生产率及其增长率，这在控制可观察到的企业特征（如所处行业和企业规模）后依然成立，因此出口企业更为优秀。

（2）进入前差异（pre-entry）的结果支持"自我选择效应"假说（self-selection hypothesis），即在进入出口市场之前，准备从事出口业务的企业相比不准备出口的企业，具有更高的生产率及事前（ex-ante）的生产率增长率，因此好企业更倾向于从事出口业务。

（3）关于"出口中学习效应"假说（learning-by-exporting hypothesis）的检验结果更为复杂，进入后的绩效差异（post-entry）结果表明，只有少数研究显示出口企业比非出口企业具有更快的生产率增长率。[①] 如果对匹配的企业进行比较，则多数研究表明不存在统计上的显著出口商溢价（exporter premia）。因此，出口不一定必然带来企业的绩效改进。

（4）退出后的差异（post-exit）调查结果表明，在多数情况下，停止出口会带来生产率的下降。

---

① 这一结论在辛格（Singh，2010）的文献调查以及 ISGEP（2008）的研究中也得到了确认。

可以看出，出口与生产率的关系包括两大方向，一是生产率到出口贸易，即出口企业比非出口企业具有更高的生产率及其增长率，生产率更高的企业自我选择进入出口市场；二是出口贸易到生产率，即"出口中学习效应"检验结果表明出口不必然提高生产率。①

随着研究的进一步深入，瓦格纳（Wagner，2012）对2006年以来的文献进行了考察，在出口目的地与制造业企业生产率方面，出口到更为发达国家的企业比非出口企业及出口到欠发达国家的企业具有更高的事前生产率水平，比如塞尔蒂和托马斯（Serti and Tomasi，2009）对意大利、席尔瓦等（Silva et al.，2010）对葡萄牙的研究。然而，根据出口目的地，出口对生产率的不同影响的证据较少而不能得出最终结论，不过学习效应在出口到高收入或先进国家的企业中得到了支持。②

需要说明的是，由于各项研究采用的具体方法存在差异，所以跨国比较甚至是对同一个国家的不同研究之间进行比较是较为困难的（Wagner，2007a）。③但如果采用相同方法对不同国家进行比较研究，其结果将具有可比性，比如马丁内斯·萨尔索索（Martínez-Zarzoso，2012）采用倍差匹配估计量（differences-in-difference matching estimator）对埃及和摩洛哥的企业进行了对比分析，结果发现，埃及的出口企业比非出口企业的生产率更高，但摩洛哥的两类企业

---

① 席尔瓦等（Silva et al.，2012）对"出口中学习效应"的相关文献进行了详细综述，他们认为到目前为止，对"出口中学习效应"假说的检验还没有得出一致结论。

② 此外，马丁斯和杨（Martins and Yang，2009）对出口与企业生产率因果关系的33篇文献进行了元分析（meta-analysis），结果表明，在出口对企业绩效的影响中并不存在发表偏误（publication bias）。根据他们的分析，出口对发展中国家企业生产率的影响要高于对发达经济体，且出口效应容易受测算企业绩效所用的产出变量及不同估计方法的影响，不过出口效应在以下两种情况下更高，一是企业开始出口的第一年要高于之后年份，二是当所用样本不局限于匹配企业时。

③ 早期针对异质性企业与贸易及FDI的相关研究，还可以参见格林纳维和尼勒（Greenaway and Kneller，2007）的综述。

是极其相似的,特别是没有证据表明摩洛哥企业的劳动生产率在进入出口市场前和进入出口市场后存在差异。

二　进口与生产率

在学者们广泛研究出口与生产率的关系时,却忽略了进口与企业生产率的相互关系。正如伯纳德等(Bernard et al.,2007b)指出的,"国际贸易企业的经验文献几乎都集中在出口上,很大一部分原因在于国内生产或制造业调查的数据限制。结果导致异质性企业与贸易的新理论被用于解释企业出口行为,而对企业进口行为的预测较少"。不过,最近几年采用海关交易数据的研究结果显示,进口企业与出口企业存在很多相同的特征(Melitz and Redding,2012)。具体而言,针对企业进口与生产率关系的研究文献也集中在两大方面,一是生产率对进口的正向影响(更有效率的企业自我选择进入进口市场);二是进口对生产率的正向影响["进口中学习"(learning-by-importing)效应]。

生产率更高的企业自我选择进入进口市场的支持者认为,虽然使用外国中间品可以提高企业生产率,但进口存在的固定成本使只有少数高生产率企业才会选择进口中间品。在进口协议签订之前的搜寻国外潜在供应商、商品检测、谈判以及制订合约等带来的成本均是沉没成本(sunk costs),根据卡斯特拉尼等(Castellani et al.,2010)和安德森等(Andersson et al.,2008)的研究,进口的沉没成本还体现在海关程序(custom procedures)的获取及学习上。

在"进口中学习效应"方面,由于企业通过进口可以利用全球专业化以及来自知识技术最前沿的投入,所以支持者认为进口可以改进生产率,如笠原和罗德里格(Kasahara and Rodrigue,2008)对智利制造业企业的研究。首先,国际技术扩散的文献指出,进口是知识和技术转移的重要渠道；其次，进口中间品可以使企业将有限的资源专业化于具有比较优势的活动，即进口企业可以通过使用高质量的外国投入及从进口中间品和资本品中吸收技术来改进生产率；再次，种类效应（variety effects）[①] 和质量效应（quality effects）[②] 对生产率提升也具有促进作用（Halpern et al.，2011）。因此，在进口促进生产率的前提条件下，企业会自我选择进入出口市场以帮助在这些市场取得成功（Wagner，2012）。这也就解释了为什么双向贸易者（two-way traders）[③] 在平均意义上的生产率最高（Castellani et al.，2010；Bernard et al.，2009；Bernard et al.，2007b；Andersson et al.，2008）。

一般而言，我们可以将贸易企业划分为四大类：仅在国内销售、仅出口、仅进口、双向贸易者（既进口又出口），而且研究表明这四类企业的生产率表现各不相同。瓦格纳（Wagner，2012）对基于企业数据的 12 个国家的 20 篇经验文献的调查发现，企业层面的进口与生产率存在正向联系，进口企业或出口企业均与非国际贸易企业存在显著的生产率差异；双向贸易者比仅进口或仅出口或非国际贸易企业的生产率都要高，并且一般情况是，双向贸易者的生产率最高，其次是进口企业、出口企业，而仅在国内销售的企业具有最低的生产率；[④] 然而，"进口中学习效应"的证据仍然较少且不能得到明确的结论。[⑤]

---

① 即更大范围的可得中间投入有助于提升生产效率。

② 即进口产品的质量有可能比当地提供的产品质量更高，由此带来的生产率提升效应。

③ 双向贸易者（two-way traders）是指既出口又进口的贸易企业。

④ 作为对梅里兹（Melitz，2003）模型的扩展，赫尔普曼等（Helpman et al.，2004）进一步考察了企业在出口与 FDI 之间的决策问题，认为生产率最高的企业从事 FDI，其次是出口和只在国内销售，生产率最低的企业将退出市场。

⑤ 对企业层面的进口与生产率之间的关系问题，可进一步参见伯纳德等（Bernard et al.，2012）的文献综述。

三　对中国的检验

随着异质性企业贸易理论的兴起和发展，国内学者也掀起了针对中国商品贸易特别是制造业企业的经验检验。唐宜红、林发勤（2009）采用2005年工业普查的企业数据，钱学锋等（2011）采用1999—2007年中国工业企业数据，金祥荣等（2012）采用跨期7年的平衡企业面板数据的研究结果均表明，出口企业生产率高于非出口企业生产率，生产率越高的企业越容易出口产品，这表明异质性企业贸易理论适合我国的实际情况。但李春顶等（2010）采用1998—2007年数据的研究发现，从平均意义上看，出口企业的生产率要显著低于只供应国内市场的企业，他们称其为中国出口企业的"生产率悖论"。这一发现在其他研究中也得到了证实（李春顶，2010；戴觅、余淼杰，2011；徐蕾、尹翔硕，2012；汤二子、刘海洋，2011）。

关于存在这一悖论的原因，李春顶（2010）认为是大量加工贸易企业的存在所导致的，因为在剔除加工贸易企业之后，出口企业的生产率均值要显著高于内销企业。戴觅、余淼杰（2011）认为是大量"纯出口企业"的存在而导致的，他们发现"纯出口企业"的生产率在多数情况下低于非出口企业的生产率，而既出口又内销的一般出口企业的生产率在多数情况下高于非出口企业的生产率，满足标准的异质性企业贸易理论。进一步，他们指出"纯出口企业"的低下生产力很大程度上可以被加工贸易企业的低下生产率所解释，这与李春顶（2010）的解释基本一致。徐蕾、尹翔硕（2012）则从贸易成本角度进行了解释，由于国内市场不是一个统一的大市场，因此在国内市场经营的固定贸易成本甚至超过出口固定贸易成本。

此外，国内学者还对"自我选择效应"和"出口学习效应"

进行了广泛的研究，但得到的结论并不完全一致，根据研究内容大致可以分为三类。第一类文献同时考察并证实了两种效应均存在，如钱学锋等（2011）采用1999—2007年的中国工业企业数据，易靖韬、傅佳莎（2011）基于浙江省2001—2003年企业面板数据的研究。邱斌等（2012）采用1999—2007年中国规模以上制造业企业数据，应用与上述文献不同的方法即国际前沿性的倍差匹配法，结果也表明整体上中国制造业企业同时存在显著的出口学习效应和自我选择效应，且这两种效应均随着时间的推移逐渐增强。

第二类文献同样是同时进行考察，但其结论支持自我选择效应而不支持出口学习效应。张礼卿、孙俊新（2010）的研究表明，出口企业有着比非出口企业更高的生产率，但这种生产率优势一般在出口企业进入市场之前就已经存在，并且出口对企业全要素生产率增长的影响不显著。金祥荣等（2012）的结论表明，出口只是加快了新出口企业的效率提升速度，但这一效应总体上幅度很小且会迅速衰减，对持续出口企业效率指标的动态考察进一步确认了企业出口经验的积累不仅没有促进企业效率更快地提高，反而会产生负面影响。[①]

第三类文献是只对出口学习效应进行检验，且结论证实了这一效应的存在。余淼杰（2010）采用1998—2002年制造业企业数据的研究结果表明，贸易自由化显著地促进了企业生产率提高，且对出口企业的影响比对非出口企业的影响要小。戴觅、余淼杰（2012）采用倾向得分匹配法，对2001—2007年中国规模以上制造业企业数据的研究发现，对于首次出口的企业，其出口当年企业生

[①] 李春顶、赵美英（2010）从总体和分行业两个方面的检验结果同样表明，出口对企业生产率不仅没有积极作用，反而存在负面效应，原因可能是我国加工贸易企业较多、出口企业的"惰性"以及我国国内市场进入成本较高引起的。汤二子、刘海洋（2011）则将这种阻碍作用称为中国出口企业的"生产率陷阱"。

产率有 2% 的提升，然而在出口之后的几年中这种提升效应均不显著。

对于以上文献出现的各种结论差异，可能是由于各研究采用的企业样本、时间（段）以及研究方法不同所导致的，特别是中国工业企业数据库本身仍存在诸多问题，如样本匹配混乱、变量大小异常、测度误差明显以及变量定义模糊等（聂辉华等，2012）。如果研究者忽视了这些问题，那么采用中国工业企业数据库得到的结论有可能是错误的。不过，囿于企业层面的数据，目前还未见有文献针对中国进口贸易与企业生产率的经验考察。

第三节　国际服务贸易企业:现实表现[①]

国际贸易在传统意义上被视为商品的跨国流动，然而国际服务贸易对于高收入经济体的日益重要性（Francois and Hoekman，2010），使我们对于服务贸易自由化在过去及正在进行的贸易谈判中成为一个关键问题并不会觉得奇怪。根据 WTO（2010），服务贸易与商品贸易的关键性差异主要体现在:①商品必须在物理意义上跨越边界，因此会受到运输方式的影响;而服务是无形的，所以不需要在物理意义上跨越边界。②商品的特征一般能在购买前观察到，且商品能够在不同的地方和时间被生产、移动、储存及消费;而服务不能被储存，其特征不能在购买前观察到，所以生产和消费往往在空间和时间上重合。③商品贸易受国家之间的关税歧视，而

---

①　本节仅综述采用企业层面数据进行研究的相关文献。基于宏观数据的国际贸易对生产率和经济增长的影响研究可参见辛格（Singh，2010）的综述。限于篇幅及研究主题，此节不包括外国直接投资（FDI）与生产率的关系文献，该方面的综述可参见早川等（Hayakawa et al.，2012）。

服务贸易主要受国家间的技术壁垒歧视。[①]

尽管服务贸易在一个国家经济发展中的作用越来越重要，但其经验研究文献相对有限且主要依赖于加总数据，特别是针对微观服务企业的研究与商品贸易相比更是少见（Francois and Hoekman，2010）。[②] 特别是 2010 年以来逐渐兴起对企业层面的服务出口与进口的研究，并且很多还是工作论文形式。故我们按研究的对象国将已有的服务企业贸易与生产率的研究文献整理成表 2—2。其中，除布赖因利希和克里斯库奥洛（Breinlich and Criscuolo，2011）、费德里科和托斯蒂（Federico and Tosti，2012）、米农多（Minondo，2012a）的研究涉及服务进口企业，其余均是针对服务出口企业的生产率溢价、"自我选择效应"及"出口学习效应"的经验考察，这与商品领域异质性企业贸易理论的内在逻辑和研究思路基本一致。

一 服务企业出口

表 2—2 的 16 篇文献一共涉及 11 个国家（美国、英国、法国、德国、日本、意大利、瑞典、荷兰、斯洛文尼亚、西班牙、印度），其中除印度外，均是高收入国家。采用的方法多为描述性统计、混合 OLS、固定效应、随机效应、倾向得分匹配以及 GMM 等。根据这些文献，我们可以得到比瓦格纳（Wagner，2012）更为丰富的研究结论。

（1）与制造业企业相类似，服务出口企业在生产率、工资等方面均存在溢价，生产率更高的企业会通过自我选择进入出口市场，即"自我选择效应"得到了经验支持（Love and Mansury，2009；

---

① World Trade Organization, 2010, Measuring Trade in Services.

② 弗朗索瓦和霍克曼（Francois and Hoekman, 2010）对服务的作用、服务贸易理论、服务贸易及 FDI 的决定因素以及贸易自由化的潜在收益等问题进行了全面综述。

Temouri et al.，2012；Vogel，2011；Minondo，2011；等等）。不仅如此，服务进口企业也同样存在溢价，且只进口的服务企业在生产率和技能密集度方面要低于只从事出口业务的企业（Breinlich and Criscuolo，2011），但费德里科和托斯蒂（Federico and Tosti，2012）得到了与布赖因利希和克里斯库奥洛（Breinlich and Criscuolo，2011）相反的结论。进一步的研究发现，与更远的市场进行贸易以及从事双向贸易的企业具有更大的溢价（Minondo，2012a），提供与网络无关服务的企业生产率溢价高于提供与网络有关服务的企业（Minondo，2012b），更有效率的企业出口到距离更远及贸易和运输成本更高的市场的概率要高（Conti et al.，2010）。

（2）现有研究对服务企业出口溢价与制造业企业出口溢价的对比结论并不一致。布赖因利希和克里斯库奥洛（Breinlich and Cris-cuolo，2011）与科克斯和罗雅斯—罗马戈萨（Kox & Rojas-Romago-sa，2010）的研究均表明，服务企业出口的生产率溢价要低于商品企业（或制造业企业）。与该结论相反，洛夫（Lööf，2010）发现服务出口企业的生产率溢价高于制造业企业，格鲁布列希奇和达米扬（Grubljesic and Damijan，2011）同时采用劳动生产率和全要素生产率，不论应用何种方法进行估计的结果都表明，服务企业的出口溢价总是高于制造业企业。[①]

（3）关于服务企业"出口学习效应"的研究结论仍是不明确的，这与制造业企业相似。比如，罗维和曼苏里（Love and Mansu-ry，2009）对美国的研究表明，出口对生产率存在显著的正向作

---

① 此外，哈勒等（Haller et al.，2012）对四个欧盟国家（芬兰、法国、爱尔兰、斯洛文尼亚）的服务企业及制造业企业进行的研究发现，与制造业企业相比，服务企业出口占总销售的份额低，服务领域从事国际贸易的企业少，贸易密集度在国家间及部门间的变化较大。更大的及生产率更高的企业成为双向贸易者（two-way traders）及同时从事商品与服务贸易的可能性更高。出口多种服务及向多个国家出口的企业较少，将服务出口到多个国家的企业占出口额的比重较高，但这对于四个国家同时出口多种服务的企业并不成立。

用，即支持"出口学习效应"假说。但格鲁布列希奇和达米扬（Grubljesic and Damijan，2011）发现，只有使用 TFP 指标时，服务企业才存在"出口学习效应"，且只在企业进入出口市场当年比较显著，之后的年份并不存在（Minondo，2012b）。更多地针对其他国家的研究均不支持服务出口的学习效应（Temouri et al.，2012；Lööf，2010；Minondo，2011；Minondo，2012a），这一结论在控制企业与国际生产率前沿的距离后仍然成立（Kox and Rojas-Romagosa，2010）。

以上均是针对发达国家的研究。谢普德（Shepherd，2012）则首次对发展中经济体（世界银行对 119 个国家在 2006—2011 年的调查数据）的服务企业和制造业企业进行了考察。结果发现，与制造业企业相比，服务企业规模较小但增长更快，具有更高的劳动生产率、支付的工资及投资强度更高，但出口和利用 FDI 的可能性较低。[①] 对贸易和 FDI 溢价的分析表明，国际化服务企业具有与制造业企业相似的特征。与只服务国内市场的企业相比，服务出口企业及外资企业的规模更大、增长更快，且生产率、支付的工资、投资水平更高。这与布赖因利希和克里斯库奥洛（Breinlich and Criscuolo，2011）的发现一致，服务企业的出口溢价一般低于制造业，不过，服务外资企业的溢价却高于制造业企业。

二 出口还是投资

赫尔普曼等（Helpman et al.，2004）对企业在服务国内消费者还是国外消费者，以及通过出口还是对外投资（OFDI）服务外国消费者之间的理性选择进行了讨论，结果表明，最有效率的企业选择对外投资，效率较低的出口，效率最低的只服务于国内市场。之后虽掀起了针对制造业企业进行经验检验的热潮，但目前针对 FDI 企业的生产率溢价

---

① 第五章对贸易成本的测度结果表明，服务贸易成本比制造业高，这在一定程度上可以解释服务企业国际化程度较制造业企业低的现象。

以及生产率等异质性变量对服务企业国际化路径选择的经验研究还极其有限。在已有的相关四篇文献中，有三篇还是工作论文（Tanaka，2011；Federico and Tosti，2012；Wagner，2011）。

关于服务业跨国公司的生产率溢价，田中（Tanaka，2011）对日本的研究表明，跨国公司（包括服务业和制造业）的平均劳动生产率均要高于非跨国公司，标准的企业异质性模型能够很好地解释服务企业的跨国投资活动。经过对服务业跨国公司与制造业跨国公司的对比发现，制造业跨国公司（非跨国公司）的平均生产率要高于服务业跨国公司（非跨国公司）。

关于服务企业生产率在出口与对外投资之间选择的作用上，与现有研究得到的结论并不一致。费德里科和托斯蒂（Federico and Tosti，2012）针对意大利服务企业的研究表明，更小的及生产率较低的企业选择出口的可能性高于 OFDI，这与赫尔普曼等（Helpman et al.，2004）的结论一致。在理论上，巴塔卡里亚等（Bhatta-charya et al.，2012）对服务企业的出口与 OFDI 行为进行了建模，其关键特征是：远距离生产的服务导致消费者效用函数中的风险。如果这种风险为零，而运输成本不为零，则这一模型变为赫尔普曼等（Helpman et al.，2004）模型，最有效率的企业将从事 OFDI。一旦运输成本为零，且从远距离的提供者购买服务存在风险时，模型预测最没有效率的企业将在国外投资。他们采用印度的软件服务企业数据，印证了这一理论预测。此外，瓦格纳（Wagner，2011）对德国的研究同样发现，服务出口企业的生产率最高而不是 OFDI 企业，这与巴塔卡里亚等（Bhattacharya et al.，2012）的发现一致。

第四节 简要的评论

异质性企业贸易理论强调国际贸易在同一行业内的企业间进行

资源再配置具有重要的作用，开辟了国际贸易理论研究的新方向，目前虽已取得了丰硕的理论及经验研究成果，但这些成果更多的只局限于有形的商品贸易领域。雷丁（Redding，2011）指出了该领域进一步研究的方向：一是深化理解企业异质性的来源及企业内部组织的作用；二是对影响企业是否进入出口市场的贸易成本的微观经济学建模，包括批发和零售网络的作用。不过，现有理论文献中的大多数均是在垄断竞争框架下实施的（Neary，2010），而经验研究表明贸易只是集中在相对有限的企业。因此，战略互动和动态博弈理论（theories of strategic interaction and dynamic games）可以被证明是一种颇有前景的且能够用于进一步研究的方法（Redding，2011）。与此同时，服务企业能够为制造业提供一些关键性投入（如通信、运输、信息技术、咨询等），这决定了服务部门生产率波动是否能够传递到制造业部门。阿诺德等（Arnold et al.，2011）对捷克以及阿诺德等（Arnold et al.，2012）对印度的研究也表明服务贸易自由化能够导致制造业部门生产率的改进。因此，从企业层面解释服务业与制造业的联系也是一个可能的深入方向（Shepherd，2012）。

从制造业企业以及服务企业的相关研究中不难发现，参与国际活动的企业（出口、进口、OFDI）一般比只服务国内市场的企业具有更高的生产率，支付更高的工资等。[①] 梅里兹（Melitz，2003）等揭示的"在存在出口固定成本时，企业异质性（特别是生产率）是是否出口的决定性因素"，该结论具有坚实的理论基础。在制造业企业和服务企业的经验考察中，也均证实了生产率更高的企业自

---

① 沃格尔和瓦格纳（Voge and Wagner，2011）在考察德国商务服务企业的出口与生产率关系时，重点对奇异值（outlier）的影响进行了分析。结果表明，当采用标准的固定效应估计量控制不可观测的企业特征时，出口企业的生产率溢价在统计意义上显著，但在采用稳健估计量以控制异常观测值时，出口溢价则降为0。因此，我们在研究中应充分关注异常值，以考察其对结论的稳定性影响。

我选择进入出口市场，即"自我选择效应"的经验证据充分。然而，由于国家间缺乏有效的合理比较，所以获得经济意义而非统计显著性意义上的效应大小是比较困难的。缺乏可比较性主要是由于各研究在分析单位（establishment vs. enterprise）、样本选取（所有企业或达到一定员工数量之上的企业）、经验模型设定、经济计量方法等方面存在差异（Wagner，2012）。但是，异质性企业贸易理论引申出来的观点，即"出口学习效应"尚存在较大争议。其中的原因既有特定国家的影响，也有数据方面以及估计方法的影响。事实上，出口和生产率究竟哪一个是因，哪一个是果，还需要我们对两者的关系作进一步的深入考察。即要厘清是"出口中学习"还是"为出口而学习"[①] 内生改变了生产率，还需要考虑特定因素的影响。

　　与针对制造业企业的大量研究相比，目前对服务企业特定表现的研究文献还较为有限。不过，正如布赖因利希和克里斯库奥洛（Breinlich and Criscuolo，2011）指出的，企业层面异质性也是国际服务贸易的一个关键性特征，现有的商品贸易异质性企业模型可能是解释服务贸易的一个好起点。因此，基于商品领域的异质性企业贸易理论（通过行业内企业间的资源再配置过程能够提升行业生产率的理论假说）以及多数研究针对的是服务贸易影响制造业生产率的现状，本书试图对服务领域的国际贸易与服务业生产率关系的第二个方向，即服务贸易影响服务业生产率的内在动力机制以及在现实中的实际表现进行专门的考察。

　　[①]　亚科沃内和亚沃克（Iacovone and Javorcik，2012）研究发现，墨西哥制造业企业存在"为出口而学习"的证据，但不存在"出口中学习效应"。

表 2—2　服务部门贸易与生产率的微观层面研究

国家	作者（作品发表年份）	时间	研究主题	研究方法	主要结论
美国	Love & Mansury (2009)	2004	商务服务企业出口与生产率的关系	描述性统计，probit 和 truncated 模型，treatment 模型，样本选择模型	出口企业比非出口企业具有更高的平均劳动生产率，但两者的差异不显著；生产率更高的企业更容易成为出口者，即支持"自我选择效应"；任务影响出口强度（显著性强）及出口强度（显著性较弱）对生产率均有正向作用，即支持"出口学习效应"
英国	Breinlich & Criscuolo (2011)	2000—2005	国际服务贸易企业的典型事实（出口企业和进口企业）	描述性统计，回归分析	服务出口和进口国际贸易企业在生产率、资本密集度，支付的工资等方面高于非国际贸易企业；服务企业的出口溢价低于商品企业，且只出口的服务企业在生产率和科技能密集度方面要高于只从事进口业务的企业
英国法国德国	Temouri et al. (2012)	2003—2007	商务服务出口企业（business services exporters）与非出口企业的比较	描述性统计，混合 OLS，固定效应回归，倾向得分匹配	平均而言，三个国家的出口企业比非出口企业均具有更高的生产率和支付更高的工资，生产率更高的企业自我选择进入出口市场；但没有发现出口对企业绩效即生产率存在正向影响的经验证据
德国	Vogel (2011)	2003—2005	商务服务部门企业出口与绩效特征的关系	描述性统计，固定效应回归，probit	出口企业的生产率比非出口企业高；更有效率的企业自我选择进入出口市场，即支持"自我选择效应"

续表

国家	作者 （作品发表 年份）	时间	研究主题	研究方法	主要结论
德国	Voge & Wagner （2011）	2003— 2007	奇异值（outlier）在商务服务企业出口与生产率关系研究中的作用	描述性统计、混合OLS、固定效应与稳健固定效应	当采用标准的固定效应估计量控制不可观测的企业特征时，出口企业的生产率溢价在统计意义上是显著的，但在采用稳健估计量以控制异常观测值时，出口溢价则降为0
	Wagner （2011）	2006	商务服务企业出口及FDI与生产率的关系	描述性统计、参数和非参数统计检验、回归分析	制造业中的"最有效率的企业选择FDI，效率较低的出口"的结论只服务企业并不成立；服务出口企业的生产率最高而不是FDI企业，这与巴塔卡里亚等（Bhattacharya et al.，2012）的发现一致
日本	Tanaka （2011）	2008	服务部门与制造部门的跨国活动（FDI）与企业生产率的关系	描述性统计、OLS回归、K-S检验	跨国公司（服务和制造业）的平均劳动生产率高于非跨国公司，标准的企业异质性模型能够很好地解释服务业FDI；制造业跨国公司（非跨国国公司）的平均生产率最高于生产率最高于服务业跨国公司（非跨国国公司）
意大利	Conti et al. （2010）	2003	服务企业出口绩效的决定因素	描述性统计、回归分析	出口企业比非出口企业具有更高的劳动生产率和人力资本；更有效率的企业出口到距离更远及贸易和运输成本更高的市场的概率要高
	Federico & Tosti （2012）	2008— 2009	服务出口和进口企业的典型事实，出口和FDI的选择	描述性统计、固定效应回归	服务企业成为只进口者的可能性高于成为只出口者，这与布里尼希和克里斯库奥洛（Breinlich and Criscuolo，2011）针对英国的结论相反；生产率较低的企业选择出口的可能性高于FDI，与赫尔普曼等（Helpman et al.，2004）的结论一致

续表

国家	作者 （作品发表 年份）	时间	研究主题	研究方法	主要结论
瑞典	Lööf （2010）	1997— 2006	服务企业出口及其与制造业企业的比较	描述性统计、固定和随机效应、混合 OLS、动态 GMM、倾向得分匹配	服务出口企业的生产率溢价高于制造业企业；更大的、生产率更高、高质量、具有更多技能劳动以及更高资本密集度的服务生产企业自我选择进入出口市场；没有证据显示出口对企业劳动生产率增长的正向作用；出口对就业的溢价在商务服务部门最为明显（每年 2%）
荷兰	Kox & Rojas- Romagosa （2010）	1997— 2005	服务企业与制造业企业的出口模式考察	描述性统计、probit 估计、混合 OLS、固定效应	服务出口企业的生产率溢价（18%）低于制造业企业（20%）；生产率（劳动生产率）更高的企业自我选择进入出口市场，即使在控制企业与国际生产率前沿的距离后，仍无证据支持"出口学习效应"的存在
斯洛文尼亚	Grubljesic & Damijan （2011）	1994— 2002	服务企业的出口行为及其与制造业企业的比较	描述性统计、混合 OLS、固定效应	服务出口企业比非出口企业的生产率（劳动生产率和 TFP）高；服务业的出口溢价总是高于制造业企业，仅当使用 TFP 指标时，服务企业才存在"自我选择效应"，强烈支持"自我选择效应"，而制造业企业总不存在
西班牙	Minondo （2011）	2001— 2007	服务出口企业的特征表现	描述性统计、固定效应	服务出口企业比非出口企业的生产率（劳动生产率）高；支持"自我选择效应"假说；但没有发现出口能够提升企业生产率的证据

续表

国家	作者（作品发表年份）	时间	研究主题	研究方法	主要结论
西班牙	Minondo (2012a)	2001—2007	服务贸易者的特征表现，包括出口企业、进口企业及双向贸易者	描述性统计、OLS	服务贸易企业与非贸易企业相比存在规模、劳动生产率和工资等方面的溢价，与更远的市场进行贸易以及从事双向贸易的企业具有更大的溢价；支持"自我选择效应"假说；但没有发现贸易能提升企业生产率的证据
西班牙	Minondo (2012b)	2001—2007	服务企业出口状态与生产率的关系	描述性统计、最近邻匹配（nearest neighbor）、OLS	服务出口企业的生产率比非出口企业高出37%，且提供与网络无关服务的企业生产率溢价高于提供网络有关服务的企业；支持"自我选择效应"假说；"出口学习效应"在进入出口当年比较显著，之后年份不存在
印度	Bhattacharya et al. (2012)	2000—2008	软件服务企业在出口与FDI之间的选择，及其与化学行业企业的比较	随机前沿分析	化学行业企业的出口检验结果与赫尔普曼等（Helpman et al., 2004）一致；当运输成本为0且从远距离购买服务存在风险时，他们预测最没有效率的企业将在国外投资，印度软件服务企业的检验结果支持了这一假说

第三章

服务贸易的生产率效应：
中国的经验分析

第一节 引言①

　　异质性企业贸易理论揭示了国际贸易通过行业内企业间的资源再配置提升行业生产率的内在机制。不过现有文献对商品贸易企业和服务贸易企业的"出口学习效应"的研究结论仍是不确定的。在服务领域，既存在支持的证据，如罗维和曼苏里（Love & Mansury，2009）针对美国以及格鲁布列希奇和达米扬（Grubljesic and Dami-jan，2011）② 针对斯洛文尼亚的研究，也存在不支持的证据，如米农多（Minondo，2012a）针对德国及特莫里等（Temouri et al.，2012）针对英国、法国和德国的研究。然而，限于企业层面微观数据的可得性，目前还未见到有针对中国服务企业与国际贸易的相应研究。对于世界上最大的发展中国家而言，服务企业参与国际活动

　　① 参见王恕立、胡宗彪《中国服务业分行业生产率变迁及异质性考察》，《经济研究》2012 年第 4 期。

　　② 该研究表明只有在使用 TFP 指标时，服务企业才存在"出口学习效应"。事实上，现有的贸易企业的生产率溢价等问题，更多研究采用的均是劳动生产率指标，原因可能在于 TFP 需要自己测算才能获得。

（包括贸易和跨国投资）的比重越来越大，这种趋势是否对中国服务业部门的自身生产率（而非既有文献中的对制造业生产率的影响）存在促进作用，仍需要我们采用相关数据作进一步的考察。在此之前，对于生产率指标，与现有文献不同，我们更倾向于采用全要素生产率（TFP）而非劳动生产率（LP）指标。因为 TFP 能够度量除劳动、资本变化以外的技术变化，所以是最常用的指标（Syverson，2011）。鉴于此，我们首先对中国服务业分行业的生产率进行全面测度，以考察服务业生产率的时间变化趋势以及行业异质性的现实表现，进而初步探讨国际服务贸易对服务业自身生产率的可能影响。

事实上，自改革开放以来，特别是 1992 年出台《关于加快发展第三产业的决定》以来，中国服务业取得了较快发展，服务业增加值占 GDP 的比重以及就业比重分别从 1978 年的 23.9% 和 12.2% 上升到 2011 年的 43.4% 和 35.7%。[1] 但与其他经济体相比，其发展仍存在三低现象，即服务业增加值比重、就业比重和人均增加值均较低（程大中，2003）；与国内制造业企业相比，服务业企业的财务和经济效益也较差（刘培林、宋湛，2007）。因此，党的十七大报告明确提出，要加快转变经济发展模式推动经济结构优化升级，促进经济增长由依靠第二产业带动向依靠第三产业的协调发展转变，大力发展现代服务业。"十二五"规划也进一步指出，把推动服务业大发展作为产业结构优化升级的战略重点。但是，同服务业快速发展的战略需要相比，服务业的增长质量更应引起关注，因为主要依靠要素投入而非效率提升（生产率）所引发的经济增长是难以长期维持的（Krugman，1994），所以技术进步和效率改善才是经济长期持续增长的重要源泉。"十一五"初期出台的《国家中长

---

[1]　数据来源于《中国统计年鉴 2012》。

期科学与技术发展规划（2006—2020）》将技术进步贡献指标列为中国经济的发展目标，已经凸显出中国转变经济发展方式、追求增长质量的战略思路。对于发展滞后的中国服务业而言，其发展除了依赖资本、劳动等传统生产要素的投入外，更离不开技术进步和效率提升。因此，在考察服务贸易对中国服务业生产率的实际影响之前，采用中国 1990—2010 年的服务业细分行业面板数据，运用基于序列 DEA（sequential data envelopment analysis）的 Malmquist 生产率指数法，对服务业分行业 TFP 变迁及行业异质性进行测算和分析。这对于我们更加准确地认识中国服务业分行业 TFP 增长的特点和历史轨迹，探讨不同服务业部门发展不平衡背后的原因及动态演变态势具有重要的实践意义。

第二节　中国服务业生产率的测度现状

现有文献对中国 TFP 的研究主要集中在经济总体、农业部门和工业部门，而对服务业 TFP 的研究相对较少。根据不同的研究层次，我们将中国服务业 TFP 的相关文献分为三类：第一类是利用服务业总体时间序列数据对整体层次的时间维度进行分析，以探究中国服务业 TFP 的演变趋势及其动力源泉。郭克莎（1992）采用索罗余值法的研究表明，1979—1990 年中国服务业 TFP 年均增长 2.58%，低于第一产业（3.68%）和第二产业（3.67%）。程大中（2003）使用总量生产函数对 1978—2000 年时序数据的分析显示，20 世纪 90 年代以来，中国服务业技术进步的略微资本增强型特征使资本—产出比增长率对服务业人均产出增长率的贡献超过了 TFP 增长率的贡献。杨勇（2008）利用 C - D 生产函数的分析表明，TFP 对服务业产出的贡献率在 1980 年前波动较大，1980 年后渐趋平稳,1981—1991 年服务业 TFP 年均增长率为 3.26%,1992—2006 年为 0.11%。第二类文献是采用中国省际面板数据对服务业 TFP 的区域差异性进行研究,以讨论中国服务业 TFP 在区域间的分布状况及其成因。顾乃华、李江帆(2006)使用 SFA 方法(stochastic frontier analysis)对中国 1992—2002 年省际面板数据的分析发现,东中西部技术效率的显著差异(主因是市场化进程和劳动力素质的差别)是造成服务业生产率区域失衡的重要原因。杨向阳、徐翔(2006)采用 Malmquist 指数对 1990—2003 年省际面板数据的研究表明,该期间服务业 TFP 年均增长 0.12%,主要原因是技术进步的提高;技术水平的不同导致东中西部地区之间和地区内部 TFP 增长率存在显著差异。刘兴凯、张诚(2010)的分析显示,1978—2007 年中国服务业技术效率和技术进步增长率分别为 0.7% 和 1.8%,且各省区市的 TFP 增长呈现出长期的收敛趋势。第三类文献是对中国服务业内部的单一行业进行研究,此类研究以 Malmquist 指数法为主,多采用省际或企业面板数据。如马修斯和张(Matthews and Zhang,2010)对 1998—2007 年国有商业银行、股份制银行和城市商业银行的研究,吕秀萍(2009)对 1999—2006 年保险公司的研究。此外,原毅军等(2009)对中国生产性服务业的研究表明,1997—2005 年 TFP 年均增长 -4.8%,但下降速度在逐年放缓,1997—2002 年导致 TFP 下降的原因为技术进步,2003—2005 年导致 TFP 下降的原因为技术效率。

毫无疑问,既有研究对于认识和把握中国服务业发展的绩效和质量问题具有重要的理论及政策含义。在此基础上,本章主要从三方面进行拓展:①现有文献大多是采用 2004 年和 2008 年全国经济普查前的常规统计数据,其存在服务业增加值的低估问题(许宪春,2004;江小涓,2011),并且在 2002 年前的固定资产投资数据也存在估算问题。本章采用两次经济普查后的修订数据,可以修正和完善现有文献的结论，从而提高结论的可信度。②现有文献基本上是从整体时序和省际差异角度展开的研究，鲜有文献是基于细分行业的差异性视角。本章采用细分行业而非省际面板数据对 1990—2010 年的服务业 TFP 进行测度，并对 TFP 的各构成因素展开讨论，既能反映出中国服务业 TFP 的时间维度变化，又能透视出各行业 TFP 的异质性问题。③现有文献在采用 DEA-Malmquist 方法测算服务业 TFP 时都是运用当期数据确定当期的生产前沿，这可能导致技术倒退结果的出现①，从而将技术进步对 TFP 增长的部分作用归于技术效率改进。本章引入"技术不会遗忘"假定，运用序列 DEA 来构造最佳生产前沿，以避免现有文献中普遍存在的技术退步问题。

第三节　生产率的测度方法和数据处理

一　测度方法

本章采用 DEA-Malmquist 生产率指数法，其优点：①可以弱化数据质量对结果的影响。中国的数据质量一直被许多学者诟病，而 Malmquist 指数相当于作了一阶差分，各行业同方向的变化将被消除（傅勇、白龙，2009）。②不需要设定生产函数，不要求生产处于有效率的路径上，从而可以避免主观判断或函数形式设定错误而影响结果的准确性。③能够实现有关 TFP 的所有分解，结果和政策含义更为丰富。在采用 DEA 确定最佳生产前沿时主要有当期 DEA 和序列 DEA 两种方法。当期（contemporane-

---

① 比如，杨向阳、徐翔（2006）和刘兴凯、张诚（2010）的结果中均出现了某些年份的技术进步为负。一位匿名审稿专家指出，技术进步可能为负是标准 DEA 的内在缺陷。蒂默和罗斯（Timmer and Los，2005）也认为，技术退步是令人尴尬的现象。

ous) DEA 是根据 t 期的投入产出数据来确定 t 期的最佳生产前沿;序列 DEA 是根据 t 期及以前的投入产出数据来确定 t 期的最佳生产前沿。[1] 蒂默和罗斯(Timmer and Los, 2005)指出,序列 DEA 优于当期 DEA 的方面:①排除了技术退步的可能性,因为采用序列 DEA 构造生产前沿的连续性不会导致其向内偏移。②引入了"追赶"思想,即后来者(latecomers)可以通过模仿学习领先者(leaders)所创造的知识技术来达到追赶目的。③可以排除产出的短期波动影响生产前沿的可能性。[2] 考虑到现代科技不像传统手工艺那样有失传的可能,所以我们借鉴林毅夫、刘培林(2003)的思路,引入"过去掌握的技术不会遗忘"假定,运用序列 DEA 来构造最佳实践生产前沿。[3]

假设在每一时期 t($t=1$, …, T),第 k($k=1$, …, K)个行业使用 n($n=1$, …, N)种投入 $x_{k,n}^t$,得到 m($m=1$, …, M)种产出 $y_{k,m}^t$,用 X^t 和 Y^t 分别表示 t 期所有行业的投入和产出向量。根据序列 DEA,每一期在规模报酬不变(CRS)和投入要素强可处置条件下的参考技术为:

$$\bar{P}^t(x) = \{y: y \le \lambda \bar{Y}^t, \ x \ge \lambda \bar{X}^t, \ \lambda \ge 0\} \qquad (3\text{—}1)$$

式(3—1)中,$\bar{X}^t = (\cdots, X^{t_0}, \cdots, X^{t-1}, X^t) = (\bar{X}^{t-1}, X^t)$,$\bar{Y}^t = (\cdots, Y^{t_0}, \cdots, Y^{t-1}, Y^t) = (\bar{Y}^{t-1}, Y^t)$,$\lambda$ 表示每个横截面观察值的权重,t_0 表示可以得到投入产出观察值的第一期。由于 t_0 之前

---

① 托尔肯斯和伊考特(Tulkens and Eeckaut, 1995)最早提出并在理论上详细介绍了序列 DEA。

② 由于这些优势,运用该方法的文献逐渐增多,如王兵、颜鹏飞(2007),Shestalova(2003),蒂默和罗斯(Timmer and Los, 2005)等。

③ 当然,序列 DEA 也存在一些可能的缺点,如维度问题(dimensionality problem)和数据可得性所带来的首期生产前沿问题。但当研究对象不随时间改变时,维度问题将不存在,参见蒂默和罗斯(Timmer and Los, 2005)的说明,以及张和巴特尔斯(Zhang and Bartels, 1998)的蒙特卡洛分析。

的投入产出信息无法获得，我们将参考技术定义为：

$$\bar{P}^t(x \mid \bar{X}^{t_0} = X^{t_0}, \bar{Y}^{t_0} = Y^{t_0})$$

$$= \{y : y \leqslant \lambda \cdot (Y^{t_0}, Y^{t_0+1}, \cdots, Y^t),$$

$$x \geqslant \lambda \cdot (X^{t_0}, X^{t_0+1}, \cdots, X^t), \lambda \geqslant 0\} \qquad (3\text{—}2)$$

则每个服务业行业基于产出（output-orientated）的距离函数为：

$$d_o^t(x^t, y^t) = \inf\{\theta : (x^t, y^t/\theta) \in \bar{P}^t\} \qquad (3\text{—}3)$$

式（3—3）可通过以下的线性规划求解：

$$\inf_{\theta, \lambda \geqslant 0} \theta \quad \text{s.t.} \quad \lambda \cdot (Y^{t_0}, Y^{t_0+1}, \cdots, Y^t) \geqslant y/\theta$$

$$\lambda \cdot (X^{t_0}, X^{t_0+1}, \cdots, X^t) \leqslant x \qquad (3\text{—}4)$$

法尔等（Fare et al., 1994）建议采用两个 CCD 类型的 Malmquist 指数的几何平均值来测算 TFP 的增长及其分解。我们也按照同样的思路来构造序列 Malmquist 生产率指数，即：

$$M_o(y^{t+1}, x^{t+1}, y^t, x^t) = \left[\left(\frac{d_o^t(x^{t+1}, y^{t+1})}{d_o^t(x^t, y^t)}\right) \times \left(\frac{d_o^{t+1}(x^{t+1}, y^{t+1})}{d_o^{t+1}(x^t, y^t)}\right)\right]^{1/2}$$

$$= \frac{d_o^{t+1}(x^{t+1}, y^{t+1})}{d_o^t(x^t, y^t)} \times \left[\left(\frac{d_o^t(x^{t+1}, y^{t+1})}{d_o^{t+1}(x^{t+1}, y^{t+1})}\right) \times \right.$$

$$\left. \left(\frac{d_o^t(x^t, y^t)}{d_o^{t+1}(x^t, y^t)}\right)\right]^{1/2}$$

$$= EC \times TC \qquad (3\text{—}5)$$

式（3—5）中，EC 是规模报酬不变且要素自由可处置条件下的相对效率变化指数，刻画了从 t 期到 $t+1$ 期各行业对最佳生产前沿的追赶程度（"追赶效应"）。TC 是技术进步指数，刻画了技术前沿从 t 期到 $t+1$ 期的移动情况（"增长效应"）。在规模报酬可变（VRS）的生产前沿下，技术效率变化指数还可被分解为纯技术效率变化指数（PEC）和规模效率变化指数（SEC）。[1]

二　数据处理

由于 2003 年分行业增加值和固定资产投资及就业人数数据使用的行业口径差别较大，所以为了尽可能降低误差，我们将 2003 年的数据予以剔除。1990—2002 年和 2004—2010 年的具体研究行业见表 3—2。测算 TFP 需要收集和处理服务业各行业的产出、劳动投入和资本投入数据。

（一）服务业产出

根据 Mahadevan（2000）的研究，服务业产出用增加值来衡量。为了避免服务业核算的低估问题，采用公式"修订后的服务业分行业 GDP =（修订后的第三产业 GDP - 金融业 - 房地产业）× 原来的分行业 GDP /（原来的第三产业 GDP - 农林牧渔服务业 - 金融、保险业 - 房地产业）"[2] 对 1990—2002 年的分行业 GDP 进行估算。由于无法获得修订后的不变价增长速度数据，我们仍根据原来的"第三产业增加值指数"将其换算为 2002 年不变价。2004—2010 年数据取自《中国统计年鉴 2006、2010 和 2011》，并将其换算为 2004 年不变价。[3]

（二）劳动投入

理论上，劳动投入应综合考虑劳动人数、劳动时间、劳动质量

---

[1]　限于篇幅，具体的分解方法参见法尔等（Fare et al. , 1994）和寇里等（Coelli et al. , 1998）。

[2]　修订后的第三产业增加值和金融业、房地产业数据取自《中国统计年鉴 2011》，其他数据来自《中国统计年鉴 1998、2005》。按照 GB/T 4754—2002 的行业分类标准，《中国统计年鉴 2011》公布的第三产业增加值中不包括"农林牧渔服务业"，而《中国统计年鉴 2005》公布的第三产业增加值中包含"农林牧渔服务业"，所以要将原来的第三产业增加值减去"农林牧渔服务业"。

[3]　除交通运输、仓储和邮政业，批发和零售业，住宿和餐饮业，金融业，房地产业之外的服务业分行业增加值均按"第三产业增加值指数"中的"其他"进行换算。

（效率）等因素，但在实际研究中的指标选取最终取决于数据的可得性。福克斯和斯梅茨（Fox and Smeets，2011）提出了衡量劳动质量的四种方法[①]，郑等（Zheng et al.，2009）采用人均受教育年限对劳动质量进行了数据调整。由于无法获得对服务业细分行业劳动投入进行质量调整所需要的相关数据，所以将各行业的"年末从业人员数"作为劳动投入指标的代理变量。[②] 1990—2002 年的数据取自《中国统计年鉴 2004》，2004—2010 年的数据按公式"服务业分行业的全社会就业人数 = 服务业全社会总就业人数 ×（服务业分行业的城镇单位就业人数／服务业城镇单位总就业人数）"[③] 估算。

（三）资本投入

资本投入用服务业分行业的物质资本存量来衡量，由于缺乏资本存量的官方统计数据，我们采用永续盘存法（perpetual inventory method）进行估算，公式为：

$$K_{i,t} = (1 - \delta_{i,t})K_{i,t-1} + I_{i,t}$$

$$= (1 - \delta_{i,t})^t K_{i,0} + \sum_{j=1}^{t} I_{i,j}(1 - \delta_{i,t})^{t-j} \qquad (3—6)$$

式（3—6）中，$K_{i,t}$ 和 $K_{i,t-1}$ 分别表示行业 i 在 t 年和 $t-1$ 年的资本存量，$K_{i,0}$ 表示基年资本存量，$I_{i,t}$ 和 $\delta_{i,t}$ 分别表示行业 i 在 t 年的不变价投资额和资本折旧率。基年资本存量运用哈伯格（Harberger，1978）提出的稳态方法（steady-state method）[④]，即基于"稳态时资本产出比不变或物质资本增长速度等于总产出增长速度"

---

① 即：借鉴收入不平等文献的做法，将劳动者区分为"技能型"（skilled）（拥有大学学位）和"非技能型"（unskilled）；采用人力资本进行调整；将企业的工资单（wage bill）数据作为劳动质量的代理变量；同时运用工资单和人力资本衡量。

② 由于数据可得性问题，现有测算中国服务业 TFP 的文献均是采用就业人数指标，如杨勇（2008）和刘兴凯、张诚（2010）等。

③ 原始数据取自《中国统计年鉴 2011》，该年鉴对 2001—2009 年的"三次产业就业人数"进行了调整。

④ 哈伯格（Harberger，1978）文献引自匿名审稿专家的评论。尼赫鲁和达勒什瓦尔（Nehru and Dhareshwar，1993）对初始资本存量的估计方法作了精彩综述。

的假定，推导出起点时刻物质资本存量的估算公式[①]：

$$K_{i,t-1} = I_{i,t} / (g_{i,t} + \delta_{i,t}) \tag{3—7}$$

为了控制经济周期波动和产出的短期波动的影响，哈伯格（Harberger，1978）建议使用一段时期内的产出平均增长率来表示$g_{i,t}$。本章使用服务业分行业实际增加值在1990—2002年和2004—2010年的年均增长率表示。折旧率$\delta_{i,t}$也没有统一的标准[②]，吴（Wu，2009）采用模拟方法得到中国31个地区的服务业平均折旧率为4%，我们也采用这一比例。[③] 理论上，还应当考虑折旧率在行业间的差异和时间上的动态变化。但现实是细分行业的相应统计极其匮乏，同时学术界也没有提出较好的方法来估计细分行业的折旧率差异。因此，我们遵循现有文献（Lee and Hong，2012；Barro and Lee，2010）的普遍做法，将中国服务业各行业的资本折旧率统一设为4%。

对于当年投资指标，刘兴凯、张诚（2010）采用的是固定资本形成总额，但我国没有服务业细分行业的资本形成总额数据。与杨勇（2008）一样，我们采用全社会服务业分行业的固定资产投资来衡量。名义固定资产投资数据的分段获取如下：1996—1998年和2002年的全社会固定资产投资直接从《中国固定资产投资统计年鉴1997—1999、2003》中公布的"各地区全社会按主要行业分的固定资产投资"获取。1990—1995年和1999—2001年的分行业数据按以下方法进行估算：首先将"基本建设投资"和"更新改造投资"相加（将"房地产开发投资"加入"房地产业"中），然后

[①] 由（3—6）得：$(K_{i,t} - K_{i,t-1})/K_{i,t-1} = (I_{i,t}/K_{i,t}) - \delta_{i,t}$，根据假定：$K_{i,t-1}/Y_{i,t-1} = K_{i,t}/Y_{i,t} \Rightarrow dK_{i,t}/K_{i,t-1} = kY_{i,t}/Y_{i,t-1}$，所以有：$(I_{i,t}/K_{i,t}) - \delta_{i,t} = dY_{i,t}/Y_{i,t-1} = g_{i,t}$，通过变换便得到式（3—7）。虽然这一方法也存在一定缺陷，但相比很多学者采用的假设初始资本存量为零的方法要好，因为假设初始资本存量为零有可能导致各行业间的资本增长特征的相似性，见金和莱文（King and Levine，1994）的讨论。

[②] 如胡和汗（Hu and Khan，1997）采用的是中国官方折旧率3.6%，吴（Wu，2003）认为7%最佳，麦迪逊（Maddison，1998）的取值为17%。

[③] 世界银行（1997）和原毅军等（2009）使用的也是4%。

根据 1996—1998 年和 2002 年"基本建设投资 + 更新改造投资"占年鉴中公布的实际数值的平均比例,最后对其他年份的"基本建设投资 + 更新改造投资"数据进行放大处理。这种估算方法可以缓解或消除一些学者(杨向阳、徐翔,2006;原毅军等,2009)直接采用"基本建设投资 + 更新改造投资"代替全社会固定资产投资所引起的低估和误差问题。2004—2010 年数据直接从《中国统计年鉴2011》中的"按主要行业分的全社会固定资产投资"获取。由于缺乏细分行业数据,所以各行业的名义固定资产投资均使用全社会固定资产投资价格指数进行折实换算。

第四节　中国服务业生产率的历史变迁及行业异质性

基于以上数据,我们测算得到中国服务业总体及细分行业的生产率指数及其分解,进一步对细分行业 TFP 及其分解的行业异质程度变化趋势以及对行业异质性的内在机制进行分析。

一　生产率的历史变迁:时间维度

表 3—1 列出了中国服务业总体的 Malmquist 生产率指数及其分解。1990—2002 年的 TFP 年均增长 4%,这主要得益于技术效率的改进;2004—2010 年的 TFP 年均增长 4.5%,这主要得益于技术进步的提高。[①] 从时间维度上看,中国服务业 TFP 及其分解主要体现为以下几个特征。

————————————

① 采用标准 DEA 计算的结果显示,1991、1993 和 1995—1999 年都出现了不同程度的技术倒退。1990—2002 年的技术效率和技术进步增长率分别为 3.6% 和 - 0.7%;2004—2010 年的技术效率和技术进步增长率则分别为 - 2.4% 和 6.9%。需要标准 DEA 结果的读者可向作者索取。

表3—1　　　　中国服务业总体的 Malmquist 生产率指数
及其分解（1990—2010 年）

年份		技术效率	技术进步	纯技术效率	规模效率	TFP指数	服务业增长率（％）	TFP的贡献率（％）
1990—2002	91/90	1.043	1.002	1.015	1.028	1.045	8.87	50.64
	92/91	1.027	1.018	0.991	1.036	1.045	12.44	36.45
	93/92	1.132	1.000	1.243	0.911	1.132	12.19	108.23
	94/93	0.973	1.050	1.003	0.970	1.021	11.09	19.14
	95/94	1.003	1.012	0.984	1.019	1.015	9.84	15.05
	96/95	1.023	1.003	1.012	1.011	1.026	9.43	27.45
	97/96	1.019	1.009	0.973	1.048	1.029	10.72	27.06
	98/97	1.028	1.008	1.018	1.009	1.035	8.37	42.39
	99/98	1.030	1.000	1.006	1.024	1.030	9.33	31.71
	00/99	0.993	1.037	0.974	1.019	1.030	9.75	30.29
	01/00	1.017	1.023	1.023	0.993	1.040	10.26	39.11
	02/01	1.004	1.035	1.006	0.998	1.039	10.44	37.81
	平均值	1.024	1.016	1.019	1.005	1.040	10.22	39.35
2004—2010	05/04	0.985	1.069	0.983	1.002	1.053	12.23	43.53
	06/05	0.977	1.085	0.945	1.033	1.060	14.14	42.22
	07/06	0.964	1.125	0.943	1.022	1.084	15.98	52.57
	08/07	0.976	1.069	0.968	1.008	1.044	10.40	42.08
	09/08	0.974	1.036	0.962	1.013	1.009	9.56	9.68
	10/09	0.978	1.045	0.966	1.012	1.022	9.55	23.18
	平均值	0.976	1.071	0.961	1.015	1.045	11.95	37.70
平均值		1.007	1.034	0.999	1.008	1.042	10.80	38.75

注：①每年的各指数均是按行业的几何平均数，1990—2010 年的平均值是基于每个年份（除 2003 年和 2004 年）的几何平均数。②服务业增长率及各时期的平均值基于《中国统计年鉴2011》中的"不变价第三产业增加值指数"计算得到。如果算上 2003 年和 2004 年的增加值不变价指数 109.5 和 110.1，则 1990—2010 年服务业平均增长率为 10.69％。③由于本表中的服务业包括整个第三产业行业，所以增长率的平均值结果与表 3—2 中的有所出入。

（1）从 TFP 的增长情况看，1990—2010 年均为正增长，最高值出现在 1993 年，这可能是由于我国在 1992 年确立以社会主义市场经济体制为改革目标，并出台了《关于加快发展第三产业的决定》等相关政策，由此导致 1993 年服务业领域出现了各种体制机制改革，使以往由于体制原因未能体现出来的各种有利因素在短时间内集中爆发，该年的技术效率增长率为 1990—2010 年的最高也印证了这一事实。但 1993 年的 TFP 增长可谓是昙花一现，随后的 1994—2000 年一直在 3.5% 以下，直到 2001 年才再次出现较高的增长率。2001—2007 年再次出现的高增长周期可以解释为中国在 2001 年加入 WTO，国内对服务业领域改革、开放和发展信心提升的结果。2008 年，由于受到全球金融危机影响，TFP 增长率有所下降，在 2009 年降到低谷，虽然 2010 年有所回升，但仍远远低于金融危机之前的增长水平。其中，2009 年的低谷还可能与 2008 年 11 月推出的 4 万亿元投资计划有关，2009 年服务业全社会固定资产投资增长 33.8%，增幅比 2008 年提高 9 个百分点。其中有 7 个服务业行业的投资增长率在 46.7%—60.8%。

（2）技术效率与技术进步的增长方向相反，即技术效率增长率整体呈下降趋势时，技术进步增长率则整体呈上升趋势。这一特征与刘兴凯、张诚（2010）和杨向阳、徐翔（2006）的结论基本一致。在技术效率方面，从 1991 年的 4.3% 下降到 2010 年的 -2.2%；与此相反，技术进步增长率从 1991 年的 0.2% 上升到 2010 年的 4.5%。这两个指数的反向变动最终在 2000 年实现更替，即 2000 年前（除 1994 年和 1995 年）服务业 TFP 增长的主导力量是技术效率的改进，但自 2000 年起，技术进步增长率超过技术效率并一直保持至今，这一主要驱动力量的转换还可以通过这两个指数的三年和五年移动平均趋势得以体现［见图 3—1（a）］。虽然在增长方向上与已有文献基本一致，但就样本区间的平均意义而言，我们的结果表明 1990—2002 年的 TFP 增长仍主要是技术效率主导，而杨向阳、徐翔（2006）的结果则表明 1990—2003 年是技术进步主导。存在这一差异的原因,可能是由于数据处理和研究方法的不同。比如我们的数据是全国两次经济普查后的修订数据,并且对固定资产投资数据的获取和处理方法使其更能接近真实情况。2004 年后的结果还没有相关文献可以与之比较。

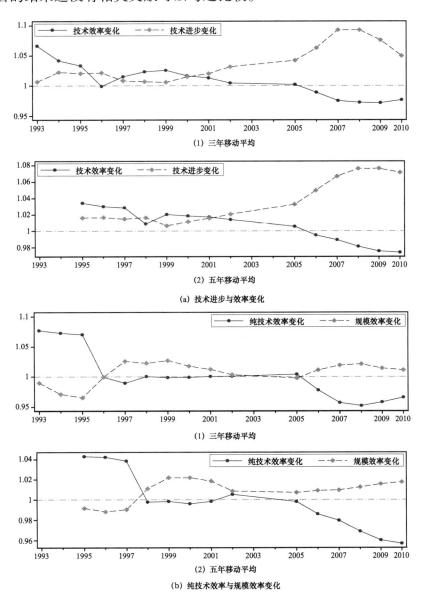

图3—1　各指数的三年和五年移动平均趋势

（3）在技术效率的分解指标中，1990—2002 年的纯技术效率和规模效率年均增长率分别为 1.9% 和 0.5%，2004—2010 年则分别为 −3.9% 和 1.5%。具体而言，2002 年前的纯技术效率和规模效率增长是交替主导效率变化的，自 2004 年开始一直由规模效率所主导。从两者的三年和五年移动平均趋势来看〔见图 3—1（b）〕，自 20 世纪 90 年代后期起，规模效率增长便已超过纯技术效率增长。由此可见，技术效率改进已开始由以纯技术效率为主转向以规模效率为主，表明服务业发展已开始显现出规模经济特征。出现这一变化的原因可能是由于网络和现代信息技术的发展，使原先不能储存和运输的某些服务在"时空"上变得可以分离，从而提高了这些服务的可贸易性。正是因为这种服务生产和消费的逐步可分离性，使服务业开始显现出诸如有形产品的规模经济特征。

（4）与其他投入要素相比，TFP 增长对中国服务业增长的贡献率较低。具体而言，TFP 贡献率由 1991 年的 50.64% 下降到 1995 年的 15.05%，之后上升至 2007 年的 52.57%，最低值出现在 2009 年。平均来看，1990—2010 年，服务业年均增长 10.8%，而 TFP 的平均贡献率仅为 38.75%。可见，TFP 贡献率在样本期内并没有出现明显的上升趋势，并且这一结果与很多国家相比仍然是较低的（程大中，2003；刘兴凯、张诚，2010）。这也充分表明，中国服务业发展的粗放型特征仍然明显，还没有真正实现由粗放型向集约型方式的转变。

二 生产率行业异质性：经验事实

表 3—2 列出了中国服务业细分行业的 Malmquist 生产率指数及其分解。各指数在行业间的变动区间充分表明，服务业 TFP、技术效率及技术进步增长率均存在较大的行业异质性。

（1）从变化趋势来看，行业分类没有较大变动的三个行业（金融业、房地产业、公共管理和社会组织）的 TFP 年均增长率分别从 2002 年前的 1.9%、1.5%、3.6% 上升至 2002 年后的 8.3%、3.1%、4.3%。其他行业虽不能直接对 2002 年前后的结果进行对比，但通过观察基本可以得出"各行业 TFP 均在以不同速度上升"的结论，不过推动各行业 TFP 增长的主导力量已发生变化。1990—2002 年，有一半行业的 TFP 增长主要是依靠技术效率改进[1]，而多数行业的技术进步增长缓慢。[2] 2004—2010 年，所有行业均是依靠技术进步提高，而多数行业的技术效率呈下降趋势。这表明随着资本投入的大量增加，虽然各行业的技术进步得到了明显提升，但目前大多数服务业行业并没有充分挖掘出现有资源和技术的潜力。因此，今后通过效率改进来推动服务业各行业的增长还有很大空间。

（2）为进一步考察细分行业的各指数差异，我们结合程大中（2008）和原毅军等（2009）的研究，将服务业大致分为生产性和生活性服务业两大类。[3] 结果表明（见表 3—2），1990—2002 年，生产性服务业 TFP 年均增长率要低于生活性服务业；而 2004—2010 年，两者的年均增长率均为 4.5%。可见，生产性服务业 TFP 增长率得到了一定程度的上升，但生活性服务业有所下降。这可能是由于 1990 年以来，随着国民收入的日益增加，人们对更高生活水平

---

① 由于 2003 年行业分类发生变化，这里的主导因素表述只是对两种行业分类下的平均意义而言。实际上，从各行业的具体年份结果来看，大部分行业均是在 2000 年发生主导因素转变的，这种转变也体现在按行业平均的时间维度变化上（见表 3—1）。如果以 2000 年为界来计算平均值，则 1990—1999 年全部行业的技术效率增长率要高于技术进步增长率。

② 采用标准 DEA 计算的结果显示，1990—2002 年，所有行业的技术效率增长率要高于技术进步增长率，并且多个行业都出现了不同程度的技术倒退。同时，所有行业的技术效率变化指数均要高于本章序列 DEA 下的，但这只是因为生产前沿的持续倒退，是技术效率变化指数的"被提高"。需要标准 DEA 结果的读者可向作者索取。

③ 目前，学术界对生产性服务业的分类还没有统一的标准，不同的分类有可能得到不同的结果。

的追求等刺激了生活性服务业追求更高质量的发展，结果使得生活性服务业 TFP 增长率要高于生产性服务业。但近年来随着生产分割、服务外包的日益发展，很多原来由本企业提供的服务逐渐被市场化，这些市场化的服务在竞争中对技术进步的提高和效率的改进提出了更高要求，结果致使近年来生产性服务业 TFP 增长率的上升速度要快于生活性服务业。

表3—2　　　　　中国服务业细分行业的 Malmquist 生产率指数
及其分解（1990—2010 年）

年份	行 业	技术效率	技术进步	纯技术效率	规模效率	TFP指数	服务业增长率（%）	TFP的贡献率（%）
1990—2002	地质勘查业水利管理业 *	1.050	1.015	1.049	1.001	1.066	7.21	91.34
	交通运输、仓储及邮电通信业 *	1.025	1.020	1.024	1.001	1.045	10.72	42.40
	批发和零售贸易餐饮业 *	0.966	1.000	1.000	0.966	0.966	7.52	−45.02
	金融、保险业 *	1.000	1.019	1.000	1.000	1.019	7.03	26.57
	房地产业 *	1.000	1.016	1.000	1.000	1.015	10.73	14.42
	社会服务业 *	1.016	1.021	1.032	0.984	1.037	11.62	32.00
	卫生体育和社会福利业	1.046	1.016	1.028	1.018	1.063	9.02	69.40
	教育、文化艺术及广播电影电视业	1.041	1.013	1.043	0.999	1.055	10.34	53.64
	科学研究和综合技术服务业 *	1.080	1.024	0.990	1.090	1.105	11.32	93.02
	国家机关、政党机关和社会团体	1.015	1.020	1.021	0.995	1.036	8.20	43.87
	平均值	1.024	1.016	1.019	1.005	1.040	9.36	42.99
	生产性服务业	1.019	1.016	1.013	1.005	1.036	9.43	37.66
	生活性服务业	1.034	1.017	1.030	1.004	1.051	9.18	55.85

续表

年份	行 业	技术效率	技术进步	纯技术效率	规模效率	TFP指数	服务业增长率（%）	TFP的贡献率（%）
2004—2010	交通运输、仓储和邮政业*	1.008	1.079	0.940	1.072	1.088	8.86	99.25
	信息传输、计算机服务和软件业*	0.953	1.080	0.936	1.019	1.029	10.11	28.97
	批发和零售业*	1.011	1.062	1.000	1.011	1.074	15.79	47.01
	住宿和餐饮业	0.946	1.044	0.938	1.008	0.987	9.90	-13.00
	金融业*	1.000	1.083	1.000	1.000	1.083	17.96	46.15
	房地产业*	0.980	1.052	0.998	0.981	1.031	11.44	26.89
	租赁和商务服务业*	0.920	1.068	0.915	1.006	0.982	10.11	-17.73
	科学研究、技术服务和地质勘查业*	0.947	1.078	0.943	1.004	1.021	10.11	20.49
	水利、环境和公共设施管理业*	0.987	1.073	0.957	1.032	1.060	10.11	59.27
	居民服务和其他服务业	1.000	1.055	1.000	1.000	1.055	10.11	53.96
	教育	0.984	1.082	0.951	1.035	1.065	10.11	64.22
	卫生、社会保障和社会福利业	0.947	1.090	0.963	0.983	1.032	10.11	31.47
	文化、体育和娱乐业	1.007	1.081	0.972	1.037	1.089	10.11	88.11
	公共管理和社会组织	0.976	1.069	0.951	1.026	1.043	10.11	42.58
	平均值	0.976	1.071	0.961	1.015	1.045	11.04	40.82
	生产性服务业	0.975	1.072	0.961	1.015	1.045	11.77	38.58
	生活性服务业	0.976	1.070	0.962	1.015	1.045	10.07	44.28

　　注:①每个行业的各指数均是按年份的几何平均数,"平均值"与"生产性、生活性服务业"均为各行业的几何平均数。②1990—2002年服务业增长率及其平均值仍根据2004年经济普查前的数据计算,2004—2010年则基于《中国统计年鉴2011》中的"不变价第三产业增加值指数"计算。③本表中的服务业不包括全部的第三产业行业,所以增长率的平均值结果与表3—1中的有所出入。④"*"表示生产性服务业,其他均归为生活性服务业。需要说明的是,目前学术界对生产性服务业的分类还没有统一的标准,不同的分类有可能得到不同的结果。

(3) 从 TFP 的贡献率来看,1990—2002 年贡献率超过 50%的行业有 4 个,且生产性服务业 TFP 的平均贡献率要低于生活性服务业。而 2004—2010 年贡献率超过 50%的行业有 5 个,虽然该期间生产性服务业产出增长率高出生活性服务业 1.7 个百分点,但 TFP 的贡献率却低 5.7 个百分点。纵向来看,生产性服务业 TFP 增长对产出增长的贡献上升了 0.93 个百分点,而生活性服务业下降了 11.57 个百分点。这表明近年来中国生活性服务业增长的质量要高于生产性服务业,间接佐证了生产性服务业发展的问题所在,中国今后应该从质量上着手来提高生产性服务业的发展水平。

(4) 将中国工业(制造业)行业的 TFP 增长与服务业行业进行对比。选取对比文献时,我们同时考虑了各文献在"研究方法、数据类型和研究区间"等方面的差异,结果列于表 3—3。从各项指标来看,中国工业(制造业)行业的 TFP 增长率都要高于服务业。实际上,早在 1967 年和 1968 年,鲍莫尔(Baumol)和富克斯(Fuchs)就分别提出了"服务业劳动生产率增长滞后"等假说,程大中(2004)则基于中国服务业发展的实际检验了这一假说,结果证实中国整体服务业的劳动生产率增长是滞后的。表 3—3 的结果进一步表明,中国服务业 TFP 增长也是滞后的。

(5) 为了考察资本折旧率和基年资本存量对本章结果的影响,我们通过改变折旧率和基年资本存量的估计方法来进行稳健性分析。具体做法是:首先,保持折旧率不变(4%),采用霍尔和琼斯(Hall and Jones,1999)与原毅军等(2009)的基年资本存量估计方法(表 3—4 中的方法 2);其次,保持基年资本存量的估计方法不变(方法 1),将折旧率分别设为吴(Wu,2003)中的 7%和张(Zhang,2008)中的 9.6%;最后,同时改变这两者。所有组合的

表3—3　中国服务业分行业 TFP 增长与工业（制造业）行业对比

	服务业 TFP 增长率		工业行业（制造业）TFP 增长率						
研究文献	本章测算		谢和奥萨（2011）	陈静等（2010）	勃兰特和张（2009）	王兵等（2010）	李小平等（2008）	涂正革等（2009）	涂正革等（2005）
研究方法	序列 DEA		两步法	标准 DEA	生产函数	序列 DEA	标准 DEA	标准 DEA	SFA
数据类型	分行业面板数据		制造业企业面板	制造业28个行业	制造业企业面板	工业省际面板	工业32个行业	工业省际面板	大中型工业37个行业
研究区间	1990—2002	2004—2010	1992—2007	2003—2007	1998—2006	1998—2007	1998—2003	1998—2005	1995—2002
平均数	4.0%	4.5%	—	10.97%	9.5%	8.04%	9.7%	8.1%	6.8%
中位数	4.1%	4.9%	15%	10.25%	—	8.1%	9%	8.1%	—
上四分位数	6.3%	7.4%	17%	13.98%	—	12.5%	14%	9.7%	—
下四分位数	1.9%	2.9%	12%	8.6%	—	2.9%	7%	5.8%	—

注：①"—"表示无法得到该数据。②勃兰特和张（Brandt and Zhang，2009）的图2显示，TFP 增长率在2002—2006年处于11%～15%。③除谢和奥萨（Hsieh and Ossa，2011）的所有结果和其余文献的"平均数"外，其他的"中位数和上、下四分位数"均根据文中数据计算得到，其中，陈静等（2010）的是根据分行业结果，李小平等（2008）和涂正革等（2009）的是根据年度结果，王兵等（2010）的是根据省份结果。④涂正革等（2009）和王兵等（2010）的结果都考虑了环境因素，如不考虑（传统的工业 TFP），则涂正革等（2009）的平均数、中位数和上、下四分位数分别为12%、12.8%、15%和8.9%，而王兵等（2010）的分别为10.8%、10.2%、13.3%和7.1%。⑤如果采用序列 DEA，李小平等（2008）、涂正革等（2009）和陈静等（2010）的结果还有可能高于现在的。

测算结果列于表3—4。① 从平均值以及分行业、分年份的具体结果

———————

① 限于篇幅，这里只给出了各种组合下的平均结果，感兴趣的读者可以向作者索取所有的详细结果。

来看，在改变资本折旧率和基年资本存量的估计方法后，其结果均只在具体数值上有稍微变化，但这些变化并没有改变本章的基本判断和结论，如多数行业 TFP 增长的主导因素转换仍发生在 2000 年等。因此，本章的计算结果是稳健的。

表3—4 稳健性分析结果

折旧率	指数	1990—2002 年		2004—2010 年	
		方法 1	方法 2	方法 1	方法 2
4.0%	EC	1.0235	1.0219	0.9758	0.9756
	TC	1.0163	1.0156	1.0710	1.0681
	PEC	1.0185	1.0172	0.9613	0.9617
	SEC	1.0049	1.0046	1.0150	1.0145
	TFPC	1.0402	1.0378	1.0451	1.0421
7.0%	EC	1.0238	1.0221	0.9753	0.9747
	TC	1.0163	1.0156	1.0701	1.0673
	PEC	1.0182	1.0168	0.9610	0.9614
	SEC	1.0055	1.0052	1.0149	1.0139
	TFPC	1.0405	1.0381	1.0436	1.0403
9.6%	EC	1.0239	1.0222	0.9744	0.9739
	TC	1.0163	1.0156	1.0699	1.0668
	PEC	1.0180	1.0166	0.9610	0.9615
	SEC	1.0058	1.0055	1.0140	1.0130
	TFPC	1.0406	1.0382	1.0426	1.0390

三 生产率行业异质性：趋势特征

既然中国服务业各行业的生产率存在较大的行业异质性，那么接下来的问题便是，这些服务业分行业生产率异质的变动趋势如何？参考龚六堂、谢丹阳（2004）的差异程度衡量指标，记 n 个行业的 TFP 指数分别为 r_1，r_2，$\cdots$，r_n，首先将这些指数按降序排列，记排序后的指数为 $\hat{r}_1$，$\hat{r}_2$，$\cdots$，$\hat{r}_n$，其次计算其几何平均值 $\bar{r}$（技术

效率和技术进步指数的计算与此类似），最后定义离差指标公式
（3—8）：

$$D = \frac{2}{n^2 \bar{r}} \sum_{i=1}^{n} i(\hat{r}_i - \bar{r}) \qquad (3—8)$$

从式（3—8）可以看出，D 的绝对值越大，则表示差异程度越
大；如果每个行业的 TFP 指数都趋于一致，则 D 将趋于 0。根据该
公式计算得到 1990—2002 年 10 个行业和 2004—2010 年 14 个行业
的 TFP 指数、技术效率指数和技术进步指数的差异程度变化趋势情
况（见图 3—2）。

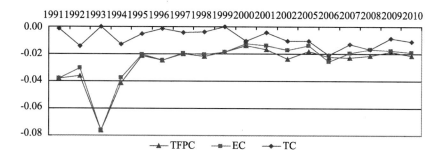

图 3—2　中国服务业细分行业 TFP 异质程度的变化趋势（1990—2010 年）

从全要素生产率（TFPC）、技术效率（EC）和技术进步（TC）
三个指数的变化趋势上看，TFPC 的差异程度在 - 0.0764（1993
年） ~ - 0.0136（2000 年），技术效率的差异程度在 - 0.0764
（1993 年） ~ - 0.0125（2000 年），技术进步的差异程度在
- 0.0209（2006 年） ~ 0（1993 和 1999 年）。图 3—2 显示，就整
个区间而言，除 1993 年的 TFPC 和技术效率外，其他年份各指数的
行业差异程度并没有出现明显的趋同或是扩大趋势。特别是 1994
年后，技术效率和 TFPC 基本在 - 0.02 上下波动，技术进步则在
- 0.02 ~ 0 波动，基本上保持相对稳定。2010 年与 1991 年相比，
TFPC 和技术效率的行业间差异程度有所下降，技术进步却有所

升高。

从三个指数的横向对比看，TFPC、技术效率、技术进步在 1990—2010 年的平均差异程度分别为 -0.0265、-0.0246、-0.0083，这一计算结果与图 3—2 均说明 TFPC 的行业差异性最大，其次是技术效率和技术进步，出现这一结果的原因可能是各行业的员工技能、组织、管理等方面存在着较大的效率差异。从三个指数的差异程度波动来看，TFPC、技术效率、技术进步在 1990—2010 年差异程度的标准差分别为 0.0145、0.0149、0.0061，可见变化最大的是技术效率，其次是 TFPC，技术进步差异的波动最小。这说明技术效率增长率随着时间推移更容易出现波动，而某一项技术一旦被掌握和利用，其出现波动的可能性较小，这与实际情况也是相符的。

四　生产率行业异质性：内在机制

在得到中国服务业细分行业 TFP 的异质性增长事实，以及行业异质程度的变化趋势之后，我们进一步探讨行业异质性的内在机制，即是什么因素使得异质性现象得以长期持续存在呢？

我们认为，一种可能的机制在于现代信息技术对不同服务业企业资源配置的异质影响。一般而言，信息技术通过直接效应、融合效应、扩展效应和拉动效应等促进服务业现代化（夏杰长等，2010）。直接效应表现在信息服务业是现代服务业的重要行业，2004—2010 年信息传输、计算机服务和软件业的技术进步年均增长 8%，与理论预期相符。同时，信息技术还推动了一些行业的变革性发展，特别是传统服务业，如零售业和商贸仓储流通业、文化创意产业、教育培训业和金融业等，而这些行业的 TFP 在 2004—2010 年都得到了高于平均值的年均增长率。由此可以推测，这些行业较高的 TFP 增长率受到了现代信息技术广泛运用的重要影响。从微观机制上讲,现代信息技术在不同服务业行业中的不同企业中的运用频率和密度也存在差异,这些差异造成了服务业企业配置资源的不同方式和结果,不同的资源配置效率必定造成不同企业的不同 TFP 增长,根据同一行业内不同企业 TFP 的平均取值,最终将产生服务业行业的 TFP 异质性现象。

另一种可能的机制在于中国服务业体制改革的渐进式道路,即各种体制改革在时间、对象上的逐步推进导致在不同时期、不同服务业行业呈现出 TFP 的异质性现象。中国服务业改革开始于阻力最小的商贸流通业,2004—2010 年批发和零售业获得年均 7.4% 的高增长率。房地产业自 1998 年开始市场化改革,TFP 增长率由 2002 年前的 1.5% 上升至 2004 年后的 3.1%。与此对应,研发服务业由于受到制度的限制其发展相对较慢,科学研究、技术服务和地质勘查业在 2004—2010 年只有 2.1% 的年均增长率。此外,金融业、医疗卫生等部门自 1994 年起也开始了相应的体制变革(夏杰长等,2010)。这些针对不同行业的进程和力度不一样的体制变革必定对各自行业的 TFP 增长产生异质影响。然而,从对外开放视角来看,"房地产业" 与 "租赁和商务服务业" 的 TFP 增长与利用外资强度是不一致的。这两大行业占服务业实际利用 FDI 总额的比重分别从 2004 年的 42.3% 和 20.1% 变化到 2010 年的 48% 和 14.3%。房地产业占服务业 FDI 总额的近 1/2,但 2004—2010 年 TFP 年均增长率只有 3.1%,特别是占比第二大的租赁和商务服务业为负增长(-1.8%),对此我们将在后文的经验分析中作进一步考察。

此外,服务业 TFP 的行业异质性还可能由各行业的性质决定,即有些行业本身很难产生技术进步,比如理发、餐饮和住宿等。[①] 1990—2002 年 "批发和零售贸易餐饮业" 与 2004—2010 年 "住宿

---

① 这一解释源自匿名审稿专家的评论。

和餐饮业"的技术进步增长率均为两个时期的最低。总之，服务业TFP的异质性是众多内在机制对其综合作用的集中体现，有其客观必然性，且各行业的主导机制也会存在差异。正如西弗森（Syverson，2011）所指出的，各种因素对生产率的数量影响因产业和市场的不同而不同，重要的是某一行业的哪一因素最为重要。事实上，各行业间的技术差异在某种程度上也是行业"自然演化"的结果，因为技术革新常常是在个别或少数行业内首先出现的，其经济影响在实践过程中从某一生产分支逐步移至另一生产分支。因此，随着现代信息技术及其他新技术在各行业的应用与普及，企业合理配置资源的能力提高以及各种体制机制改革的逐步推进、就业人员素质的整体提升，中国服务业TFP将会继续在波动中保持增长，同时异质性现象也会因其行业属性差异而继续存在。

第五节　服务进出口对中国服务业生产率变动的影响[①]

一　中国服务进出口的总量及部门特征

随着信息通信技术的发展以及经济全球化的日益推进，服务产品的跨国流动性越来越高。根据联合国贸易和发展会议（UNCTAD）数据库，世界服务出口从 1980 年的 3957 亿美元增加到 2011 年的 42433 亿美元，增长了近 10 倍；而同期的世界商品出口从 20355 亿美元增加到 182114 亿美元，增长了 8 倍。由此可见，世界服务出口增速明显高于同期的商品出口增速，服务贸易在世界

---

① 参见胡宗彪、王恕立《中国服务业生产率增长来源：服务进口还是出口?》，《上海经济研究》2014 年第 7 期。

贸易中的地位逐渐提高。根据 WTO 的《国际贸易统计 2012》，中国 2011 年的服务出口位居世界第 4 位（份额为 4.4%）、进口位居第 3 位（份额为 6%）。①尽管如此，中国服务进出口总体上仍表现出了总量增长与贸易逆差并存，部门结构失衡，国际竞争力呈上升趋势但仍较弱等特点。

（一）中国服务进出口总量增长与贸易逆差并存

自改革开放以来，中国在商品贸易迅速发展的同时，服务进出口规模不断扩大（见图 3—3）。1982 年服务进出口总额仅为 46.11 亿美元，2003 年首次突破 1000 亿美元达到 1020.66 亿美元，2011 年增加到 4209.1 亿美元，年均几何增长 16.2%；其中，服务出口从 1982 年的 25.87 亿美元增加到 2011 年的 1828.39 亿美元，年均几何增长 15.3%；同期，服务进口从 20.24 亿美元增加到 2380.68 亿美元，年均几何增长 17.2%。在服务进出口不断增加的同时，自 1992 年开始却一直处于逆差状态（除 1994 年的微量顺差 0.67 亿美元）。1992 年首次逆差为 1.85 亿美元，之后一直在波动中逐步上升，特别是在 2008 年首次超过 100 亿美元（为 118.14 亿美元）后，逆差幅度急剧升高，2011 年更是高达 552.28 亿美元，如图 3—3 所示。1992 年以来的持续逆差可能是由于我国经济的快速发展，人们可支配收入增加，特别是加入 WTO 后，国内服务部门的对外开放程度得到提高，这增加了国内对服务业特别是新兴服务业的需求，由此导致了服务进口额增长高于出口额增长。

（二）中国服务贸易的部门结构失衡

我国从 1997 年开始才按照国际货币基金组织（IMF）第五版《国际收支手册》的要求，对国际服务贸易进行较为完备的分类统

---

①　对于服务出口排名，1982 年和 2008 年分别为第 28 位和第 5 位；而服务进口排名在 2008 年为第 5 位。与服务贸易相比，2011 年，中国商品出口位居世界第 1 位（占世界商品总出口的份额高达 10.4%），进口位居第 2 位（份额为 9.5%）。

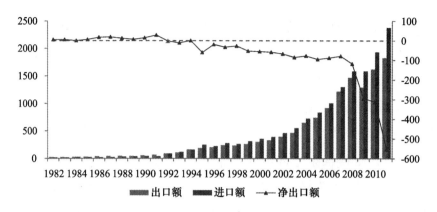

图3—3 中国服务出口额和进口额的总体状况（1982—2011年）

注：单位：亿美元。根据国家外汇管理局网站《中国国际收支平衡表（年度表）》的数据绘制。

计（见表3—5）。从服务进出口的部门结构来看：

（1）传统服务出口比重高，而新兴服务出口比重低。旅游、运输和其他商业服务在1997—2011年的平均占比高达81.3%，但总体呈下降趋势，由1997年的92.4%降至2011年的63.6%。与此同时，技术知识密集型的新兴服务出口所占比重却非常低，通信、保险、金融、专有权利使用费和特许费四项合计在2011年只占3.5%，比重提高较为明显的部门只有咨询、计算机信息服务及建筑服务。

表3—5 中国服务进出口的部门结构变动及TC指数（1997—2011年）

年份	出口（%）			进口（%）			差额（亿美元）			TC指数	
	1997	2011	平均值	1997	2011	平均值	1997	2008	2011	1997	2011
服务部门总体	100	100	100	100	100	100	−34.0	−118.1	−552.3	−0.06	−0.13
运输	12.0	19.5	17.4	35.6	33.8	31.2	−69.9	−119.1	−448.7	−0.54	−0.39
旅游	49.1	26.5	40.7	29.1	30.5	29.3	39.4	46.9	−241.2	0.20	−0.20
通信服务	1.1	0.9	1.4	1.0	0.5	0.8	−0.2	0.6	5.4	−0.03	0.18
建筑服务	2.4	8.1	4.2	4.3	1.6	2.7	−6.2	59.7	110.0	−0.34	0.60
保险服务	0.7	1.7	0.9	3.7	8.3	7.4	−8.7	−113.6	−167.2	−0.71	−0.73

年份	出口（%）			进口（%）			差额（亿美元）			TC 指数	
	1997	2011	平均值	1997	2011	平均值	1997	2008	2011	1997	2011
金融服务	0.1	0.5	0.3	1.2	0.3	0.5	-3.0	-2.5	1.0	-0.84	0.06
计算机和信息服务	0.3	6.7	2.8	0.8	1.6	1.5	-1.5	30.9	83.4	-0.47	0.52
专有权利使用费和特许费	0.2	0.4	0.3	1.9	6.2	5.3	-4.9	-97.5	-139.6	-0.82	-0.90
咨询	1.4	15.5	6.8	1.7	7.8	5.8	-1.2	46.1	98.1	-0.15	0.21
广告、宣传	1.0	2.2	1.3	0.9	1.2	0.9	0.0	2.6	12.4	-0.01	0.18
电影、音像	0.0	0.1	0.1	0.2	0.2	0.2	-0.3	1.6	-2.8	-0.63	-0.53
其他商业服务	31.3	17.7	23.2	18.8	7.7	13.7	24.3	28.8	140.1	0.19	0.28
别处未提及的政府服务	0.3	0.4	0.6	0.9	0.4	0.7	-1.8	-2.5	-3.1	-0.58	-0.17

注："平均值"表示1997—2011年的简单算术平均。本表数据根据国家外汇管理局网站《中国国际收支平衡表（年度表）》的数据计算。

（2）传统服务进口比重下降不大，而新兴服务进口增长较快。运输、旅游和其他商业服务在1997—2011年的平均占比为74.2%，整体呈下降趋势，由1997年的83.4%下降至2011年的72%。但与服务出口相比，其比重下降并不大。不过，新兴服务进口比重整体呈上升趋势，特别是保险、咨询、专有权利使用费和特许费、计算机和信息服务等。我国新兴服务部门进口增长相对较快，这与世界服务贸易逐步向技术知识密集型转变的趋势基本一致。

（3）服务进出口差额的部门差异明显。从分部门来看，1997—2011年一直处于顺差的只有其他商业服务，一直处于逆差的则有运输、保险、专有权利使用费和特许费，三者合计由1997年的83.5亿美元增加到2011年的755.6亿美元，创历史新高。此外，其他部门也表现出了新的变化，特别是旅游从2008年的顺差（46.9亿美元）转变到2011年的高额逆差（241.2亿美元），金融服务在

2011 年实现首次顺差，建筑、计算机信息及咨询服务也实现了更大程度的顺差。

（三）中国服务贸易国际竞争力呈上升趋势但仍较弱

TC 指数即贸易竞争优势指数，是指一个国家某一产品出口与进口的差额占进出口总额的比重，即 $TC = (X - M) / (X + M)$，X 表示出口，M 表示进口。该指标是一个没有量纲的相对数，其值介于 $-1 \sim 1$，从而不同部门具有可比性。其值越接近于 0，表示竞争力越接近于国际平均水平，越接近于 1 则表示竞争力越大；反之亦然（胡宗彪，2009）。

由此计算得到我国服务贸易各部门的 TC 指数，见表 3—5。整体上，1997—2011 年的 TC 指数一直小于 0，且在 2008 年后有恶化趋势。分部门的分析发现，这种恶化趋势主要来源于旅游业的竞争力下降。实际上，2011 年与 1997 年相比，除旅游、保险、专有权利使用费和特许费以外，其余部门的 TC 指数均有所提升，且有六个部门还实现了由负数到正数的转变。这表明，虽然我国服务贸易的绝对竞争力仍然较低，但多数部门的国际竞争力正在逐步提升。

二　服务贸易影响服务业生产率的证据

（一）模型设定和变量说明

为了初步考察服务贸易对中国服务业生产率的实际影响，我们采用行业层面（而非省际层面）的面板数据进行经验分析。考虑到 2003 年前后国民经济行业的分类发生变化，我们只能对 2004—2011 年的数据进行尝试性分析。分行业面板数据与目前多数研究采用的服务业总体省际面板相比，其能够很好地控制不随时间变化的部门特征，从而降低了遗漏变量偏误的可能性。根据前期的相关研究文献（van der Marel，2012；Inklaar et al. ，2008a），将基准模型设为：

$$\ln TFP_{it} = \beta_0 + \beta_1 \ln ex_{it} + \beta_2 \ln im_{it} + u_i + \lambda_t + e_{it} \qquad (3-9)$$

式（3—9）中，下标 i 和 t 分别表示行业和时间，TFP、ex 和 im 分别表示服务业全要素生产率、服务出口和服务进口。行业固定效应（u_i）用来控制不随时间变化的行业特征等个体差异因素；时间固定效应（λ_t）用来控制不随各行业变化的时间因素，如国家宏观政策、服务贸易开放度、信息化水平（如互联网普及率和电话普及率）等。在理论上，一个国家或行业的开放度越高，越容易接触到国际前沿，从而更有利于对先进技术、管理经验的引进和吸收，但我们无法得到服务业分行业的贸易开放度，因为国际收支（balance of payments，BOP）统计与国民经济统计的行业分类存在差异；信息化水平越高，越有利于各行业之间或行业内各企业之间的信息交流、服务不确定性的降低以及服务质量的改进，从而促进行业生产率的整体提升。但各行业的信息化水平不能截然分开，如不能区分各行业中每百人中的固定电话或互联网用户数。因此，只能通过时间固定效应来控制整个服务业开放度和信息化水平等因素。e_{it} 表示随机扰动项。我们将个体和时间均设为固定效应，主要是因为与随机效应相比，固定效应模型的假设条件更容易得到满足，是一种更为稳健的估计。为了避免遗漏重要解释变量引起的内生性问题，我们根据前期的相关研究文献（刘中艳，2013；胡朝霞，2010；李雪梅等，2009；杨青青等，2009；顾乃华、李江帆，2006），将影响服务业 TFP 的其他重要因素作为控制变量引入，并将其分为国内因素（DX）和国际因素（FX）两大类，由此得到模型：

$$\ln TFP_{it} = \beta_0 + \beta_1 \ln ex_{it} + \beta_2 \ln im_{it} + \beta_3 \ln DX_{it} + \beta_4 \ln FX_{it} + u_i + \lambda_t + e_{it}$$

$$(3-10)$$

式（3—10）中，国内因素 DX_{it} 包括：①各行业的人力资本数量（hum）和价格（$wage$），这两个变量对于理解经济学中的一些关键问题具有重要意义（Bowlus and Robinson，2012），因为人力资本既能直接影响国内的技术创新效率，又可以影响从国外吸收、学习新技术的速度。特别是人力资本作为技术内生化的一种表现形式，也是技术进步的重要载体，从而能够提高物质资本的使用效率。②资本劳动比（kl）。技术进步视角的内生增长理论认为，由于资本投资中隐含着大量技术进步，所以资本劳动比与生产率之间存在正相关关系。③服务业的部门结构（$stru$）。虽然生产要素从低生产率或低生产率增长率的部门向高生产率或高生产率增长率的部门流动，可以促进整个社会生产率的提高，但产业结构变迁也可能对特定产业部门产生较大冲击进而造成经济波动。由于中国的服务业特别是现代服务业发展严重滞后，各行业比重提高能否促进自身生产率增长，还有待经验结果的检验。④国内研发（rd）。在商品制造领域，研发投入对技术创新进而生产率的提升具有重要作用，但服务领域的研发投入相对较少，是否具有正向作用也有待实证检验。国际因素 FX_{it} 主要包括内向（inward）FDI（idi）和外向（outward）FDI（odi）。研究表明，服务业内向 FDI 对制造业的生产率具有正向影响，同时对服务业生产率也有间接的促进作用（Stare，2001），但对外投资无显著正影响（王恕立、胡宗彪，2013）。鉴于绝对量指标会受货币单位及价格因素的影响，甚至是双向因果关系带来的联立性偏误，对于变量的衡量我们尽量采用相对的比例指标。为降低异方差及时间趋势因素，对各变量进行对数化处理。

（二）样本说明与数据处理

由于《国民经济行业分类》（GB/T 4754—2002）与 BOP 下的服务贸易统计行业不一致，我们根据《国际服务贸易统计手册2002》（MSITS，2002）作大致的行业对应处理，即国民经济行业的"交通运输、仓储和邮政业"与 BOP 的"运输"对应；"信息传输、计算机服务和软件业"与"通信服务、计算机和信息服务"对应；"金融业"与"保险服务、金融服务"对应；"文化、体育和娱乐业"与"咨询、广告、宣传、电影与音像"对应①；"房地产业"与"建筑服务"对应。这样得到 5 个部门 8 年的面板数据。根据模型设定，对变量数据的说明如下：

1. 被解释变量

服务业分行业生产率（*TFP*）。TFP 是中国经济长期高速增长的重要源泉之一（Hu and Khan，1997），且能够度量除劳动、资本变化以外的技术变化，因此是较为常用的指标（Syverson，2011）。根据前文的数据处理及测度方法，我们进一步计算了 2011 年的生产率指数。参考李梅、柳士昌（2012）和法尔等（Fare et al.，1994）的做法，将 Malmquist 生产率指数转换为以 2004 年为基期的累积变化率形式，即 2004 年的 TFP 为 1，2005 年的 TFP 等于 2004 年的 TFP 乘以 2005 年 Malmquist 生产率指数，依此类推。

2. 核心解释变量

服务出口（*ex*）和服务进口（*im*）。为了消除货币单位及价格因素影响并减少可能存在的内生性问题，我们采用服务出口及进口占部门增加值的比例数据分别表示服务业各部门的出口和进口强度，分别用 *ex* 和 *im* 表示。② 2004—2011 年的服务进出口数据来自国家外汇管理局网站《中国国际收支平衡表（年度表）》，2004—2010 年的行业增加值取自《中国统计年鉴 2006、2010 和 2011》，由于《中国统计年鉴 2012》只公布了 2011 年"交通运输、仓储和邮政业，批发和零售业，住宿和餐饮业，金融业，房地产业"六个部门的增加值，剩余行业均归为"其他"，所以按 2010 年剩余各行业占"其他"的比重对 2011 年的"其他"行业进行分拆，从而得

---

① 中国 BOP 下的服务贸易统计分类与 IMF（1995）分类的差别仅仅在于，中国将 IMF（1995）中的"个人、文化和娱乐服务"进一步细分为"咨询，广告、宣传，电影、音像"三个部门。

② 出于同样考虑，赫策（Herzer，2012）在考察 FDI 对发展中国家经济增长的影响时，采取了 FDI 与 GDP 的比重数据。

到 2011 年剩余各部门的增加值数据，然后将部门增加值数据按各年人民币与美元汇率的年平均价换算为美元。

3. 主要控制变量

（1）内向 FDI 和外向 FDI。用 FDI 流入量和流出量占行业增加值的比例数据表示各行业利用外资和对外投资的强度，分别用 idi 和 odi 表示。2004—2011 年的对外直接投资数据来自历年《中国对外直接投资统计公报》，外国直接投资数据来自《中国统计年鉴 2005—2012》。直接删除缺失值可能导致样本数据选择偏误，所以暂无统计的 2005 年和 2004 年金融业外向 FDI 流量数据分别用 2006 年和 2007 年的平均值，以及 2005 年和 2006 年的平均值代替。作为稳健性检验，我们还采用内向 FDI 和外向 FDI 分别占行业固定资产投资的比重数据表示（何枫、袁晓安，2010），分别用 $idi2$ 和 $odi2$ 表示，固定资产投资数据来自《中国统计年鉴 2012》。根据各年人民币汇率年平均价将 2004—2011 年的固定资产投资数据转换为美元。

（2）研发资本投入（rd）。为避免国家规模、价格因素及可能存在的内生性问题，采用 R&D 经费内部支出占行业增加值的比例数据表示各行业的研发资本投入强度（Guellec and van Pottelsberghe，2001）。根据历年《中国科技统计年鉴》，R&D 经费内部支出按执行部门可分为"企业（主要是大中型工业企业）、研究与开发机构、高等学校和其他"四类。如表 3—6 所示，"企业"中的 R&D 主要集中在"大中型工业企业"（2003—2010 年均在 70% 以上），由此可以推断服务企业内的 R&D 经费相对较少。《中国科技统计年鉴 2005—2011》只公布了"研究与开发机构"及"规模以上工业企业"的"按行业分 R&D 经费内部支出"数据，不过，《中国统计年鉴 2011》中的表 20—76 公布了 2009 年"按行业及活动类型分的全国 R&D 经费支出"。因此，采用如下方法估算各行业 R&D 经费。首先，将 2009 年各行业 R&D 经费减去"研发机构"

的 R&D 经费，得到的数值为服务企业各行业的 R&D 经费，由此得到服务企业 R&D 合计数为 997.1 亿元[①]，这一数值小于 2009 年"企业"R&D 减去"大中型工业企业"后的数值（1038.4 亿元），符合逻辑推断；其次，计算 2009 年"服务企业"合计 R&D 经费占"企业"R&D 经费的比例为 997.1/4248.6×100% = 23.47%，并按这一比例折算出其他年份的服务企业 R&D 经费合计数 = "企业"R&D 经费内部支出×23.47%；最后，按公式计算 2004—2010 年的各行业 R&D 经费 = 服务企业 R&D 合计数×（2009 年各行业 R&D／2009 年服务企业 R&D 合计）＋研发机构 R&D。2011 年各行业 R&D 数据 = 2010 年 R&D×（1＋2004 年至 2010 年的年均几何增长率）。为避免对数化处理导致样本减少，将比重为 0 的数值替换为 0.000001（只有"房地产业"）。

表3—6　　中国 R&D 经费按执行部门构成情况（2003—2010 年）

	2003	2004	2005	2006	2007	2008	2009	2010
R&D 经费内部支出合计（亿元）	1539.6	1966.3	2450.0	3003.1	3710.2	4616.0	5802.1	7062.6
企业	960.2	1314.0	1673.8	2134.5	2681.9	3381.7	4248.6	5185.5
#大中型工业企业	720.8	954.4	1250.3	1630.2	2112.5	2681.3	3210.2	4015.4
研究与开发机构	399.0	431.7	513.1	567.3	687.9	811.3	995.9	1186.4
大中型工业企业/企业（%）	75.1	72.6	74.7	76.4	78.8	79.3	75.6	77.4
服务企业 R&D 经费合计（亿元）	225.4	308.4	392.8	501.0	629.4	793.7	997.1	1217.0

[①]　在相减过程中，发现"水利、环境和公共设施管理业""居民服务和其他服务业"和"文化、体育和娱乐业"的全国 R&D 经费要小于研发机构经费，这并不符合常理，所以这三项数据仍用全国 R&D 经费表示。

（3）人力资本的数量和价格。考虑到服务业分行业的数据可得性，我们用劳动力平均受教育年限来衡量人力资本数量（Barro and Lee，2000）[①]，参照王小鲁（2000）和陈钊等（2004）的设定，大专及以上、高中、初中、小学和未上过学的受教育年数分别为 16 年、12 年、9 年、6 年和 0 年，则各行业人力资本数量（hum）的计算公式为：大专及以上学历比重 × 16 + 高中比重 × 12 + 初中比重 × 9 + 小学比重 × 6。除人力资本数量外，人力资本价格也是理解一些经济学问题的关键因素（Bowlus and Robinson，2012），我们以就业人员的平均工资表示人力资本的价格（wage）。一方面，根据效率工资理论，企业支付给员工的报酬越高，越能激励员工更加努力工作，从而提高企业的生产率水平；另一方面，增加员工工资会增加企业的生产成本，也可能不利于企业技术水平的提高。由于缺乏各行业的全社会就业人员工资，我们用分行业城镇单位就业人员的平均实际工资指数作为代理变量，2004—2010 年的原始数据取自《中国劳动统计年鉴 2011》（上年 = 100），2011 年的增长指数（上年 = 100）用 2010 年的代替，最后将其换算为 2004 年为 100 的累积增长指数。作为稳健性检验指标，我们还将大专及以上的受教育年数（16 年）进一步设为：大专 15 年、大学 16 年、研究生及以上 19 年，重新计算各行业的人均受教育年限，用 hum2 表示；同时，为考察不同技能的劳动份额对行业 TFP 的影响，我们将大专及以上受教育程度的劳动者定义为高等技能劳动，用 hig 表示，2004—2010 年的各行业就业人员受教育程度数据来源于《中国劳动统计年鉴 2005—2011》，2011 年数据根据公式：2010 年数据 × （1 + 2004 年至 2010 年的平均几何增长率）计算得到。

（4）资本劳动比（kl）。有学者认为资本密集度越高，其技术

[①] 对人力资本测量的文献回顾可参见福洛尼和维塔迪尼（Folloni and Vittadini，2010）。

装备水平也就越高，技术进步也越快（李小平，2007），但也有学者认为资本深化是中国生产率增长变缓的重要原因（张军，2002）。服务业的行业属性决定了各行业的要素密集度特点，沿用多数文献的思路（陈涛涛，2003；何枫、袁晓安，2010；田巍、余淼杰，2012），用资本劳动比（人均资本占有量或资本密集度）表示各行业每个劳动力所装备的资本技术水平。2011 年的数据根据前文的处理方法补充得到。

（5）服务业的内部行业结构（*stru*）。Peneder（2003）指出，生产要素从低生产率或低生产率增长率的部门向高生产率或高生产率增长率的部门流动，可以促进整个社会生产率水平的提高，由此带来的"结构红利"维持了经济的持续增长。但产业结构变迁也会带来一些问题，特别是技术进步和技术替代会打破原有经济的均衡，对特定产业部门产生较大冲击并引起生产要素供给的变动，从而造成经济波动（干春晖等，2011）。中国正处于加速城镇化的进程之中，越来越多的劳动力从第一产业向第二产业和服务业转移，产业结构升级可能成为促进我国服务业经济效率的动力之一。但中国的服务业特别是现代服务业发展严重滞后，各行业比重的提高是否有助于自身生产率的提高，还有待于经验检验。我们用分行业增加值占 GDP 的比重来衡量服务业内部的行业结构变迁。表 3—7 报告了各变量的计算方法及基本统计量。

表 3—7　　　　　　　　变量的统计性描述及数据定义

变量名称	变量含义	样本量	平均值	中位数	标准差	最小值	最大值
TFP	全要素生产率：Malmquist 生产率指数	40	1.281	1.210	0.238	1.000	1.811
ex	服务出口强度：服务出口/行业增加值	40	16.49	6.355	23.11	0.689	75.00

变量名称	变量含义	样本量	平均值	中位数	标准差	最小值	最大值
im	服务进口强度：服务进口/行业增加值	40	16.99	6.567	18.68	0.902	57.56
rd	国内研发强度：研发经费内部支出/行业增加值	40	0.370	0.051	0.676	0.000	2.319
kl	资本劳动比例：资本存量/就业人数	40	76.60	27.86	112.6	0.536	364.6
$stru$	服务行业结构：服务业分行业增加值/GDP	40	3.578	4.546	1.857	0.612	5.820
$wage$	人力资本价格：各行业的平均实际工资指数	40	151.1	143.8	41.62	100.0	279.1
hum	人力资本水平：人均受教育年限（设定方法1）	40	12.16	12.15	1.343	9.786	14.38
$hum2$	人力资本水平：人均受教育年限（设定方法2）	40	11.99	12.01	1.277	9.733	14.14
hig	人力资本水平：各行业高技能劳动者/总劳动者	40	36.09	35.30	16.99	7.300	62.60
odi	对外投资强度：外向 FDI 流量/行业增加值	40	1.026	0.460	1.471	0.001	6.564
$odi2$	对外投资强度：外向 FDI 流量/行业固定资产投资	40	35.77	0.528	82.79	0.001	374.5
idi	利用外资强度：内向 FDI 流量/行业增加值	40	2.395	1.403	2.519	0.159	9.410
$idi2$	利用外资强度：内向 FDI 流量/行业固定资产投资	40	5.493	2.936	5.549	0.505	19.311

（三）内生性问题及其检验

对于面板数据模型的效应选择，伍德里奇（Wooldridge，2009）认为从经验上判断，当观测值不能被看作是从总体中随机抽样的结果时，通常把截距项视为待估计的未知参数，即采取固定效应模型；否则为随机效应模型。由于服务业细分行业的观测值并不是从总体中随机抽样得到的，所以采用固定效应。此外，内生性问题会导致 OLS 参数估计的结果有偏，这是经验研究中必须予以重点关注的一个问题。内生性问题的来源一般有遗漏重要解释变量，测量误差以及解释变量和被解释变量之间存在的双向因果关系。为避免出现前两个问题，我们将前期文献已经确认的对生产率有重要影响的变量作为控制变量，并使各变量的数据来源和处理尽量可靠。对于双向因果关系，根据异质性企业贸易理论，是更高的生产率导致企业参与进出口贸易，还是进出口贸易带来生产率的增长，两者之间的因果联系目前仍不明确；根据 FDI 理论，通过内向 FDI 或外向 FDI，国内企业在与国外企业及科研机构合作和联系的过程中，能够通过示范、竞争、产业关联及人员流动等机制提升生产率水平，进而对国内产生技术溢出或逆向技术溢出效应。同时，国外企业可能更青睐于东道国生产率更高的行业，对外直接投资也可能更倾向于发生在原本生产率水平就较高的行业，即生产率水平高的行业对本行业企业的对外投资在政策、资金等方面会提供更大的支持力度和产生更强的推动作用；国内 R&D 强度和行业结构也可能存在类似的双向因果联系：某行业研发投入会影响该行业的生产率，而行业生产率提升可能带来 R&D 的进一步投入。在行业结构影响生产率的同时（Peneder，2003；McMillan and Rodrik，2011；干春晖等，2011），生产率也会对行业结构起作用，因为行业结构调整的基础是部门间资本、劳动等要素配置效率的改善（刘伟、张辉，2008）。因此，服务进口、服务出口、国内 R&D、行业结构、利用外资及对外投资与服务业生产率的双向因果关系可能引起内生性偏误。

　　因此，我们采用 GMM 距离检验（又称 C 检验）（Eichenbaum et al.，1988；Hayashi，2000；Ruud，2000）对模型内生性进行识别，因为该检验是更一般化的方法，LR、LM 和 Wald 检验均可视为 C 检验的特殊情况（张卫东，2007）。其原假设：设定的内生回归元实际上可以被视为外生变量（即 ex、im、rd、$stru$、odi、idi 与误差项不相关，模型不存在显著的内生性偏误），检验统计量服从自由度为待检验的内生回归元个数的 χ^2 分布。在条件同方差情形下，其统计量在数值上与 Hausman 检验相等（Hayashi，2000；Baum et al.，2003），并且 C 检验对于违背条件同方差的各种情形也是稳健的。作为对比，我们还报告了戴维森和麦金农（Davidson and MacKinnon，1993）提出的内生性检验统计量（服从 F 分布），其原假设也为待检验的内生变量与干扰项不相关。由于 GMM 估计在异方差情形下比单纯的 IV 估计更为有效，且即使不存在异方差，GMM 估计量在渐进意义上也不会比 IV 估计量更差（Baum et al.，2003），所以我们将服务进口、服务出口以及研发强度、行业结构、利用外资、对外投资的一期和两期滞后项作为工具变量进行 GMM 估计①，并同时计算 C 检验和 D-M 检验统计量。结果显示，C 检验和 D-M 检验的结果完全一致，所有模型均不能拒绝可以将被检验变量视为外生的原假设。因此，模型设定实际上并不存在内生性问题，这与我们采用比例指标而非绝对量指标有关，从而可以采用常规方法，即 OLS 进行参数估计。

（四）估计结果及其稳健性分析

当模型不存在内生性问题时，采用 OLS 估计得到的系数具有无偏性和一致性的良好性质，但如果存在异方差、序列相关及截面相关，则可能导致 OLS 下的统计推断结果不准确。特别是中国服务业各部门的发展差距较大，如服务进出口、研发经费投入、双向 FDI 流动及生产率等均存在较大差异，且惯性作用使各年间还可能存在序列相关，各行业间也可能存在或大或小的关联。因此，为了充分考虑扰动项的这些可能结构对系数标准误的影响，我们主要报告经过德里斯科尔和克雷（Driscoll and Kraay，1998）调整的稳健标准

---

① 这是因为，虽然服务进口、服务出口、研发强度、行业结构、OFDI、IFDI 的当期值与误差项可能存在相关，但其滞后项不会与当期误差项相关，满足工具变量（IV）的外生性要求；并且滞后值与当期值会存在一定程度的关联，满足工具变量的相关性要求。

误及其显著性，结果如表3—8 所示。

表3—8　　　　　　　　　固定效应估计及稳健性检验结果

	固定效应估计结果			稳健性检验结果				
	（1）	（2）	（3）	（4）	（5）	（6）	（7）	（8）
ln*ex*	0.0009		−0.0650	−0.0380	−0.0693	−0.0694	−0.0394	−0.0749
	(0.046)		(0.045)	(0.028)	(0.049)	(0.044)	(0.043)	(0.048)
ln*im*		0.1796**	0.2084**	0.1108**	0.2239**	0.2106**	0.2126**	0.2265**
		(0.061)	(0.069)	(0.035)	(0.068)	(0.070)	(0.070)	(0.069)
ln*rd*	−0.0209	0.0251	0.0321	−0.1887*	0.0360	0.0308	0.0528	0.0358
	(0.068)	(0.067)	(0.084)	(0.096)	(0.085)	(0.085)	(0.077)	(0.086)
ln*kl*	0.2882**	0.2752***	0.2280**	0.1949***	0.1518**	0.2235**	0.2205**	0.1474**
	(0.108)	(0.071)	(0.073)	(0.044)	(0.044)	(0.075)	(0.078)	(0.044)
ln*stru*	−0.0505	0.1556	0.1710	−0.1298	0.1898	0.1665	0.2943	0.1863
	(0.110)	(0.168)	(0.186)	(0.137)	(0.185)	(0.189)	(0.196)	(0.188)
ln*wage*	0.2651	0.2833**	0.3632***	0.6076***	0.4062***	0.3702***	0.2856*	0.4130***
	(0.193)	(0.093)	(0.093)	(0.067)	(0.078)	(0.092)	(0.130)	(0.076)
ln*hum*	0.5994	0.7736	0.5959	−0.5367***	0.7116	0.5715	0.2489	0.6825
	(0.533)	(0.427)	(0.481)	(0.100)	(0.443)	(0.476)	(0.134)	(0.438)
ln*odi*	0.0126	0.0106	0.0152	0.0128*	0.0171	0.0151	0.0162*	0.0171
	(0.008)	(0.008)	(0.009)	(0.006)	(0.010)	(0.009)	(0.008)	(0.010)
ln*idi*	−0.0883***	−0.0878***	−0.0805***	−0.1118***	−0.0723**	−0.0806***	−0.0798***	−0.0715**
	(0.019)	(0.020)	(0.019)	(0.016)	(0.024)	(0.019)	(0.016)	(0.025)
R^2	0.901	0.924	0.928	0.977	0.924	0.928	0.929	0.924
F	7157	8192	203302	237.2	10914	11.23	6486	11759
C 检验	0.7464	0.3380	0.8900	—	0.8727	0.9256	0.5560	0.8629
D－M 检验	0.8547	0.7406	0.8214	0.2903	0.9704	0.8999	0.7565	0.9832

注：①被解释变量均为 TFP 累积指数的对数值。②除第（4）列的样本容量为32 外，其余均为40。③括号内为经过德里斯科尔和克雷（Driscoll and Kraay, 1998）调整的稳健标准误，序列相关的最大滞后期根据 m（T）= floor［4（T/100）^（2/9）］计算为2。④R^2为组内拟合优度。***、**、*分别表示在1%、5%、10%水平上显著。⑤D-M 统计量和C 统计量用于检验模型的内生性，报告的是 P 值，"—"表示因约束方程中的共线性或识别问题而无法计算。⑥为节省篇幅，常数项及个体效应估计结果没有报告。

　　为了避免服务出口和服务进口之间可能存在的多重共线性，我们在第（1）列和第（2）列分别引入出口和进口，第（3）列则将两者同时引入。结果表明，在排除模型可能存在的内生性偏误后，服务出口对中国服务业生产率一直没有显著的正向影响，而服务进口在5%的水平上显著为正。这一结果与李雪梅等（2009）得到的结论完全相反，可能原因在于他们遗漏了重要的解释变量。这表明，服务进口不仅能通过提高中间品供给效率达到促进制造业效率的目的（蒙英华、黄宁，2010），而且还可能通过"进口中学习"等机制对服务业自身生产率产生显著的正向影响。实际上，危旭芳、郑志国（2004）的研究表明，虽然中国服务进出口与GDP均存在正向关系，但目前服务进口对国民经济增长的促进作用要大于服务出口。此外，王恕立、胡宗彪（2009）采用协整理论和误差修正模型的研究结论也认为，虽然长期内应鼓励服务出口以促进服务业经济增长，但短期内更应重视服务进口以引进国外先进技术和管理经验，从而在长期内发挥服务进口对服务业经济增长的时滞效应并最终促进服务出口。然而，服务企业出口并未能对国内服务业生产率产生显著的正向影响。可能原因在于中国的服务出口企业相对较少，出口规模过低，还未达到发挥生产率提升效应的门槛值。不过这一经验结果与已有的针对制造业的研究相一致，如胡小娟、刘娇（2010）基于中国2002—2007年制造业行业数据的研究表明，从总体上来看，出口阻碍了全要素生产率增长，且对产业规模较小的行业具有更大的阻碍作用，进口则有显著的正向作用。但遗憾的是服务企业的微观数据缺乏，使我们不能由此直接得到中国服务企业存在"进口学习效应"，而不存在"出口学习效应"的武断结论。不过，由于服务业由该部门内的众多企业所构成，因此行业层面的证据在一定程度上也可能隐含服务进口相比出口更有利于服务业生产率提升的内在逻辑。

在控制变量中，对中国服务业生产率具有显著正向作用的有行业平均实际工资（*wage*）以及资本密集度（*kl*）。行业平均工资系数显著为正且一直最大，表明人均工资增加对劳动者的正向激励能够抵消企业生产成本提高所带来的负面效应，富克斯（Fuchs，1968）也曾指出，只要工资能够反映人力资本，工资与生产率之间就应存在明显的正相关。由此可见，样本期内的平均工资增加对中国服务业生产率增长发挥了关键性作用，现阶段的不变价工资增长对于激励劳动者更加努力地工作，从而提高技术效率及行业生产率的作用不容小觑。资本密集度的系数显著为正，表明资本深化对服务业生产率的增长具有促进作用，这与技术进步视角的内生增长理论预期一致，但与顾乃华（2008）对中国服务业生产率的研究结论相反。

其余控制变量（*rd*、*stru*、*hum*、*odi*、*idi*）则没有对中国服务业生产率起到显著的促进作用。在开放经济条件下，虽然可以通过多种渠道获取国外的先进技术，但必须建立在自主创新的基础之上。然而对于中国服务业而言，研发创新变量的系数虽然为正，但缺乏统计意义上的显著性；目前中国服务业以传统的低端服务业为主，具备高技术含量的现代服务业还处于发展的初级阶段，所以服务业部门比例的提高没有对自身生产率产生显著的促进作用，这与刘伟、张辉（2008）所说的"随着市场化程度的提高，产业结构变迁对经济增长的贡献逐渐让位于技术进步"的逻辑基本一致；人力资本水平对服务业生产率不存在显著的正向影响[1]，可能的原因是人力资本的构成部分具有异质性（Vandenbussche et al.，2006），并且受教育程度只是为生产率提升提供了一种可能性，其必然性还依赖于将所学知识应用于特定行业形成经验知识的能力。杨青青等

---

[1]　在伯仁茨特恩等（Borensztein et al.，1998）的经典文献中，部分模型也出现了人力资本变量不显著甚至显著为负的结果。

（2009）和黄莉芳等（2011）均采用随机前沿分析法和省际面板数据，以人均受教育年限为人力资本的代理变量，结果也都表明人力资本对中国服务业和生产性服务业生产率不存在显著的正向作用。

已有研究表明，一个国家只有在投资于研发密集型国家时，才能提高该国生产率（van Pottelsberghe and Lichtenberg，2001）。因此，外向 FDI 没有对服务业生产率产生显著的正向影响，可能是由于中国服务业对外直接投资的动机主要是寻求国外市场而非管理经验及经营技术。这与前期的部分针对中国总体外向 FDI 的研究结论一致，如李梅、柳士昌（2012）的全国范围检验结果以及王英、刘思峰（2008）等。[①] 尤其需要说明的是，虽然服务业内向 FDI 对制造业生产率具有显著的促进作用（Arnold et al.，2012；Fernandes and Paunov，2012）[②]，但我们并没有发现其对服务业生产率的显著正向影响。不过，这正好印证了前文所提出的"从对外开放视角来看，'房地产业'与'租赁和商务服务业'的 TFP 增长与利用外资强度不一致"的预判"。

最后，我们从五个方面进行稳健性检验。[③] ①将"房地产业"样本剔除，以考察其对估计结果的影响 [表 3—8 的第（4）列]；②保持人力资本指标（hum）不变，采用外向 FDI 和内向 FDI 占行业固定资产投资的比例（odi2 和 idi2）表示服务业对外投资和利用外资的强度，结果列于第（5）列；③保持 odi 和 idi 不变，采用 hum2 表示人均受教育年限，结果列于第（6）列；④保持 odi 和 idi 不变，采用高技能劳动比例（hig）表示各行业的人力资本状况，

---

① 不过，赵等（Zhao et al.，2010）和赵伟等（2006）的研究显示，中国外向 FDI 能够促进母国 TFP 增长。

② 但也有研究显示，服务业 FDI 对东道国制造业的技术溢出效应是不显著甚至是负面的（Doytch and Uctum，2011）。

③ 为防止模型异方差、序列相关及截面相关对统计推断结果的影响，在稳健性检验中，我们均只报告经过德里斯科尔和克雷（Driscoll and Kraay，1998）调整的稳健标准误。

结果列于第（7）列；⑤同时改变人力资本和利用外资及对外投资指标，即采用 hum2 和 idi2、odi2，结果列于第（8）列。结果充分表明，我们得到的结论并没有因各变量的衡量指标变化而产生实质性的改变。

第六节　本章小结

本章采用全国两次经济普查后的修订数据，运用序列 DEA-Malmquist 生产率指数法，对 1990 年以来中国服务业细分行业的生产率（TFP）变迁及其异质性现象进行了分析。进而基于测算的生产率数据，考察了国际服务贸易对中国服务业自身生产率的实际影响，主要结论如下：

（1）中国服务业 TFP 整体呈上升趋势，但技术效率与技术进步的增长方向相反。在 20 世纪 90 年代，TFP 增长的主导因素是技术效率改进，进入 21 世纪后，则主要是技术进步提高，且技术效率改进已开始由以纯技术效率为主转向以规模效率为主。但 TFP 增长对服务业产出增长的贡献在考察期内并没有出现明显的上升趋势，其发展还没有真正实现由粗放型向集约型方式的转变。

（2）中国服务业各行业的 TFP、技术效率与技术进步增长均存在较大的行业异质性。多数行业在 20 世纪 90 年代的"追赶效应"明显，但进入 21 世纪后，则主要体现为"增长效应"。此外，生产性服务业 TFP 增长要低于生活性服务业，但近年来生产性服务业 TFP 增长的上升速度要快于生活性服务业。与工业（制造业）行业的对比发现，中国服务业 TFP 增长是滞后的。

（3）2010 年与 1991 年相比，TFP 及技术效率的行业间异质程度有所下降，而技术进步增长差异却有进一步拉大的迹象，但各行业技术效率增长出现波动的概率要高于技术进步。对于服务业 TFP 的行业异质性现象，我们提出了三种可能的解释：一是现代信息技术对不同服务业企业资源配置的异质影响；二是中国服务业体制改革的渐进式道路；三是由某些行业的自身性质所决定。

（4）虽然中国服务进出口的国际地位日益提升，但总体仍表现出了三大特征：一是总量增长与贸易逆差并存。二是服务贸易的部门结构失衡，主要体现在：传统服务出口比重高，而新兴服务出口比重低；传统服务进口比重下降不大，而新兴服务进口增长快；服务进出口差额的部门差异明显，1997—2011 年一直处于顺差的只有其他商业服务，一直处于逆差的则有运输、保险、专有权利使用费和特许费。三是较多部门的国际竞争力呈上升趋势但仍然较弱。

（5）基于测算的服务业细分行业 TFP 数据，在控制影响服务业 TFP 的重要因素并充分考虑模型可能存在的各种内生性问题后，估计结果显示，是服务进口而不是服务出口显著促进了中国服务业生产率的增长，从而得到了服务贸易显著影响服务业生产率的经验证据。在所有的控制变量中，只有行业平均实际工资与资本密集度对服务业生产率存在显著的正向影响，这证明了工资增加对服务业从业人员的工作积极性（技术效率）、行业生产率具有促进作用；国内研发、部门结构、人力资本水平及外向 FDI 的估计系数虽然为正，但不具有统计意义上的显著性，这在一定程度上也隐含了中国服务业在研发经费投入和人力资本配置等方面可能存在的问题。五个方面的稳健性检验结果显示，上述结论是稳定的。

对于服务进出口与服务业生产率之间的关联问题，经验证据虽然显示是进口而非出口显著促进了中国服务业生产率提升，但我们也不能忽视出口对服务业经济增长的长期效应（王恕立、胡宗彪，2009）。然而，范德玛瑞尔（van der Marel，2012）的研究表明，虽然服务贸易［主要包括服务进口、内向 FDI 存量和流量、外国附属机构销售（FATS）］对服务业 TFP 存在直接影响，但一旦引入规制变量［主要包括进入管制（entry regulation）、边境后规制（regulation "behind the border"）、FDI 限制］后这种影响便被抑制。是服务规制而不是服务贸易对服务业 TFP 增长存在显著的负面影响，且对与技术前沿（technology frontier）相距更远的服务部门进行规制的负面影响更大。由此可见，服务贸易与针对服务贸易的各种管制对服务业 TFP 的影响存在较大差异。不过，范德玛瑞尔（van der Marel，2012）中的管制变量只是服务贸易成本的几大组成部分。因此，考虑到贸易成本变量在异质性企业贸易理论中的重要作用，我们有必要进一步从贸易成本视角考察其对服务业生产率影响的内在机制及实际表现。

第四章

服务业生产率变动：基于贸易
成本的理论视角

第一节　引言

在有形的商品贸易领域，广义的国际贸易成本被定义为除生产商品的边际成本外，目的国的最终消费者为了得到某商品所必须承担的所有成本（Anderson and van Wincoop，2004）。基于这一定义，贸易成本被分为三大类，即运输成本、边境成本（border costs）以及零售和批发分销成本（retail and wholesale distribution costs）。根据这些具有代表性（representative）的各种贸易成本构成，对工业化国家的关税等价贸易成本的大致估计结果为170%，其中，运输成本21%、边境成本44%、零售和批发分销成本55%。具体而言，运输成本（21%）包括直接测算的运费和9%的商品在运输途中的关税等价时间成本；边境成本（44%）由直接的观测成本和推断成本组成，即与政策相关的成本（包括关税和非关税壁垒）仅为8%①，而其他的非政策边境壁垒更为重要（分别为语言壁垒

① 边境成本的直接证据显示，关税壁垒在多数国家中是较低的，富裕国家平均低于5%，发展中国家的少数例外在10%~20%。

7%、货币壁垒14%、信息成本壁垒6%、安全壁垒3%）。[①] 这意味着直接的贸易政策工具相比其他贸易政策（规制、信息制度、语言、法律实施以及包括知识产权在内的产权制度等）的重要性较低（Lejour et al.，2010）。

除安德森和范温库普（Anderson and van Wincoop，2004）的分类外，其他较常见的是将进入外国市场支付的所有成本分为固定成本和可变成本。可变成本包括运输、保险和贸易政策成本（关税与非关税壁垒）。固定成本也称为沉没成本或抢滩成本（beachhead costs），包括技术壁垒（technical barriers）（卫生、安全和环境认证等）、新产品的推广成本、分销渠道、与营销和政策规制有关的信息成本。雷炯等（Lejour et al.，2010）认为这些固定成本大致对应安德森和范温库普（Anderson and van Wincoop，2004）中的信息成本、安全壁垒和零售批发分销成本。由此可见，就算是在商品贸易领域，国际贸易成本的大多数构成因素也是不可观测或难以观测的，这可能就是安德森和范温库普（Anderson and van Wincoop，2004）认为贸易成本的直接测度不够准确的原因所在。

尽管如此，根据贸易成本的构成因素进行分解和探讨，对于我们认识国际贸易模式及其演变趋势仍具有重要意义。对于国际服务贸易而言，服务产品具有的无形性、生产与消费同时性等特征，决定了国际服务贸易成本与商品贸易成本存在天然的构成因素差异，其最大的差别之一可能体现在运输成本上。比如巴塔卡里亚等（Bhattacharya et al.，2012）认为服务贸易与商品贸易存在两大不同，其一便是关于运输成本。他们指出服务跨境交易的运输成本基本为零，如果对外投资的唯一原因是为了避免运输成本，那么在市场营销和广告成本不比新建（set up）成本高的条件下，服务企业

---

① 关于贸易成本的三大证据来源（包括直接测算、基于贸易量和价格的两种间接推断），可参见安德森和范温库普（Anderson and van Wincoop，2004）的精彩综述。

就会选择贸易而不会选择对外投资。[①] 以软件服务为例，其可以以接近于零的运输成本通过电信网络进行交易，但这并不意味着服务贸易的绝对成本低，实际上根据第五章的测算以及米农多（Minondo，2012c）和米鲁多等（Miroudot et al.，2010）的研究均表明，国际服务贸易成本在整体上要远远高于商品贸易成本。因此，在讨论国际服务贸易成本对服务业生产率变动的影响机理之前，有必要对国际服务贸易成本的特质性因素进行简要分析，这主要包括服务领域的政策壁垒成本、语言和时区（time zone）因素以及通信成本、空间距离等带来的贸易成本。

第二节　国际服务贸易成本的
特质性因素[②]

一　政策壁垒

除一些特例外，绝大多数商品均可以贸易，而行业特性决定了许多服务不可以贸易，这种差异决定了服务贸易具有不同的壁垒种类（Walsh，2008），且由于服务贸易不存在进口关税，所以通常情况下是以非关税壁垒（non-tariff barriers）形式存在的，其对服务提供方的贸易成本具有重要影响（Francois and Pindyuk，2012；Kox and Lejour，2007）。弗朗索瓦和霍克曼（Francois and Hoekman，2010）认为由效率和公平问题引起的服务业规制比较普遍。一是因

---

①　其二是关于提供的服务质量问题。一般而言，商品的质量可以由客观的技术标准来鉴定，只要通过了技术检测，不论生产企业的国籍或生产区位如何，商品的购买者一般不会对其质量有怀疑。相比之下，由于服务产品的无形性，消费者对于购买的服务的真实特征存在显著的不确定性。李和谭（Lee and Tan，2003）在实验经济学的框架内对电子零售（e-retailing）和实体店销售（physical retailing）的消费者选择进行比较的结论也证实了这一点。

②　参见胡宗彪、朱明进《国际服务贸易成本影响因素：一个文献综述》，《商业经济研究》2016 年第 1 期。

为许多服务的特性会导致市场失灵。比如，基础设施服务（infra-structure services）需要专门的分销网络（如公路、铁路、机场或电缆、通信卫星等），所以自然垄断或寡头垄断是一大特点，地理和政策等原因往往使从事此类活动受到限制。二是信息不完善及不对称问题在服务业中也比较常见，消费者在评估服务提供者的质量时会面临严重障碍。特别是与商品贸易相比，服务贸易壁垒的特质还在于许多贸易壁垒主要影响服务提供方的固定成本而非可变成本，并且是进入市场的沉没成本（Kox and Lejour，2007）。

关于非关税壁垒来源，霍克曼和布拉加（Hoekman and Braga，1997）将其区分为四大类：第一类是基于配额或其他种类的数量限制政策，其施加于服务提供方而不是服务流量，这一类型可能存在于所有服务进口活动中。比如当地含量要求、双边空运服务协定以及一些国家不允许提供方在特殊的服务业中经营。第二类是针对服务价格的限制政策，比如对银行、保险及电信等特殊服务的价格控制。[①] 第三类来自政府直接参与的服务部门限制政策（即管制要求），比如许可证、资格认证要求以及针对外国提供方的经营限制等，这在医疗服务部门最为常见。第四类是服务进口方进入辅助服务时受到的限制，在运输和通信服务部门需要特别关注。不过，由于这些分类都属于歧视性壁垒（即对国内和国外服务提供方进行区别对待），所以存在一定局限性（Walsh，2008）。实际上，非歧视性壁垒（即对国内和国外服务提供方进行同等对待）同样重要（Findlay and Warren，2000），其作用在服务贸易的跨国比较中应予以考虑。需要特别说明的是，科克斯和雷炯（Kox and Lejour，2005）认为第三类政策壁垒有所不同，因为国内和国外提供方都必须服从这一管制。并且国家规制标准可以与 WTO 的非歧视性准则

---

① 虽然服务贸易壁垒主要是非关税措施，但类似的关税壁垒偶尔也会被应用于服务贸易。比如针对旅客的入境签证费，以及机场降落费（airport landing fees）等。

保持完全一致，但仍然会阻碍贸易。

进一步，弗朗索瓦和平迪克（Francois & Pindyuk，2012）从三个维度对国际服务贸易成本的政策壁垒来源进行了划分，一是对新建（establishment）（服务供给方通过建立物理网点提供服务的能力）或经营（对服务提供方进入市场之后的经营活动）进行干预；二是非歧视性或歧视性的管制措施；三是对服务价格或服务提供方的成本产生影响。事实上，即使服务规制不是歧视性的而是为了达成合法的经济和社会目标，它们对贸易仍具有阻碍作用。因此，这些政策壁垒不仅与国家产品市场的规制有关，而且还与成对国家（each pair of countries）的双边异质性有关。方丹等（Fontagne et al.，2011）采用全球贸易分析项目（GTAP）数据库，计算了65个国家9个服务部门的关税等价。伯奇等（Borcher et al.，2012b）则采用世界银行服务贸易限制数据库（Borcher et al.，2012a）对103个国家（79个发展中国家和24个经济合作与发展组织国家）的5个主要服务部门的政策壁垒进行了全面测度。不过，如果只采取产品市场的规制措施对非关税壁垒的服务贸易成本进行测度，则有可能得到误导性的结果。特别是服务生产与消费的同时性等特性，致使除与政策壁垒相关的贸易成本外，还将主要包括诸如语言、时区等其他因素所带来的成本。这也决定了我们在测度双边分部门的服务贸易成本时，应该采用更为全面的测度方法，如根据贸易量推断贸易成本的间接方法。

二 语言因素

由于商品可以被储存和空间转移，所以商品贸易领域的生产者和最终消费者很少发生直接联系。与此相反，服务产品的生产和消费同时发生，所以服务贸易相比商品贸易更依赖于买卖双方的实时交流（communication），而在实时交流中最容易产生贸易成本的是语言壁垒。实际上，语言在标准的引力方程中经常作为一个虚拟变量引入，如果两个贸易国使用同一种语言则等于 1；否则等于 0（Anderson and van Wincoop，2004）。梅里兹（Melitz，2008）认为应该区分多数人使用的语言和少数人使用的语言，因为两者对贸易的影响机制不同。同时他还区分了直接交流和间接交流（翻译），但这些采用的均是二元虚拟变量。然而，哪些语言作为国家间共同使用的语言在现有文献中并不相同（Hulyk，2012）。与采用二元虚拟变量控制共同语言因素不同，布瓦苏和费兰蒂诺（Boisso and Ferrantino，1997）根据从两个伙伴国中分别随机抽取一人而这两人使用相同母语的可能性，构建了一个语言距离指数（linguistic distance index）。基于这一思想，洛曼（Lohmann，2011）较早地对语言距离对国际贸易的影响进行了研究，他使用世界语言结构图（Haspelmath et al.，2008）构建了语言差异指数，其可以捕捉语言壁垒的相对成本差异，结果表明语言壁垒对双边贸易存在显著的负面影响。

与商品贸易相比，较少有文献对服务贸易模式及其语言变量进行研究，不过已有结论在各研究之间并不一致，甚至是相互矛盾的。帕克（Park，2002）使用来自 GTAP 数据库的服务贸易数据引力模型，研究表明物理距离对服务贸易的影响低于商品贸易，语言对服务贸易存在显著为正的影响；共同语言虚拟变量对除通信以外的所有服务部门也具有显著影响。雷炯和维尔海登（Lejour and de Paiva Verheijden，2004）也得到了与帕克（Park，2002）相同的结论。基穆拉和李（Kimura and Lee，2006）应用虚拟变量衡量两国之间是否使用相同语言，结果发现不论是进口方程还是出口方程，语言虚拟变量在所有方程中均在 1% 水平上显著为正。在其他条件不变时，使用相同语言的国家之间会多出 40% ~ 50% 的服务出口。在服务贸易与商品贸易对比时，语言变量对商品贸易的影响不显著，但对服务出口的影响显著大于商品出口。他们还发现物理距离对服务贸易的影响要大于商品贸易，这与帕克（Park，2002）及雷炯和维尔海登（Lejour and de Paiva Verheijden，2004）的结论相反。沃尔什（Walsh，2008）采用 OECD 数据库的研究发现，共同语言是服务出口最重要的决定因素。共同语言虚拟变量的系数为正，因而对服务贸易存在正向影响。但在分部门检验中，物理距离对主要服务贸易方程并不显著，仅仅对运输服务存在显著影响。

此外，英语作为全球共同语言，对服务贸易也存在较大影响。比如，古和祖斯曼（Ku and Zussman，2010）采用 TOEFL 的平均得分来考察英语熟练度对贸易的影响，他们发现对英语不是母语的国家而言，提升英语技能能够导致更多的对外贸易，作用机制在于其方便了潜在贸易伙伴之间的沟通。OLS 估计结果显示，如果两国使用相同语言，贸易将增加31%；TOEFL 平均得分提高1% 能够提升1.51% 的贸易。此外，由于英语熟练度与国际贸易可能存在逆向因果关系，所以他们还将语言距离作为 TOEFL 得分的工具变量，结果显示英语熟练程度存在更大的效应。很明显，该研究提供了共同语言对贸易存在便利化效应以及英语可以作为媒介语言使用的有力证据。胡利克（Hulyk，2012）发现语言距离（一种两国间使用的主要语言的相关性大小测量）与国家间的沟通质量（quality of communication）呈负相关关系。语言距离对服务贸易水平存在显著的非线性影响。比如，俄国人和丹麦人之间的交流变化到俄国人和捷克人之间的交流，语言距离降低导致服务出口上升17.1%。此外，同英语的语言距离对服务贸易存在显著影响，这意味着英语可以作为贸易的一种媒介语言。与商品贸易的对比发现，语言距离对服务贸易具有更大的影响，而物理距离（physical distance）对商品贸易的影响更大。由此可见，语言因素对服务贸易存在显著影响。为了方便各国间的服务交易，会存在语言距离影响语言学习成本的实际情况。

三　时区因素

已有研究表明，商品贸易与地理距离（Eaton and Kortum，2002；Anderson and van Wincoop，2003）及国际边境（international border）（McCallum，1995；Anderson and van Wincoop，2003）呈负相关关系。进一步，爱格和拉尔赤（Egger and Larch，2013）估计了不同贸易地区间的时区差异①对一般均衡中的贸易及贸易成本的影响。采用美国各州和加拿大各省之间的双边贸易数据的研究结果表明，时区差异平均会降低11%的双边贸易，大致是美国和加拿大之间边境效应的1/6。由此可见，时区差异对一般均衡中的贸易量也存在负向影响，这可能是因为较大的时区差异会减少个人之间通过电话或网络会议进行直接交互的机会。② 马尔基特（Marjit，2007）指出，由国家所处时区不同所带来的国际时间差（time difference），能够确定垂直一体化李嘉图模型中的贸易模式，因为技术进步有助于通过“自然驱动”（nature-driven）的比较优势来促进贸易。除偏好、技术和禀赋外，时间差作为国际贸易的独立驱动力而存在。斯坦因和都德（Stein and Daude，2007）的研究发现，

---

① 值得说明的是，时区差异引起的贸易成本与时间成本并不相同。时间成本主要是指商品在途中的运输时间带来的成本。比如，胡梅尔斯和西奥（Hummels and Schaur，2013）考察了企业出口商品时在空运和海运之间的选择，结果发现选择哪种方式取决于需求的价格弹性以及消费者赋予快速运输的价值等。谢普德（Shepherd，2013）采用85个发展中国家相关数据的研究结果显示，贸易时间在企业层面上会影响进口和出口绩效。如果进口许可的时间较短，企业会进口更多的中间投入品；如果清关时间（border clearance times）较短，企业将出口更多的产品，但如果清关时间长，则会倾向于使用第三方销售。

② 根据我们掌握的文献资料来看，爱格和拉尔赤（Egger and Larch，2013）应该是第一篇量化时区对双边商品贸易影响的总效应（total effects）的文章。虽然克里森（Christen，2011）和德特默（Dettmer，2011）对时区作为双边服务贸易的阻碍因素进行了经验研究，但考察的均是局部效应（partial effects）（Egger and Larch，2013）。

时区差异对贸易和 FDI 区位都存在显著为负的影响，且对贸易的影响程度要低于对 FDI。特别是时区的影响可随着时间的推移逐步上升，这意味着时区因素贸易成本不会因新信息技术的引进而消失。

实际上，时区差异对贸易及贸易成本的影响可能更体现在服务领域。多数文献中的地理特征和文化因素等虽然构成了贸易成本的重要来源，但没有捕捉到服务提供方和购买方需要实时交互（real time interaction）带来的交易成本（Kikuchi and Marjit，2010）。尽管电信、电子邮件及电视会议等通信工具的发展对降低交易成本和方便实时交流作出了贡献，但时区差异所带来的交易成本及在国外经营的成本也不能忽略。因为对于实时通信要求，两国间的时区差异会阻碍交流。特别是信息密集型服务要求更高程度的实时交流，所以该部门的提供者和消费者之间的实时交流更为重要（Christen，2011）。然而，菊池（Kikuchi，2006）通过构建商务服务贸易的三国模型，考察了时区在劳动分工中的作用。结果表明时区对贸易有较大的驱动作用，利用时间差和外包生产过程的国家在使用商务服务生产商品的活动中具有比较优势，特别是通过网络等通信工具的联系增加与贸易创造之间存在循环因果关系。德特默（Dettmer，2011）认为如果允许 24 小时连续经营，时区将会是国际服务贸易的一种驱动力量，经验结果也证明了服务贸易存在时区的连续效应，且这一效应依赖于信息通信技术的基础设施水平。

四 其他因素

除了政策壁垒、语言及时区等因素对国际服务贸易成本产生重要影响外，其他因素如贸易伙伴间的地理距离、通信成本（communication costs）等同样存在一定影响。实际上，与对商品贸易的研究相同，针对服务贸易的引力模型也区分了两种交易成本（transaction costs），一是贸易国家的地理特征（如地理距离、共同边界等），其解释的主要是运输成本；二是国家间的文化、历史联系（如共同语言、文化相似度等），其捕捉的主要是与经营文化成本相关的交易成本（Christen，2011）。

从直觉上看，由于服务贸易基本上不存在有形商品的跨国流动，因此由空间地理距离产生的运输成本对服务贸易的影响较小。特别是随着电话、电子邮件及虚拟会议成为面对面交流的替代物后，地理距离更不应该再对国际服务贸易产生显著影响。但实际上，服务生产与消费的同时性以及不可储存性，使提供方需要接近消费者，因此空间距离对服务贸易仍会产生成本负担（Christen，2011；Kikuchi and Marjit，2010）。[1] 与此同时，现有文献对地理距离影响服务贸易的研究结论并不一致。比如，采用 OECD 双边服务贸易数据的研究结果均显示，地理距离对服务贸易存在显著为负的影响，这与商品贸易的结论相同（Dettmer，2011；Kimura and Lee，2006；Ceglowski，2006；Mirza and Nicoletti，2004；Grunfeld and Moxnes，2003）。[2] 不过，沃尔什（Walsh，2008）对商业服务以及萨拉坎和范贝弗伦（Tharakan and van Beveren，2003）与萨拉坎等（Tharakan et al.，2005）对软件服务的研究却得到了不一致的结论。[3]

此外，通信成本也是国际贸易成本的一个重要来源。虽然通信

---

① 克里森（Christen，2011）使用距离和时区差异来衡量服务提供者和消费者之间的协调成本（coordination costs）。

② 特别是基穆拉和李（Kimura and Lee，2006）甚至发现地理距离对服务贸易的影响似乎比对商品贸易的影响更大。

③ 关于服务贸易的地理壁垒问题。安德森等（Anderson et al.，2011）运用结构引力模型并采用加拿大 1997—2007 年的省份数据，对 9 个服务业分部门出口的地理壁垒进行了估计。除构建的母国偏误指数（constructed home bias index）外（Anderson and Yotov，2010），他们还新增了两个新的一般均衡贸易成本指数，即构建的外国偏误（constructed foreign bias）和构建的国内偏误（constructed domestic bias），这三个指数可以捕捉服务贸易成本对省份内、省份间及国际贸易的直接和间接影响。结果表明国际服务贸易壁垒相对于省份间的贸易是巨大的，相对于国际商品贸易也是较大的。同时证实了结构引力方程对于服务贸易数据是适用的。

信息技术的快速发展使得通信成本正在逐步降低，但其对商品贸易及服务贸易同样存在影响。芬克等（Fink et al.，2005）发现国家间的通信成本影响国际贸易，他们将进口国和出口国之间的每分钟通话费用作为通信成本的代理变量，结果显示通信成本降低能够增加两国间的贸易。实际上，通过使用互联网来降低国家间通信成本的作用比以往任何时候都要强（Choi，2010）。弗罗因德和温霍尔德（Freund and Weinhold，2004）的研究表明互联网发展对商品贸易存在显著为正的影响。同时，弗罗因德和温霍尔德（Freund and Weinhold，2002）采用 31 个国家 1995—1999 年的数据，崔（Choi，2010）采用 151 个国家 1990—2006 年的数据，研究结果同样表明互联网发展能够促进服务贸易增长。

第三节 贸易成本与服务业生产率：
资源再配置效应

服务企业参与国际贸易的成本构成与商品贸易存在较大差异，但这并不影响商品贸易异质性企业模型的内在逻辑。布赖因利希和克里斯库奥洛（Breinlich and Criscuolo，2011）采用英国企业层面的服务出口和进口数据，对国际服务贸易企业的一些典型事实进行的研究显示，只有一部分英国企业开展国际服务贸易，并且贸易参与度（trade participation）因行业的不同而不同。进一步的研究证实了企业层面异质性也是国际服务贸易的一个关键特征。特别是他们发现服务贸易和商品贸易在企业层面上存在很多相似之处，因此他们认为现有的商品贸易异质性企业模型可能是解释服务贸易的一个好起点。

基于这一考虑，本章借鉴梅里兹（Melitz，2003）模型的基本思路与分析框架，并采用鲍德温（Baldwin，2005）与鲍德温和福斯里德（Baldwin and Forslid，2010）的方法，引入企业边际生产（即提供服务）成本服从帕累托分布的假设，通过推导开放经济均衡下的边际生产成本临界值，进行服务贸易成本变动条件下的局部均衡分析，以阐释贸易成本变动影响行业生产率的微观机理之一，即行业内不同企业之间的资源再配置效应。

一　基本假设

假设世界由两个同质的经济体组成，且每个经济体都由单一的服务部门通过使用单一生产要素（劳动力）[①]来提供某一服务。在分析中我们主要关注稳态时的均衡而不考虑跨期贴现（intertemporal discounting），企业面临不变的死亡概率，其服从风险率（hazard rate）为 δ 的 Poisson 过程。假设每个经济体的劳动供给无弹性（总供给为 L）。根据同质性假定，两国的工资率 w 相等，将其标准化为 1。假设劳动者的收入全部用于服务产品的消费，即每个经济体在服务业部门的总支出 $E = L$。遵循梅里兹（Melitz，2003）的做法，假设服务部门由 Dixit-Stigliz 垄断竞争、规模报酬递增及冰山（iceberg）贸易成本[②]三个特征来刻画，且其提供的服务存在异质性。此外，假设服务企业面临不变的边际生产成本及在提供服务前就已存在三种固定成本，第一种为标准的 Dixit-Stigliz 新服务产品的创新成本，可表示为 F_1；第二种与第三种可称为"抢滩成本"（beachhead cost），即一种新的服务产品占据某一个新市场时需要承担的市场进入成本（market-entry cost），比如企业为了对国外提供运输和保险服务，需要有自己的品牌及营销渠道。

[①]　由于在硬件设施一定的条件下，服务产品生产更依赖于劳动者的知识储备、服务意识以及人力资本状况，所以假设单一的劳动力投入比商品领域的这一假设可能更为合理。

[②]　虽然冰山贸易成本假定多用于商品贸易领域，即要使到达进口国的产品为 1 单位，则需要从出口国运出 τ（$\tau \geqslant 1$）单位。由于通过通信或面对面等方式提供服务同样存在成本，所以将其形式假设为冰山贸易成本也是合理和可行的。

（1）需求假设。假设代表性消费者的效用函数为不变替代弹性（CES），即：

$$U = \left[\int_{\omega \in \Omega} q(\omega)^\rho \mathrm{d}\omega \right]^{1/\rho}, 0 < \rho < 1 \qquad (4—1)$$

式（4—1）中，Ω 为可供选择的产品集合，ρ 表示消费者对服务多样性的偏好，两种服务之间的替代弹性为 $\sigma = 1/(1-\rho) > 1$。根据迪克西特和斯蒂格利茨（Dixit and Stiglitz，1977）的做法，服务消费者的最优支出决策和消费函数分别为：

$$r(\omega) = R\left[\frac{p(\omega)}{P}\right]^{1-\sigma}, \; q(\omega) = Q\left[\frac{p(\omega)}{P}\right]^{-\sigma} \quad (4—2)$$

式（4—2）中，Q 为在总价格 P 下的产品组合消费，且 $Q \equiv U$。P 表示购买一单位产品组合的最小成本，可表述为：

$$P = \left[\int_{\omega \in \Omega} p(\omega)^{1-\sigma} \mathrm{d}\omega \right]^{1/(1-\sigma)} \qquad (4—3)$$

R 表示消费者在所有服务种类上的支出总额，且有 $R = PQ = \int_{\omega \in \Omega} r(\omega) \mathrm{d}\omega$。

（2）生产假设。假设企业是连续的，且异质性是服务企业的关键性特征，每个服务企业均可使用唯一的劳动力要素来提供差异化的服务产品 ω。因此，企业提供服务的成本主要由劳动力要素的投入组成，如果提供的服务数量为 q，则其成本函数可表述为：

$$l = f + q/\varphi, \; \varphi > 0 \qquad (4—4)$$

式（4—4）中，f 表示所有企业面临的相同固定成本，φ 表示各企业间的不同生产率水平，是企业异质性的表现。因此，企业的边际生产成本为 $1/\varphi$，用 a 表示，其对不同的企业而言是一个随机变量，可用 $G(a)$ 表示其密度函数。可以发现，更高的生产率意味着提供服务的边际成本更低，同时也可以认为更高的生产率意味着在相同成本下提供的服务质量更高。此外，假设每个企业都能了解到自身提供服务的创新能力，如果知识水平或服务创新的能力不够，导致提供服务的边际成本超过 a_0，则企业没有进入市场的动力，所以 $G(a)$ 的定义域为 $[0, a_0]$。

二　临界值和市场进入条件

（1）服务企业类型划分。借鉴鲍德温（Baldwin，2005）对商品企业的分类，我们也将服务企业划分为三种类型，即只在国内市场提供服务的企业，简称为 D（表示 domestic）型企业；既向国内提供服务又向国外出口服务的企业，简称为 X（表示 export）型企业；不向市场提供服务的企业，称为 N（表示 non-producers）型企业。图 4—1 显示了服务企业的生产率分布及三种类型。三类企业被临界值 a_D 和 a_X 分割，分别表示 D 型与 X 型企业提供服务的最高边际成本，且 $a_X < a_D$。边际成本低于 a_X 的企业能同时向国内及国外市场提供服务，高于 a_D 的服务企业由于无法盈利所以只能退出市场，而介于两者之间的企业只向国内提供服务。每个企业提供服务的边际成本都服从 $G(a)$ 分布且提供的每类服务相互独立，特别是每个边际成本水平下的企业多于一家。根据 Poisson 分布的企业死亡过程，在部分企业退出市场的同时也有一些新企业进入市场，所以对于每种服务而言，至少长期来看进入和退出市场的企业基本是匹配的。假设均衡时每一边际成本水平的企业数量为确定的 n，则所有服务企业边际成本的总分布为 $nG(a)$，如图 4—1 所示。

（2）临界值（cut-off）的求解。标准 Dixit-Stiglitz 贸易模型在均衡时的一阶条件为 $p(1-1/\sigma) = wa$，其中，p 和 w 分别表示产品价格和工资，σ 表示产品间的替代弹性，a 表示边际劳动投入。进而企业的经营利润可表述为 $\pi = (p - wa)q$，将一阶条件代入并整理得到：

$$\pi = (p - wa)q = pq/\sigma \tag{4—5}$$

式（4—5）中，q 表示服务消费量，pq 则代表企业总收益，$1/$

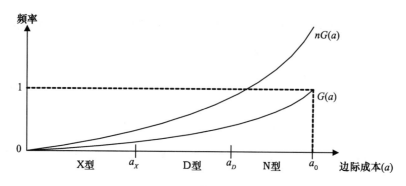

图4—1 服务企业的边际成本与三类企业划分

σ 表示利润与收益的比例系数。标准的 Dixit-Stiglitz 模型中企业 j 的 CES 需求函数为：

$$q_j = E\,(p_j)^{-\sigma}\Big/\int p_i^{1-\sigma}\mathrm{d}i \qquad (4—6)$$

式（4—6）中，E 表示市场中所有产品类别的总支出。由于假设所有产品的价格—边际成本加成（price-marginal cost mark-ups）相同，式（4—6）可进一步表述为：

$$q_j = E\,(a_j)^{-\sigma}\Big/\int a_i^{1-\sigma}\mathrm{d}i \qquad (4—7)$$

将边际成本 a 的密度函数代入，则式（4—7）等价于：

$$q_j = E\,(a_j)^{-\sigma}\Big/n\Big[\int_0^{a_D} a_i^{1-\sigma}\mathrm{d}G(a) + \tau^{1-\sigma}\int_0^{a_x} a_i^{1-\sigma}\mathrm{d}G(a)\Big] \qquad (4—8)$$

式（4—8）中，τ 表示冰山贸易成本，左边乘以 p_j，得到企业总收益为：

$$p_j q_j = E a^{1-\sigma}\Big/n\Big[\int_0^{a_D} a_i^{1-\sigma}\mathrm{d}G(a) + \tau^{1-\sigma}\int_0^{a_x} a_i^{1-\sigma}\mathrm{d}G(a)\Big] \qquad (4—9)$$

令 $\int_0^{a_D} a_i^{1-\sigma}\mathrm{d}G(a) + \tau^{1-\sigma}\int_0^{a_x} a_i^{1-\sigma}\mathrm{d}G(a) = \Delta$，表示市场中所有企业的加权平均边际成本。根据式（4—5），企业利润与总收益的比例为 $1/\sigma$，所以有：

$$\pi = \frac{1}{\sigma}p_j q_j = \frac{E a^{1-\sigma}}{\sigma n\Delta} = \frac{E}{n\sigma}\frac{a^{1-\sigma}}{\Delta} \qquad (4—10)$$

　　由于抢滩成本是沉没成本,所以企业在做市场进入决策时必须考虑到未来的经营利润。为了避免不确定性及沉没成本等带来的复杂性问题,梅里兹(Melitz,2003)通过假设使模型简单化,认为在权衡进入市场的成本和收益时,只需考虑利润的现值与抢滩成本的大小,利润总和至少能够抵消进入成本。如果企业死亡率为不变的 δ 且贴现率为零,则企业的现值为 π/δ。因此,企业向国内和国外市场提供服务的边际成本临界值分别为:

$$F_D = \frac{a_D^{1-\sigma}}{\Delta}\left(\frac{E}{n\sigma\delta}\right); \; F_X = \frac{\phi a_X^{1-\sigma}}{\Delta}\left(\frac{E}{n\sigma\delta}\right), 0 \leqslant \phi \equiv \tau^{1-\sigma} \leqslant 1$$

$$(4\text{—}11)$$

　　式(4—11)中,ϕ 表示贸易自由度(freeness of trade),当没有贸易发生时,即当 τ 趋于无穷大时,$\phi = 0$;当完全开放贸易时($\tau = 1$),$\phi = 1$。

　　(3)市场进入条件(market entry condition)的求解。一个国家服务部门的潜在进入者只有在支付投资成本 F_1 后才能得知自身的边际成本 a,然后根据 a 的大小做出向哪一市场提供服务的决策。根据 Dixit-Stigliz 模型的自由进入准则,市场中的企业数目 n 一定会增加到当 F_1 的预期报酬为零时,单个企业的期望利润可表示为 $E/n\sigma$。我们可以将企业的预期成本表述为:

$$\bar{F} \equiv F_D + F_X \frac{G(a_X)}{G(a_D)} + F_1 \frac{1}{G(a_D)} \qquad (4\text{—}12)$$

　　式(4—12)中,等式右边第一项为向国内提供服务的固定成本。第二项为成为出口企业(即 X 型)必须承担的额外成本,$G(a_X)/G(a_D)$ 表示成为出口企业的概率。第三项表示事前(ex ante)预期的服务种类创新成本。当市场达到均衡状态时,服务企业能够获得的期望利润与预期总成本应该相等,市场自由进入条件为:

$$F_D + F_X \frac{G\ (a_X)}{G\ (a_D)} + F_1 \frac{1}{G\ (a_D)} = \frac{E/\sigma}{n\delta}, \quad 即 \frac{E/\sigma}{n\delta} - \bar{F} = 0$$

$$(4\text{—}13)$$

三 边际成本的帕累托分布假设

为了求解 a_D 和 a_X 的表达式，首先需要知道 $G\ (a)$ 的表达式。根据鲍德温（Baldwin，2005）与鲍德温和福斯里德（Baldwin and Forslid，2010）的做法，假设行业内的企业向市场提供服务的边际成本服从帕累托分布，即：

$$G\ (a)\ = \left(\frac{a}{a_0}\right)^k, \quad 0 \leqslant a \leqslant a_0 \equiv 1 \qquad (4\text{—}14)$$

式（4—14）中，a_0 和 k 分别表示规模（scale）和形状（shape）参数。不失一般性，将 a_0 标准化为 1，$k = 1$ 表示均匀分布（uniform distribution）。根据式（4—11）、式（4—14）及 Δ，并假设正则条件（regularity condition）为 $\beta \equiv k/\ (\sigma - 1)\ > 1$，可求解得到：

$$\Delta = \frac{a_D^{1-\sigma}\ (1 + \phi^\beta T^{1-\beta})}{1 - 1/\beta}, \quad \bar{F} = \frac{F_D\ (1 + \phi^\beta T^{1-\beta})}{1 - 1/\beta} \qquad (4\text{—}15)$$

式（4—15）中，$0 \leqslant \phi^\beta T^{1-\beta} \leqslant 1$ 代表两种贸易壁垒引起的成本，一种是冰山贸易成本，即 $\phi \equiv \tau^{1-\sigma}$；第二种是抢滩贸易成本，即 $T \equiv F_X/F_D$。由于贴现率被假设为零，劳动者的收入全部用于服务消费，因此一个国家在服务部门的总支出等于劳动投入，即 $E = L$。根据式（4—11）（边际成本临界值条件）、式（4—13）（市场进入条件）和式（4—15）可以求解具体的均衡结果：

$$a_D = a_0 \left[\frac{F_1\ (\beta - 1)}{F_D\ (1 + \phi^\beta T^{1-\beta})}\right]^{1/k}, \quad a_X = a_0 \left[\frac{\phi^\beta T^{1-\beta} F_1\ (\beta - 1)}{F_X\ (1 + \phi^\beta T^{1-\beta})}\right]^{1/k}$$

$$n = \frac{L\ (\beta - 1)\ /\delta}{\beta F_D\ (1 + \phi^\beta T^{1-\beta})\ \sigma}, \quad n_C = \frac{L\ (\beta - 1)}{\sigma F_X \beta} \left(\frac{T + \phi^\beta T^{1-\beta}}{1 + \phi^\beta T^{1-\beta}}\right)$$

$$(4\text{—}16)$$

式（4—16）中，n_c 表示只向国内提供服务的企业，此外还可以得到一些有用的结果：

$$\frac{a_X}{a_D} = \left(\frac{\phi^\beta T^{1-\beta}}{T}\right)^{1/(\sigma-1)}, \quad \Delta = a_0^{1-\sigma} \left(\frac{F_D}{\beta F_1}\right)^{1/\beta} \left(\frac{1+\phi^\beta T^{1-\beta}}{1-1/\beta}\right)^{1+1/\beta}$$

$$P = a_0 \frac{(\sigma\delta/L)^{1/(\sigma-1)}}{1-1/\sigma} \left(F_1 \frac{\beta-1}{1+\phi^\beta T^{1-\beta}}\right)^{1/k} (F_D)^{(\beta-1)/k} \quad (4—17)$$

式（4—17）其中，P 为标准的 CES 价格指数。

四　服务贸易成本的资源再配置效应

借鉴梅里兹（Melitz，2003）的做法，我们可以从两方面界定服务贸易成本，一是可变贸易成本，即冰山贸易成本 τ，其对应的贸易自由度为 $\phi \in [0, 1]$，越趋于 1 表示自由度越高；二是进入国外市场与国内市场固定成本（即抢滩成本）的相对大小 F_X/F_D，根据 $T = F_X/F_D > 1$ 的假设，若保持 F_D 不变，则 T 越趋于 1，贸易自由化程度也越高。在现有文献中，一般主要考察冰山贸易成本 τ 对企业生产率变动的影响。实际上，冰山贸易成本与抢滩成本在本质上对企业生产率的影响具有一致性。具体而言，贸易成本的行业内资源再配置效应是通过选择效应（selection effects）和生产再配置效应（production reallocation effects）来实现的。选择效应是通过降低边际成本的临界值（即降低 a_D 的值）将低生产率企业淘汰出市场；生产再配置效应是将原来由低生产率企业提供的服务转移到由高生产率企业提供。通过这两种效应可以重新将行业内的资源在企业间进行合理再配置，从而提高企业生产率。

（1）服务贸易成本的选择效应。在式（4—16）中分别对 ϕ 和 T 求偏导，得到：

$$\partial a_D/\partial\phi < 0, \ \partial a_X/\partial\phi > 0, \ \partial a_D/\partial T > 0, \ \partial a_X/\partial T < 0 \quad (4—18)$$

由此可以得到结论一：服务贸易成本的选择效应——如果服务贸易成本下降（即可变贸易成本下降或固定贸易成本下降），X 型企业的临界点将上升，而 D 型企业的临界点将降低。也就是说，贸易成本下降会导致 D 型企业中边际成本较高的服务企业退出市场，同时也将会有更多的企业选择进入国外市场（见图4—2）。

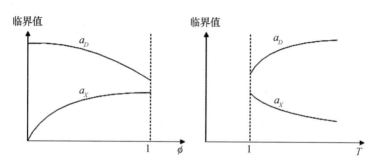

图4—2　服务贸易成本下降的选择效应

（2）服务贸易成本的生产再配置效应。一个典型的 D 型企业和 X 型企业的收入分别为 $a^{1-\sigma}E/n\Delta$ 和 $a^{1-\sigma}(1+\phi)E/n\Delta$。结合式（4—15）和式（4—16）可以得到：

$$S_D\ (a)\ =\left(\frac{a}{a_D}\right)^{1-\sigma}\sigma\delta F_D,\ S_X\ (a)\ =\left(\frac{a}{a_D}\right)^{1-\sigma}\ (1+\phi)\ \sigma\delta F_D$$

$$(4—19)$$

式（4—19）中，S_D 和 S_X 分别表示 D 型企业和 X 型企业的服务销售收入。根据前文设定，当国内总产出不变时，贸易成本下降对企业市场份额与对企业销售收入的影响是一致的。对式（4—19）两边取对数并对 ϕ 求微分，则有：

$$\hat{S}_D\ (a)\ =\frac{-\phi^\beta T^{1-\beta}}{1+\phi^\beta T^{1-\beta}}\hat{\phi},\ \hat{S}_X\ (a)\ =\frac{\phi-\phi^\beta T^{1-\beta}}{(1+\phi)\ (1+\phi^\beta T^{1-\beta})}\hat{\phi}$$

$$(4—20)$$

式（4—20）中，$\hat{S}=dS/S$，$\hat{\phi}=d\phi/\phi$。可变的冰山贸易成本 τ 下降意味着 ϕ 增大，即有 $\hat{\phi}>0$。只要 $T>\phi$，就有 $\hat{S}_D<0$，$\hat{S}_X>0$，

而 $T > \phi$ 很容易被证明是成立的。[1]

由此可以得到结论二:服务贸易成本的生产再配置或份额转移效应——如果冰山贸易成本 τ 降低,则 D 型企业和 X 型企业的市场份额分别下降和增加(见图4—3),这意味着市场份额由低生产率企业转向高生产率企业。[2]

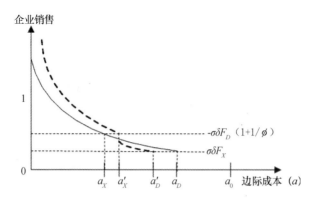

图4—3　服务贸易成本下降的生产再配置效应

(3)服务贸易成本下降提升行业生产率的直接证明。如果企业生产率用实际产出(E)和劳动投入(L)的比率表示,则企业生产率为(E/L)P^p,P^p 代表生产者价格指数。根据式(4—17)得到:$P^p = \left[a_D / (1 - 1/\sigma) \right] \times \left[n / (1 - 1/\beta) \right]^{1/(1-\sigma)}$,再根据式(4—15)和式(4—16)得到企业平均生产率为:

$$\overline{A} = \frac{1 - 1/\sigma}{a_D} \left(\frac{L}{\sigma \delta F_D} \right)^{1/(\sigma - 1)} \tag{4—21}$$

根据前文的分析,$\partial a_D / \partial \phi < 0$,即 a_D 与贸易自由化程度 ϕ 成反

---

[1]　大量研究(如 Breinlich and Criscuolo,2011;Minondo,2012a,2012b 等)的结果表明,一个国家中的服务企业只有一部分能够进行国际贸易。这意味着 $a_X < a_D$ 是正则性条件,根据式(4—11)可以得到 $a_X < a_D$ 的充要条件是: $a_X / a_D < 1 \Longleftrightarrow (F_X / \phi) / F_D > 1$

[2]　在梅里兹(Melitz,2003)模型中,固定贸易成本下降只会引起 D 型企业的市场份额减少以及提高新出口企业的市场份额,而对原出口企业的市场份额并无影响。

比。可见，在其他条件保持不变的条件下，贸易自由化程度上升将提高企业的平均生产率。根据结论一，能够得到服务贸易成本下降能够通过迫使行业内的低生产率企业退出市场而提升行业生产率。对于贸易成本下降通过生产再配置效应来提升行业生产率，我们可以借鉴梅里兹（Melitz，2003）的做法，即行业生产率为企业生产率的加权平均，企业的产出份额为其权重。我们仍采用边际成本来度量企业生产率，边际成本下降表明生产率提高。行业生产率 A 可表述为：

$$A = \frac{1}{h}\left[\frac{1}{R}\int_0^\infty r(a)h(a)g(a)\right] \tag{4—22}$$

式（4—22）中，A 代表开放经济下的行业总生产率，$h(a)$ 代表任意一个递增函数。假设封闭经济条件下的行业生产率为：$A_D = h^{-1}\left[R^{-1}\int_0^\infty r_D(a)h(a)g(a)\mathrm{d}a\right]$。由于分布 $r(a)h(a)/R$ 一阶随机占优于 $r_D(a)h(a)/R$，即 $\int_0^\infty r(\xi)g(\xi)\mathrm{d}\xi \geq \int_0^\infty r_D(\xi)g(\xi)\mathrm{d}\xi$ $\forall a$。因此对于任意一个递增函数 $h(a)$，都有 $A > A_D$。

由此得到结论三：服务贸易成本下降能够通过选择效应以及生产再配置效应（或份额转移效应）两条路径促进行业总生产率的提升。

第四节　贸易成本与服务业生产率：技术选择效应

我们在分析贸易成本的行业内资源再配置效应时，假定企业生产率保持不变，即服务企业向市场提供服务的技术进步或技术效率不变。然而，第三章对中国服务业分行业生产率的测算结果显示，各行业生产率以不同的速率变动，这在一定程度上也隐含了企业生产率是变化的事实，特别是进入 21 世纪以后，技术进步增长主导了服务业生产率提升。

因此，本节放松服务企业生产率保持不变的基本假设，以梅里兹（Melitz，2003）模型为基础，进一步引入耶普尔（Yeaple，2005）的内生技术选择假设来深入探讨贸易成本变动如何影响服务企业的出口和技术选择决策，从而揭示贸易成本变动影响行业生产率的微观机理之二，即异质性服务企业的技术选择效应。

一　基本假设

假设世界由两个同质的经济体组成，且每个经济体由单一的服务部门通过使用单一生产要素（劳动力）来提供差异化的服务。

（1）需求假设。假设代表性消费者具有不变替代弹性的效用函数，对服务 s 的效用最大化问题可表述为：

$$\text{Max} \quad U = \left[\int_{\omega \in \Omega} s(\omega)^{\rho} \mathrm{d}\omega\right]^{1/\rho}, 0 < \rho < 1$$

$$\text{s. t.} \quad \int_{\omega \in \Omega} s(\omega) p(\omega) \mathrm{d}\omega = E \tag{4—23}$$

式（4—23）中，Ω 为可供选择的产品集合，ρ 表示消费者对服务多样性的偏好，两种服务之间的替代弹性为 $\sigma = 1/(1-\rho) > 1$。E 表示一个国家消费者对差异化服务的支出总额，对特定服务 ω 的需求函数可表述为：

$$s(\omega) = \frac{E}{P}\left[\frac{p(\omega)}{P}\right]^{-\sigma} \tag{4—24}$$

式（4—24）中，P 表示购买一单位产品组合的最小成本，可表示为：

$$P = \left[\int_{\omega \in \Omega} p(\omega)^{1-\sigma} d\omega\right]^{1/(1-\sigma)} \tag{4—25}$$

（2）生产假设。生产方面仍假设服务部门是垄断竞争的市场结构，企业可以自由进出行业，且每个新进入市场的企业选择提供一种差异化的服务 ω。借鉴耶普尔（Yeaple，2005）模型的做法，我们假设服务部门的企业可以选择两种不同的技术向市场提供服务，分别为低端技术 L 和高端技术 H，两种技术的区别在于提供服务的固定成本（F）和边际成本（C）不同。具体而言，采用 L 技术的服务企业面临的固定成本和边际成本分别为 F_L 和 C_L，而采用 H 技术的服务企业分别为 F_H 和 C_H。虽然采用 H 技术意味着更多的一次性要素投入，但高技术能够降低边际成本，所以有 $F_L < F_H$，$C_L > C_H$。因此，与行业内资源再配置效应分析中的企业生产率不变假设相异，企业能够通过选择不同的技术来影响自身生产率水平。企业异质性仍体现在生产率不同（用 φ 表示），即相同技术条件下提供服务的边际成本差异（$1/\varphi$）。可见，在技术条件保持不变时，生产率更高的企业提供相同数量的服务需要的劳动更少。一个生产率为 φ 的企业采用技术 T（$T = L, H$）提供 s 单位服务的总成本可表示为：

$$TC_T(\varphi) = F_T + C_T(s/\varphi), \quad T = L, H \qquad (4\text{—}26)$$

二 服务企业的技术选择决策

在不变替代弹性的效用假设下，企业达到利润最大化时的定价就是在边际成本基础上的一个固定加成，即 $P/MC = \sigma/(\sigma-1) = 1/\rho$。因此，一个生产率为 φ 且选择技术 T 的企业向国内市场提供服务的价格可表示为：

$$P_D^T(\varphi) = \frac{1}{\rho}\frac{C_T}{\varphi}, \quad T = L, H \qquad (4\text{—}27)$$

根据式（4—24），服务企业的产出、销售收入与利润分别表述为：

$$s_D^T(\varphi) = EP^{\sigma-1}\left(\frac{\rho\varphi}{C_T}\right)^\sigma,$$

$$r_D^T \left(\varphi \right) = P_D^T \left(\varphi \right) s_D^T \left(\varphi \right) = E \left(P \frac{\rho\varphi}{C_T} \right)^{\sigma-1},$$

$$\pi_D^T \left(\varphi \right) = \frac{1}{\sigma} r_D^T \left(\varphi \right) - F_T$$

与行业内资源再配置效应分析中的假设一样，企业向国外提供服务需要承担额外的进入固定成本 F_X 和冰山贸易成本 τ（$\tau > 1$），企业进入国外市场的利润则为：

$$\pi_X^T \left(\varphi \right) = \frac{1}{\sigma} \tau^{1-\sigma} E^* (\rho P^*)^{\sigma-1} \varphi^{\sigma-1} C_T^{1-\sigma} - F_T - F_X \quad (4—28)$$

式（4—28）中，E^* 和 P^* 分别表示国外消费者在差异化服务 s 上的支出总额和总价格指数，根据国家同质性或对称性假定，可以得到：$E^* = E$ 和 $P^* = P$。

企业在面对两个市场（国内与国外）以及两种技术（L 和 H）时存在四种选择：①采用低端技术 L 并只向国内提供服务；②采用低端技术 L 并同时向国内和国外提供服务；③采用高端技术 H 并只向国内提供服务；④采用高端技术 H 并同时向国内和国外提供服务。在每种选择下的企业利润可分别表示为：

$$\pi_D^L \left(\varphi \right) = \frac{1}{\sigma} E (\rho P)^{\sigma-1} \varphi^{\sigma-1} C_L^{1-\sigma} - F_L \quad (4—29)$$

$$\pi_X^L \left(\varphi \right) = \frac{1}{\sigma} [E (\rho P)^{\sigma-1} + \tau^{1-\sigma} E^* (\rho P^*)^{\sigma-1}] \varphi^{\sigma-1} C_L^{1-\sigma} - F_L - F_X$$

$$(4—30)$$

$$\pi_D^H \left(\varphi \right) = \frac{1}{\sigma} E (\rho P)^{\sigma-1} \varphi^{\sigma-1} C_H^{1-\sigma} - F_H \quad (4—31)$$

$$\pi_X^H \left(\varphi \right) = \frac{1}{\sigma} [E (\rho P)^{\sigma-1} + \tau^{1-\sigma} E^* (\rho P^*)^{\sigma-1}] \varphi^{\sigma-1} C_H^{1-\sigma} - F_H - F_X$$

$$(4—32)$$

为了分析利润最大化目标下，企业在每个生产率水平下的出口和技术选择决策问题，借鉴布斯托斯（Bustos，2007）的处理方法，将利润函数分解为四个组成部分：①企业使用 L 技术且只服务国内市场的利润为：$\pi_D^L(\varphi)$；②使用 L 技术的企业通过出口引起的收入增加：$\mathrm{d}r_{DX}^L(\varphi) = \sigma^{-1}\tau^{1-\sigma}E^*(\rho P^*)^{\sigma-1}\varphi^{\sigma-1}C_L^{1-\sigma}$；③企业从 L 技术转向 H 技术，向国内提供服务的收入增加：$\mathrm{d}r_D^{LH}(\varphi) = \sigma^{-1}E(\rho P)^{\sigma-1}\varphi^{\sigma-1}[C_H^{1-\sigma}-C_L^{1-\sigma}]$；④企业从使用 L 技术转向使用 H 技术后，向国外市场提供服务产品引起的收入增加：$\mathrm{d}r_X^{LH}(\varphi) = \sigma^{-1}\tau^{1-\sigma}E^*(\rho P^*)^{\sigma-1}\varphi^{\sigma-1}[C_H^{1-\sigma}-C_L^{1-\sigma}]$。因此，企业利润函数可以分别改写为：

$$\pi_D^L(\varphi) = \pi_D^L(\varphi) \tag{4—33}$$

$$\pi_X^L(\varphi) = \pi_D^L(\varphi) + \mathrm{d}r_{DX}^L(\varphi) - F_X \tag{4—34}$$

$$\pi_D^H(\varphi) = \pi_D^L(\varphi) + \mathrm{d}r_D^{LH}(\varphi) - (F_H - F_L) \tag{4—35}$$

$$\pi_X^H(\varphi) = \pi_D^L(\varphi) + \mathrm{d}r_{DX}^L(\varphi) + \mathrm{d}r_D^{LH}(\varphi+)$$

$$\mathrm{d}r_X^{LH}(\varphi) - F_X - (F_H - F_L) \tag{4—36}$$

通过以上的分析，可以得出如下两个命题：

命题 1：如果企业使用 L 技术向国外提供服务能够比仅向国内提供服务获得更高的利润，那么这对于该企业使用 H 技术时同样成立。换句话说，如果企业使用 L 技术在出口中能够获利，那么使用 H 技术同样可以获利，即：

$$\pi_X^L(\varphi) > \pi_D^L(\varphi) \Rightarrow \pi_X^H(\varphi) > \pi_D^H(\varphi) \tag{4—37}$$

这是因为，相对于 L 技术企业而言，H 技术企业对价格有更多的控制权，可以采取适当降价的方式向国外市场提供服务来取得更多的收入，即 $\pi_X^L(\varphi) > \pi_D^L(\varphi) \Rightarrow \mathrm{d}r_{DX}^L(\varphi) - F_X > 0$，而 $\pi_X^H(\varphi) - \pi_D^H(\varphi) = \mathrm{d}r_{DX}^L(\varphi) + \mathrm{d}r_X^{LH}(\varphi) - F_X > \mathrm{d}r_X^{LH}(\varphi) - F_X$。只有生产率较高的企业才能从出口服务中获利，因为其能够承担进入出口市场的固定成本 F_X 和冰山贸易成本 τ。通过对比 $\pi_X^L(\varphi)$ 和 $\pi_D^L(\varphi)$ 可以得出使用 L 技术的企业通过出口可以获得利润的生产率临界值 φ_{DX}^L，则有：

$$\pi_X^L(\varphi) > \pi_D^L(\varphi) \Leftrightarrow \varphi > \varphi_{DX}^L = \left[\tau^{\sigma-1} \frac{1}{E^*}(\rho P^*)^{1-\sigma} \sigma C_L^{\sigma-1} F_X\right]^{1/(\sigma-1)}$$

$$(4—38)$$

φ_{DX}^L就是使用 L 技术的出口企业的最低生产率，使用 L 技术的企业中只有生产率高于 φ_{DX}^L 的才能出口，而低于 φ_{DX}^L 的只向国内市场提供服务。因此，命题 1 不论选择哪种技术，生产率大于 φ_{DX}^L 的所有企业都可以从服务出口中获利。

命题 2：如果企业在出口中使用 L 技术获取的利润高于使用 H 技术获取的利润，那么这对于该企业在只服务于国内市场时同样成立。换句话说，如果企业在出口中使用 H 技术不能获利，那么使用 H 技术在国内也不能获利，即：

$$\pi_X^L(\varphi) > \pi_X^H(\varphi) \Rightarrow \pi_D^L(\varphi) > \pi_D^H(\varphi) \qquad (4—39)$$

这是因为，使用 H 技术带来的边际成本降低，能够同时增加出口企业在国内和国外市场中的销售收入，而仅向国内提供服务的企业只能增加来自国内市场的销售收入。如果使用 H 技术无法保证从两个市场中获取更高的利润，那么在只服务国内市场时更无法得到保证，即：$\pi_X^L(\varphi) > \pi_X^H(\varphi) \Rightarrow \mathrm{d}r_D^{LH}(\varphi) + \mathrm{d}r_X^{LH}(\varphi) - (F_H - F_L) < 0 \Rightarrow \pi_D^H(\varphi) - \pi_D^L(\varphi) = \mathrm{d}r_D^{LH}(\varphi) - (F_H - F_L) < 0$。由于 $F_L < F_H$，即使用高端技术 H 相比使用低端技术 L 需要承担更高的进入固定成本，所以只有生产率较高的企业才能支付额外的技术引进成本。通过对比 $\pi_X^H(\varphi)$ 和 $\pi_X^L(\varphi)$ 可以得出使用两种技术的企业生产率临界值 φ_X^{LH}，即当 $\varphi = \varphi_X^{LH}$ 时，采用哪种技术对出口企业而言并无差别，则有：

$$\pi_X^L(\varphi) > \pi_X^H(\varphi) \Leftrightarrow \varphi > \varphi_X^{LH}$$

$$= \left\{\frac{\sigma(F_H - F_L)}{[E(\rho P)^{\sigma-1} + \tau^{1-\sigma}E^*(\rho P^*)^{\sigma-1}][C_H^{1-\sigma} - C_L^{1-\sigma}]}\right\}^{1/(\sigma-1)}$$

$$(4—40)$$

φ_X^{LH} 就是使用 H 技术的出口企业的最低生产率，即高于 φ_X^{LH} 的出口企业使用 H 技术提供服务，而低于 φ_X^{LH} 的出口企业只能使用 L 技术提供服务。命题 2 意味着不论是否出口，生产率低于 φ_X^{LH} 的所有企业都将使用 L 技术向市场提供服务。

最后，不论使用哪种技术，服务业部门内的最低生产率企业都不能实现正利润，因而只能退出该部门。设 φ_D^L 为服务业部门内存活企业与退出企业的临界生产率，即当 $\varphi = \varphi_D^L$ 时，服务部门内的企业是否继续向市场提供服务并无差别，从而有：$\pi_D^L(\varphi) > 0 \Leftrightarrow \varphi > \varphi_D^L = [E^{-1}(\rho P)^{1-\sigma} \sigma C_L^{\sigma-1} F_L]^{1/(\sigma-1)}$，$\varphi_D^L$ 就是服务部门内存活企业的最低生产率，高于 φ_D^L 的企业将继续向市场提供服务，低于 φ_D^L 的企业则被迫退出市场。

在利润最大化的目标下，可以根据得到的两个企业生产率临界值 φ_{DX}^L 和 φ_X^{LH}，对异质性企业的出口决策和技术选择进行描述。由于现实中多数发展中经济体（包括中国）的服务部门存在大量使用低技术提供服务的出口企业，所以 $\varphi_{DX}^L < \varphi_X^{LH}$ 更符合实际。[①] 当 $\varphi_{DX}^L < \varphi_X^{LH}$ 时，生产率 φ 大于 φ_D^L 小于 φ_{DX}^L（$\varphi_D^L < \varphi < \varphi_{DX}^L$）的企业将使用 L 技术并只向国内市场提供服务；生产率 φ 大于 φ_{DX}^L 小于 φ_X^{LH}（$\varphi_{DX}^L < \varphi < \varphi_X^{LH}$）的企业使用 L 技术并同时向国内及国外市场提供服务；生产率 φ 大于 φ_X^{LH} 的企业则使用 H 技术并同时向国内及国外市场提供服务。不难看出，在 $\varphi_{DX}^L < \varphi_X^{LH}$ 的情形下，并不存在使用 H 技术并只向国内提供服务的企业，即选择高技术的企业会同时向国内和国外两个市场提供服务。

三　服务贸易成本的技术选择效应

前文的分析表明，从使用 L 技术转向使用 H 技术能够提升企业

---

① 正因为如此，我们并不对 $\varphi_{DX}^L > \varphi_X^{LH}$ 的情形进行分析，该情形意味着所有出口企业均使用高端技术 H 向市场提供服务产品。

生产率，那么现实中的贸易成本下降，对企业技术选择及生产率存在哪些影响仍需作进一步的探讨。类似于前文，我们可以从两方面界定服务贸易成本下降，一是可变贸易成本即冰山贸易成本 τ 的降低，这也是目前普遍采用的界定方法；二是高技术 H 的引入成本 F_H 降低，这是由于高技术一般被发达国家首先研发出来，贸易成本降低可以促使发展中国家的服务企业通过进口溢出和出口学习效应接触并吸收高技术，从而导致引入 H 技术的成本降低。根据式（4—40）对 φ_X^{LH} 分别关于 τ 和 F_H 求偏导数，可以得到：

$$\frac{\partial \varphi_X^{LH}}{\partial \tau} = \left[\frac{\sigma(F_H - F_L)}{C_H^{1-\sigma} - C_L^{1-\sigma}} \right]^{1/\sigma-1}$$

$$\left\{ \frac{1}{\tau^\sigma} E^* (\rho P^*)^{\sigma-1} \left[\frac{1}{\tau^{\sigma-1}} E^* (\rho P^*)^{\sigma-1} + E(\rho P)^{\sigma-1} \right]^{\sigma/\sigma-1} \right\} > 0$$

$$(4—41)$$

$$\frac{\partial \varphi_X^{LH}}{\partial F_H} = \frac{[\sigma/(\sigma-1)][\sigma(F_H - F_L)]^{\sigma/(1-\sigma)}}{\{(C_H^{1-\sigma} - C_L^{1-\sigma})[\tau^{1-\sigma} E^* (\rho P^*)^{\sigma-1} + E(\rho P)^{\sigma-1}]\}^{1/(1-\sigma)}} > 0$$

$$(4—42)$$

根据两个假定：$F_H - F_L > 0$（采用 L 技术比采用 H 技术的固定成本低）和 $C_L - C_H > 0$（使用 L 技术比使用 H 技术的边际成本高），且由 $\sigma = 1/(1-\rho) > 1$ 可得 $1 - \sigma < 0$，所以有 $C_H^{1-\sigma} - C_L^{1-\sigma} > 0$。由此可见，在其他所有变量的取值均大于零的情况下，有：$\partial \varphi_X^{LH}/\partial \tau > 0$，$\partial \varphi_X^{LH}/\partial F_H > 0$。

因此，可变贸易成本 τ 或高技术 H 的引入成本 F_H 下降，均会使采用 H 技术提供服务的出口企业的生产率临界值 φ_X^{LH} 降低，换句话说，τ 或 F_H 下降都会导致更多的出口企业采用 H 技术，进而促进企业的技术进步。由于部门内存在一定程度的外部性，H 技术可以通过行业内技术溢出效应向非出口企业扩散，从而促进整个行业内企业的技术进步即生产率提升。

此外，根据式（4—38）对 φ_{DX}^L 关于 τ 求偏导数，得到：

$$\frac{\partial \varphi_{DX}^L}{\partial \tau} = \left[\frac{1}{E^*}(\rho P^*)^{1-\sigma} \sigma C_L^{\sigma-1} F_X \right]^{1/(\sigma-1)} > 0 \qquad (4—43)$$

可以看出，各变量的取值均大于零，所以有 $\partial \varphi_{DX}^L / \partial \tau > 0$。这说明可变贸易成本 τ 下降，会降低企业向国外提供服务的生产率临界值 φ_{DX}^L，换句话说，τ 下降会导致更多的企业进入出口市场。随着向国外市场提供服务的企业数量增多，企业在国际市场的竞争程度会更加激烈，所以为了不被市场淘汰及获取更高的利润，提高生产率水平将成为企业继续生存的一大理性选择。

通过以上分析可以得出结论四：服务贸易成本下降（包括可变贸易成本 τ 和高技术引入成本 F_H）可以通过技术选择决策和部门内技术溢出效应促进企业生产率提高，进而促进行业总生产率的提升。

第五节　贸易成本对服务业生产率的
作用机理综合

本章的第三节和第四节分别揭示了服务企业异质性假设下，贸易成本下降促进行业生产率提升的行业内资源再配置效应和企业技术进步效应。本节基于数理模型的分析结论，给出了服务企业异质性假设下，贸易成本下降促进行业生产率提升的综合作用机理，如图4—4所示。

在作用机理分析中，服务企业的异质性假设是作为外生变量引入的，即行业内服务企业的生产率存在差异且是外生给定的，同时我们还假设企业向市场提供服务的边际成本服从帕累托分布，且生产率更高的企业选择进行国际贸易的概率更高。所以在此前提条件

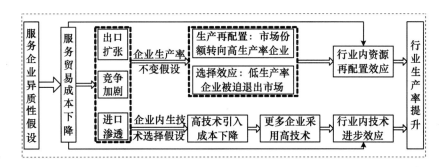

图4—4 服务企业、贸易成本下降与行业生产率提升:机理综合

下,由贸易成本下降带来的出口扩张、进口渗透以及竞争加剧均会使行业内的低生产率企业被迫退出市场以及存活企业的市场份额转向高生产率企业,进而促使行业内的资源从低生产率企业转向高生产率企业,最终提升该行业的总体生产率水平。

值得说明的是,贸易成本下降对促进行业内资源再配置的作用机理是在企业生产率即技术保持不变的假设下得到的,因此可以作为贸易成本下降促进行业生产率提升的短期效应。实际上,在长期内服务企业能够通过选择不同的技术来改变自身生产率水平。因此,在假设企业提供服务的技术及效率是变化的条件下,贸易成本下降能够通过促进企业技术进步这一作用机理提升行业生产率的水平。贸易成本下降带来的出口扩张、进口渗透以及竞争加剧等,可以通过进口技术溢出效应和出口学习效应降低引进高技术的固定成本,这对企业选择高技术存在激励作用,进而促进企业的技术进步和效率提升并最终提升行业总生产率。

第六节 本章小结

本章通过对国际服务贸易成本的特质性因素构成,以及两种假设条件下的服务贸易成本影响企业生产率进而行业生产率的数理经济模型的分析，再结合图4—4的作用机理综合图，可以得出如下的基本结论或理论假说：

（1）服务领域的贸易成本下降能够促进服务业生产率提升。

（2）从动态的时间维度看，行业内资源再配置效应和企业内生技术选择效应都能促进服务业生产率提升。

（3）在服务企业生产率保持不变的假定下，服务贸易成本下降通过低生产率企业退出市场，以及存活企业市场份额向高生产率企业转移来完成行业内的资源再配置过程，进而提升服务业生产率。

（4）在服务企业的内生技术选择假定下，服务贸易成本下降通过技术选择决策和部门内技术溢出效应，可以促进企业生产率提高，进而促进服务业生产率的提升。

以下各章将对第一个主要结论进行跨国面板数据经验检验以及针对中国进行特定检验，但由于第二、三和第四个结论的验证需要采用服务企业的微观层面数据，所以目前在数据不可获得的情况下，只能将其留待以后再进行深入研究。

第五章

服务贸易成本测度：规律 特征与中国经验①

第一节 引言

随着经济全球化的逐步推进，世界各国的对外贸易取得了快速增长，其中一个重要原因是国际贸易成本如关税和运输成本等的下降（Novy，2013）。与学者们广泛关注国际商品贸易成本的现状相比，目前学界对国际服务贸易成本的关注极其有限，并且与有形的商品不同，大部分服务需要提供者或消费者移动，这种邻近负担（proximity burden）② 能够部分地解释为什么服务贸易要低于商品贸易（Francois and Hoekman，2010；Christen and

---

① 参见胡宗彪、王恕立《国际服务贸易成本：规律特征及中国经验》，《经济研究》工作论文 WP570，2013 年 12 月。

② Hill（1977）曾指出，服务作为一个流量不能被储存，其交易需要服务提供者和消费者相互接近（提供者移动到服务消费者/买方的位置，或者消费者移动到服务提供者的位置）。因此，考虑到服务交易中对于位置邻近的需要，一些因素（如距离）对某些形式的服务提供便会产生成本负担（cost burden），这也就是克里森和弗朗索瓦（Christen and Francois，2010）所言的邻近负担。

Francois，2010）。① 现实中，虽然一些服务相对于国内生产只有一小部分被交易，但严格来讲并不是因为它们的不可贸易性，而是这些服务只有在特殊情况下的贸易才是可获利的。这意味着国际服务贸易易远远小于商品贸易的很大一部分原因可以归为贸易成本差异，即企业向海外销售服务时所面临的全部成本（Miroudot et al.，2010）。

在国际商品贸易领域，贸易成本包括关税和非关税壁垒，运输费用，"边境后"（behind-the-border）的规制措施成本以及与地理、文化和制度差异相关的成本。而在国际服务贸易领域，除地理、文化和制度差异外，贸易成本在很大程度上与规制措施密切相关，如设定准入壁垒或增加企业的成本负担（Miroudot et al.，2010）。② 更为重要的是，服务产品的特殊性决定了国际服务贸易成本的来源特质性，如政策壁垒（Borcher et al.，2012a，2012b；Francois and Pindyuk，2012；Kox and Lejour，2007；Walsh，2008）、语言距离（Hulyk，2012；Ku and Zussman，2010）、物理距离（Christen，2011；Kikuchi and Marjit，2010）、时区差异（Christen，2011；Egger and Larch，2013；Kikuchi；2006）、通信费用（Choi，2010；Fink et al.，2005）等，而这些因素引起的贸易成本根本无法得到有效度量。前期文献主要根据服务贸易成本的部分来源，特别是构建规制措施的清单目录，进而得到服务贸易壁垒的指数形式并作为贸易成本的代理变量（Dee，2003；Bottini et al.，2011）。这使我们认识国际服务贸易成本的性质和范围成为可能，但这一直接测度方法并不能包含全部成本，因此学界和政策制定者对国际服务市场

---

① 尽管如此，随着信息通信技术的发展，服务产品的跨国流动性越来越高。根据 UNCTAD 数据库，世界服务出口从 1980 年的 3957 亿美元增加到 2011 年的 42433 亿美元，增长了近 10 倍；而同期的世界商品出口从 20355 亿美元增加到 182114 亿美元，增长了 8 倍。

② 国内学者俞灵燕（2005）从"服务贸易壁垒的确认、削减或消除服务贸易壁垒（服务贸易自由化）的影响，以及服务贸易壁垒的量度工具、服务贸易自由化的两类一般均衡分析"等方面对国外文献进行了综述。

的认知与商品市场相比仍远远不够（Miroudot et al.，2010）。鉴于此，本章基于具有微观理论基础且更符合现实的双边贸易成本非对称假设的测度框架，采用世界投入产出表（WIOT）的大样本数据（861000 个观测），对全球范围内国际服务贸易成本演变的规律特征进行考察，并首次对中国服务业分部门的贸易成本进行测度和分析。我们认为，细分行业的分析对更加准确地把握国际贸易成本演变的规律特征将是一个非常有意义的研究方向；对深化认识贸易成本在服务部门与商品部门的动态变化差异、透视中国服务业分部门的贸易成本异质性、理解中国参与国际分工及融入全球经济程度具有重要的现实意义。

现有文献中，国际贸易成本的测度方法可以简要概括为两种：一是"自下而上"（bottom up）的直接方法，即首先对规制措施等进行定性编码，然后基于限制指数（restrictiveness index）测度它们的经济影响（Barone and Cingano，2011；Bottini et al.，2011）；二是"自上而下"（top down）的间接测度方法，即从观察到的国内生产和跨国贸易数据推断贸易成本（Anderson and van Wincoop，2003，2004；Chen and Novy，2011，2012；Novy，2013）。目前，多数文献采用的仍是直接测度方法。实际上，"自上而下"方法相比"自下而上"方法更具有优势。首先，"自上而下"方法能够抓住影响国际服务贸易成本的全部因素。相比之下，以往的多数研究只包括了与规制措施密切相关的成本，而不能说进行了服务贸易成本的全面测度。其次，"自上而下"方法以微观理论为基础，其取决于恒等关系式（identity relationship）而不是计量估计。以往的研究通过估计引力模型来推断贸易成本，会混淆真实的贸易成本与数据噪声（noise in the data），结果导致难以解释的估计结果。诺维（Novy，2013）也指出，"自上而下"方法能够成功应用于各种贸易理论模型，因为其抓住了贸易成本、生产和贸易量关系的一般规律，且这一方法对于测量误差也是高度稳健的。再次，"自上而下"方法对数据的要求相对较低。在其他测度方法需要的变量数据不易获取时，这一方法具有天然的独特优势。与国际商品贸易相比，服务贸易的相关数据缺乏是学界公认的事实，这也是该方法用于服务贸易成本测度的优势所在。最后，"自上而下"方法与传统引力模型相比充分考虑了多边阻力影响，并放松了诺维（Novy，2006）模型的双边贸易成本对称性假设。

米鲁多等（Miroudot et al.，2010）运用"自上而下"方法，使用国民经济核算和贸易统计数据，首次测算了多个国家在1995—2007年的国际服务贸易成本，结果发现服务贸易成本大约是商品贸易成本的两到三倍（以从价税衡量），这种差异有助于解释为什么商品贸易在全球经济中仍占据绝对主导地位；此外他们还发现贸易成本在服务与商品领域的变动轨迹不同，除中国外，① 主要贸易经济体的服务贸易成本并没有表现出与商品部门一样的明显下降。采用不同的分析方法，米农多（Minondo，2012）对西班牙北部巴斯克地区服务业与制造业的研究结果也表明，尽管信息通信技术得到了极大提高，但国际服务贸易成本仍远远高于制造业，服务贸易成本的关税等价比商品贸易成本高出50% ~ 60%。国内学者邵学言、刘洪铎（2011）和马凌远（2011，2012）均采用诺维（Novy，2006）改进的引力模型对中国双边服务贸易成本进行了测算，邵学言、刘洪铎（2011）测算的对象是2000—2008年的中国与OECD国家，马凌远（2011）测算的是1999—2007年中国与OECD18个国家，马凌远（2012）测算的是1999—2007年中国与G – 7国家，结果基本显示，中国与其他国家的双边服务贸易成本在总体上呈下

---

① 部分原因可能是中国加入WTO后，对国内服务领域的规制措施进行了大量缩减，从而使得中国与世界其他国家（地区）的服务贸易成本得到了明显下降。因此，这一发现表明了外部承诺机制（external commitment mechanisms）在服务贸易便利化中的重要作用。

降趋势,且在加入 WTO 后有明显加速的迹象,但具体到不同国家,其表现存在差异。

不难看出,相对于国际商品贸易成本的大量研究而言,目前国内外测度国际服务贸易成本的相关文献还极其有限,但其对于我们认识和把握不同国家的服务贸易成本演变趋势具有重要作用。在现有研究成果的基础上,本章主要从以下三个方面对现有文献进行补充和拓展:①虽然米鲁多等(Miroudot et al.,2010)基于"自上而下"的测度框架首次测算了国际服务贸易成本,但其在计算某一经济体的多边贸易成本时(即该经济体与世界其余地区进行贸易的成本),世界各国与该经济体的贸易数据以及世界各国的总产出数据存在被低估的现象,这是因为他们的样本经济体只有 61 个。而我们使用的世界投入产出表中一个"剩余国家"的存在可以保证该问题不复存在,[①] 从而提高了多边贸易成本测度的准确性及结论可信度。②已有的中国双边服务贸易成本测度研究(马凌远,2012;邵学言、刘洪铎,2011)均是基于总体服务贸易而不是细分部门的研究视角。服务业部门的构成庞杂、性质差异和目标多元等复杂性特征(江小涓,2011)使我们有必要进一步对服务业分部门的贸易成本进行测度,以此深化对各部门差异的理解;特别是他们采用的国内生产数据均是增加值而非产出,这可能低估贸易成本;他们运用的诺维(Novy,2006)模型采用了不符合现实的双边贸易成本对称性假设(Bergstrand et al.,2007),而本章的测度框架很好地解决了这一问题。③在国际贸易成本测度的研究中,尚未见有文献采用同一模型方法同时对服务贸易成本与商品贸易成本进行比较分析。我们利用世界投入产出表中双边细分部门数据的独特优势,将服务与商品以及更为细分的部门比较贯穿全章,从而可以更好地把握国

[①] 为节省篇幅,本章中的"国家或地区"均使用"国家"或"经济体"进行表述。

际服务贸易成本演变的规律特征以及国家和部门差异性。

第二节　贸易成本测度：框架与参数

一　贸易成本测度框架

在国际贸易的多国一般均衡模型中（Anderson and van Wincoop，2003），假设每个国家拥有与其他国家不同的单一商品，消费者对国内外商品具有多样性偏好，且国家之间的偏好相同，用不变的替代弹性（CES）表示。该模型的一个关键特征是双边贸易成本被视为外生。当商品从 i 国运输到 j 国时，双边可变运输成本和其他可变贸易壁垒提高了每单位商品的成本，贸易成本的存在使得国家间的商品价格存在差异。假设 p_i 是 i 国产品的净供给价格，那么 $p_{ij} = p_i \times t_{ij}$ 就是 j 国消费者面临的该产品价格。其中，$t_{ij} \geq 1$ 表示双边贸易总成本因子（1 与关税等价之和）。以此为基础，安德森和范温库普（Anderson and van Wincoop，2003）推导出的存在贸易成本且具有微观理论基础的（micro-founded）引力方程为：

$$x_{ij} = \left(\frac{y_i \times y_j}{y^W} \right) \times \left(\frac{t_{ij}}{\prod_i P_j} \right)^{1-\sigma} \tag{5—1}$$

式（5—1）中，x_{ij} 表示 i 国向 j 国的名义出口，y_i（y_j）表示 i（j）国的名义收入，y^W 表示世界收入，定义为 $y^W \equiv \sum_j y_j$。$\sigma > 1$ 表示产品之间的替代弹性，$\prod_i$ 和 P_j 分别表示 i 国和 j 国的价格指数。[①] 该引力方程意味着在其他条件相同时，大国之间会有更多的贸易，

---

① 这些价格指数被安德森和范温库普（Anderson and van Wincoop，2003）称为多边阻力变量（multilateral resistance），因为它们包括与其他所有伙伴国的贸易成本，并且可以解释为平均贸易成本。$\prod_i$ 为外向（outward）多边阻力变量，P_j 为内向（inward）多边阻力变量。

且双边贸易成本 t_{ij} 会减少贸易。然而，该模型很难找到多边阻力变量（Π_i 和 P_j）的有效表达，安德森和范温库普（Anderson and van Wincoop，2003）只能将双边贸易成本视为两个特殊代理变量的函数，即假定 $t_{ij} = b_{ij} d_{ij}^{\kappa}$，其中，$b_{ij}$ 表示与边境相关的指示变量（border-related indicator variable），d_{ij} 为双边距离，κ 为距离弹性。此外，他们还通过假定双边贸易成本是对称的（$t_{ij} \equiv t_{ji}$）来简化模型，在对称性假定下，可得到内向和外向多边阻力也相等（$\Pi_i \equiv P_i$）。在这些假定之下，安德森和范温库普（Anderson and van Wincoop，2003）得到了多边阻力的隐式解（imlicit solution）。

不过，针对这些假定，诺维（Novy，2013）明确指出了三点不足：[①] 首先，贸易成本函数可能存在误设定，即函数形式可能不准确，因为有可能遗漏重要的贸易成本决定因素（如关税）；其次，双边贸易成本可能是非对称的，比如一个国家相比其他国家征收了更高的关税；最后，现实中的贸易壁垒随时间而变（time-varying），但距离等代理变量是不变的，因此无法捕获贸易成本随时间的动态变化趋势。为克服这些缺陷，在安德森和范温库普（Anderson and van Wincoop，2003）的模型基础上，并考虑到两国间的贸易成本可以非对称（$t_{ij} \neq t_{ji}$），且国家间的国内贸易成本也可以不同（$t_{ii} \neq t_{jj}$），诺维（Novy，2013）通过理论推导构建了一个崭新的贸易成本测度公式：

$$\tau_{ij} \equiv \left(\frac{t_{ij} \times t_{ji}}{t_{ii} \times t_{jj}} \right)^{1/2} - 1 = \left(\frac{x_{ii} \times x_{jj}}{x_{ij} \times x_{ji}} \right)^{1/2(\sigma-1)} - 1 \qquad (5\text{—}2)$$

从式（5—2）可以看出，双边贸易成本是两个方向上的几何平均值，减去 1 表示这是以从价等值条件（ad valorem equivalent terms）表示的贸易成本测量。其中，x_{ij}（x_{ji}）表示 i（j）国向 j（i）国的出口，x_{ii}（x_{jj}）表示 i（j）国的国内贸易，参数 σ 表示部

---

① 对此，安德森和范温库普（Anderson and van Wincoop，2003）也有过简要的讨论。

门内不同商品种类的替代弹性。可见，τ_{ij} 测量的是双边贸易成本 $t_{ij} \times t_{ji}$ 相对于国内贸易成本 $t_{ii} \times t_{jj}$ 的比值。[①] 如果双边贸易 $x_{ij} \times x_{ji}$ 相对于国内贸易 $x_{ii} \times x_{jj}$ 上升，那么国际贸易相对于国内贸易会更为容易，其结果就是 τ_{ij} 下降；反之亦然。由于贸易量随时间的变化而变化，所以测度贸易成本 τ_{ij} 不仅可以采用横截面数据，而且还可以采用时间序列或面板数据（Novy，2013）。根据式（5—2），只需知道国内贸易（x_{ii} 和 x_{jj}）和出口（x_{ij} 和 x_{ji}）两个指标的数据。

此外，诺维（Novy，2013）还以伊顿和科特姆（Eaton and Kortum，2002）的李嘉图模型和异质性企业贸易模型（Chaney，2008；Melitz and Ottaviano，2008）为理论基础，对国际贸易成本的测度进行了推导。由于安德森和范温库普（Anderson and van Wincoop，2003）将生产视为外生变量，所以其是一个需求面模型（demand-side model），而伊顿和科特姆（Eaton and Kortum，2002）构建的李嘉图模型则对供给面（supply side）进行了强调。假如国家间的价格差异大于可变双边贸易成本，则每个国家均能生产任何一种商品，但只存在一个国家能够以最低成本生产和向其他所有国家服务。由此得出的贸易成本测度公式为：

$$\tau_{it}^{EK} = \left(\frac{t_{ij} \times t_{ji}}{t_{ii} \times t_{jj}} \right)^{1/2} - 1 = \left(\frac{x_{ii} \times x_{jj}}{x_{ij} \times x_{ji}} \right)^{1/2\vartheta} - 1 \qquad (5—3)$$

可见，式（5—3）与式（5—2）具有相同的形式，ϑ 为 Frechet 参数，与 $\sigma - 1$ 对应。因此，李嘉图模型实际上表示了相同的贸易成本测度。而在异质性企业贸易模型中，企业具有不同的生产率水平。梅里兹（Melitz，2003）假设每个企业生产一种独特的产品，但面临出口固定成本 f_{ij}，以梅里兹（Melitz，2003）模型为基础，钱尼（Chaney，2008）推导出的总量引力方程为：

---

① 黑德和里斯（Head and Ries，2001）基于 D-S 的 CES 偏好，最先将贸易成本表示成双边贸易和国内贸易的函数。

$$x_{ij} = \mu \times \frac{y_i \times y_j}{y^W} \times \left(\frac{w_i \times t_{ij}}{\lambda_j}\right)^{-\gamma} \times (f_{ij})^{-\left(\frac{\gamma}{\sigma-1}-1\right)} \quad (5\text{—}4)$$

基于钱尼（Chaney，2008），诺维（Novy，2013）构建的贸易成本测度公式为：

$$\tau_{ij}^{CH} = \left(\frac{t_{ij} \times t_{ji}}{t_{ii} \times t_{jj}}\right)^{1/2} \times \left(\frac{f_{ij} \times f_{ji}}{f_{ii} \times f_{jj}}\right)^{(1/2)\times[1/(\sigma-1)-1/\gamma]} - 1$$
$$= \left(\frac{x_{ii} \times x_{jj}}{x_{ij} \times x_{ji}}\right)^{1/2\gamma} - 1 \quad (5\text{—}5)$$

梅里兹和奥塔维亚诺（Melitz and Ottaviano，2008）采用的非不变替代弹性（non-CES）偏好假设能够导致内生加价（endogenous markups），异质性企业面临的进入市场的沉没成本 f_E 可以解释为产品开发和生产启动成本（production start-up cost）。因此，企业在出口时，只有可变成本而无固定成本，由此推导出的引力方程为：

$$x_{ij} = \frac{1}{2\delta(\gamma+2)} \times N_i^E \psi_i L_j \times (c_j^d)^{\gamma+2} \times (t_{ij})^{-\gamma} \quad (5\text{—}6)$$

基于梅里兹和奥塔维亚诺（Melitz and Ottaviano，2008），诺维（Novy，2013）构建的贸易成本测度公式为：

$$\tau_{ij}^{MO} = \left(\frac{t_{ij} \times t_{ji}}{t_{ii} \times t_{jj}}\right)^{1/2} - 1 = \left(\frac{x_{ii} \times x_{jj}}{x_{ij} \times x_{ji}}\right)^{1/2\gamma} - 1 \quad (5\text{—}7)$$

由此可见，贸易成本 τ_{ij}^{MO} 与 τ_{ij}^{CH} 完全相同，解释上的差异仅仅在于：由于企业出口只面临可变成本，所以 τ_{ij}^{MO} 中没有包括固定成本。

本章将要测度的是各国在不同部门不同时间的服务贸易成本。由于服务贸易数据相对于商品贸易数据更难以获取，所以诺维（Novy，2013）方法使我们测度世界各国的服务贸易成本成为可能。基于式（5—2），各国在不同时期不同部门（国家—伙伴国—部门—时间）的贸易成本测度公式可以表述为：

$$\tau_{ijkt} \equiv \left(\frac{t_{ijkt} \times t_{jikt}}{t_{iikt} \times t_{jjkt}}\right)^{1/2} - 1 = \left(\frac{x_{iikt} \times x_{jjkt}}{x_{ijkt} \times x_{jikt}}\right)^{1/2(\sigma-1)} - 1 = \left(\frac{x_{iikt} \times x_{jjkt}}{x_{ijkt} \times x_{jikt}}\right)^{1/2\gamma} - 1$$

$$(5\text{—}8)$$

式（5—8）中，k 表示行业或部门，t 表示年份，其他指标同上。γ 为帕累托分布的形状参数（shape parameter），表示给定部门的异质性程度（Chaney，2008）。由此可见，计算贸易成本只需要各国在部门层面上的国内贸易数据（x_{ii} 和 x_{jj}）、双边贸易数据（x_{ij} 和 x_{ji}）以及替代弹性参数 σ。因此，这一方法对于较难获取数据的服务贸易成本测度是简便易行的。

二　替代弹性参数设定

对于替代弹性参数 σ，安德森和范温库普（Anderson and van Wincoop，2004）在调查相关文献后认为，σ 一般介于 5 ~ 10 间；伊顿和科特姆（Eaton and Kortum，2002）的基准估计采用的 ϑ 为 8.3；赫尔普曼等（Helpman et al.，2004）估计的 $\gamma / (\sigma - 1)$ 约等于 1，这意味着当 σ 足够大时，γ 约等于 σ；钱尼（Chaney，2008）估计的 $\gamma / (\sigma - 1)$ 则等于 2，这意味着 γ 大于 σ；而科科斯等（Corcos et al.，2012）的估计结果表明 γ 相对小于 σ。由此可见，即有研究对这些参数的大小设定存在一定差异。不过，诺维（Novy，2013）的研究发现，虽然贸易成本水平值对参数设定比较敏感，但其随时间的相对变化趋势是相当稳健的。[①] 因此，遵循诺维（Novy，2013）及安德森和范温库普（Anderson and van Wincoop，2004）的基准设定，我们也将 σ 设为 8（此时 γ 和 ϑ 等于 7）。[②] 为了更好地考察不同替代弹性对贸易成本测度结果的影响，后文中我们还将 σ 设为 5（低弹性）和 10（高弹性）进行稳健性检验。

---

　① 在诺维（Novy，2013）的商品贸易成本测算中，当 $\sigma = 8$ 时（处于一般经验范围 5 ~ 10 的中间），美国双边贸易成本的贸易加权（trade-weighted）平均值从 1970 年的 74% 下降到 2000 年的 42%，相对下降 44%；而在 $\sigma = 10$ 时，从 54% 下降到 31%，相对下降 42%；在 $\sigma = 5$ 时，从 167% 下降到 87%，相对下降 48%。

　② 关于 ϑ、γ、σ 三者之间的关系可以参见诺维（Novy，2013）的推导公式。

第三节　数据来源与指标说明

根据现有数据的可得性和简易性,计算贸易成本所需要的基础数据主要来源于世界投入产出数据库(World Input-Output Database, WIOD),[1] 其在 2012 年 4 月 16 日正式对外发布,样本包括 27 个欧盟国家和 13 个其他主要经济体(根据该经济体的重要性及公布的数据质量确定)。[2] 其中的各变量均为年度数据,时间区间为1995—2009 年,包括 35 个部门(Timmer et al., 2012)。

一　样本经济体分类

对于样本经济体的组别划分标准,我们主要根据世界银行图表集法(Atlas method)[3] 计算的人均国民总收入(GNI)。[4] 然而,世界银行每年公布的收入组别临界值不同(见表 5—1),所以同一个国家在不同年份可能属于不同的组别。[5]

鉴于此,我们并不按照某一年份的分类结果对本章分析的 40个主要经济体进行收入组别划分,而是采用如下两种方法。

---

① WIOD 数据库来源于 OECD 的 Sébastien Miroudot 教授在 2012 年的告知,在此特别感谢。

② 该数据库的构建是为了分析全球化对贸易模式、环境压力及社会经济发展的影响。

③ 该方法主要是在计算用美元表示的 GNI 和人均 GNI 时,采用了图表集转换因子(Atlas conversion factor),目的是对国民收入进行跨国比较时降低汇率波动的影响。根据该标准,世界银行将所有经济体划分为低收入(low income)、中等收入(middle income)和高收入(high income)三大组别,其中,中等收入组又进一步分为中等偏高收入(upper middle)和中等偏低收入(lower middle)两组。

④ 在世界银行以前的出版物中,该指标被称为人均国民生产总值(GNP)。

⑤ 世界银行的财政年度为本年的 7 月 1 日至下一年的 6 月 30 日。在 2012 年 7 月 1 日,世界银行公布了 2011 年(日历年度)的各收入组别分类标准。

表5—1　世界银行对经济体的收入组别分类标准（1987—2011年）

世界银行财年	FY89	FY92	FY97	FY09	FY11	FY13
日历年度	1987	1990	1995	2007	2009	2011
低收入（L）	≤480	≤610	≤765	≤935	≤995	≤1025
中等偏低收入（LM）	481~1940	611~2465	766~3035	936~3705	996~3945	1026~4035
中等偏高收入（UM）	1941~6000	2466~7620	3036~9385	3706~11455	3946~12195	4036~12475
高收入（H）	>6000	>7620	>9385	>11455	>12195	>12475

注：表中的国家分类标准为人均GNI（单位：美元），计算方法是世界银行图表集法。

（1）由于本章考察的样本期间是1995—2009年，所以我们并不以2009年或能够获取的2011年分类结果为准，而是根据各经济体在1995—2011年各组别出现的次数比重为标准进行归类，即哪一收入组别出现的次数最多，就将该经济体定义为这一组别，按此方法的分类结果见表5—2的"分类1"。

表5—2　　本章测算的主要经济体及其分类

经济体名称		名称缩写	所处区域	1995—2011年出现的组别次数					分类2
				H	UM	LM	L	分类1	
澳大利亚	Australia	AUS	亚太	17	0	0	0	H	H
奥地利	Austria	AUT	欧盟	17	0	0	0	H	H
比利时	Belgium	BEL	欧盟	17	0	0	0	H	H
保加利亚	Bulgaria	BGR	欧盟	0	6	11	0	M	M
巴西	Brazil	BRA	拉美	0	13	4	0	M	M
加拿大	Canada	CAN	北美	17	0	0	0	H	H
中国	China	CHN	亚太	0	2	12	3	M	M
塞浦路斯	Cyprus	CYP	欧盟	17	0	0	0	H	H
捷克共和国	Czech Republic	CZE	欧盟	6	11	0	0	H	H
德国	Germany	DEU	欧盟	17	0	0	0	H	H
丹麦	Denmark	DNK	欧盟	17	0	0	0	H	H
西班牙	Spain	ESP	欧盟	17	0	0	0	H	H
爱沙尼亚	Estonia	EST	欧盟	6	9	2	0	M	H

续表

经济体名称		名称缩写	所处区域	1995—2011 年出现的组别次数					分类2
				H	UM	LM	L	分类1	
芬兰	Finland	FIN	欧盟	17	0	0	0	H	H
法国	France	FRA	欧盟	17	0	0	0	H	H
英国	United Kingdom	GBR	欧盟	17	0	0	0	H	H
希腊	Greece	GRC	欧盟	16	1	0	0	H	H
匈牙利	Hungary	HUN	欧盟	5	12	0	0	M	H
印度尼西亚	Indonesia	IDN	亚太	0	0	12	5	M	M
印度	India	IND	亚太	0	0	5	12	L	M
爱尔兰	Ireland	IRL	欧盟	17	0	0	0	H	H
意大利	Italy	ITA	欧盟	17	0	0	0	H	H
日本	Japan	JPN	亚太	17	0	0	0	H	H
韩国	Korea	KOR	亚太	14	3	0	0	H	H
立陶宛	Lithuania	LTU	欧盟	0	11	6	0	M	M
卢森堡	Luxembourg	LUX	欧盟	17	0	0	0	H	H
拉脱维亚	Latvia	LVA	欧盟	1	10	6	0	M	M
墨西哥	Mexico	MEX	拉美	0	17	0	0	M	H
马耳他	Malta	MLT	欧盟	12	5	0	0	H	H
荷兰	Netherlands	NLD	欧盟	17	0	0	0	H	H
波兰	Poland	POL	欧盟	3	13	1	0	M	H
葡萄牙	Portugal	PRT	欧盟	17	0	0	0	H	H
罗马尼亚	Romania	ROM	欧盟	0	7	10	0	M	M
俄罗斯	Russia	RUS	亚太	0	8	9	0	M	M
斯洛伐克	Slovak Republic	SVK	欧盟	5	11	1	0	M	H
斯洛文尼亚	Slovenia	SVN	欧盟	15	2	0	0	H	H
瑞典	Sweden	SWE	欧盟	17	0	0	0	H	H
土耳其	Turkey	TUR	亚太	0	11	6	0	M	M
中国台湾	Taiwan	TWN	亚太	17	0	0	0	H	H
美国	United States	USA	北美	17	0	0	0	H	H

注:①H、UM、LM、L 分别表示该经济体属于高收入、中等偏高收入、中等偏低收入、低等收入组别,M 表示属于中等收入组别(包括 UM 和 LM 两个部分)。②经济体分类的依据是世界银行按图表集法计算的用美元表示的人均 GNI。③"亚太"表示亚洲和太平洋地区。④经济体中的中国台湾地区属于中国不可分割的神圣领土。

（2）第一种方法虽然考虑了整个样本期内各经济体的组别分布情况，但可能出现某经济体在近几年所属类别发生改变的情况，所以我们还以最近的五年（2007—2011 年）为期间，哪一收入组别出现的次数最多，就将该经济体划入这一组别，按此方法的分类结果见表 5—2 的"分类 2"。结果表明，除 6 个经济体外，[①] 其余经济体的两种分类结果是一致的。在后文的分析中，我们发现研究结论并不受分类方法的实质性影响。因此，下面主要以第一种方法的分类结果进行计算和分析。

二　行业分类说明

服务涵盖多种具有较大异质性的无形产品和活动，且服务与商品可能存在的不同程度关联使我们难以区分它们（MSITS，2010）。因此，有必要对本章的行业部门划分进行明确说明。在 WIOD 数据库中，行业分类标准采用的是欧盟经济活动统计分类体系修正 1，即 NACE Rev. 1（2002），产品分类标准采用的是欧盟按活动分的产品分类体系 2002（Statistical Classification of Products by Activity，CPA）。实际上，NACE Rev. 1 与国际标准行业分类修正 3（ISIC Rev. 3）基本一致，CPA 2002 与产品总分类第 1 版（CPC Ver. 1）基本一致。根据 NACE Rev. 1 和 CPA 2002，WIOD 数据库中的行业和产品分别为 35 个和 59 种。具体的行业部门及其代码见表 5—3。

虽然国际收支（BOP）手册将建筑业划在服务贸易部分，但《2008 年国民核算体系》（System of National Accounts 2008，即 SNA

---

① 分别为捷克共和国、爱沙尼亚、匈牙利、印度、波兰、斯洛伐克。虽然按第一种分类方法，只有印度为低收入国家，但按第二种方法其为中等收入国家，因此分析中将其视为中等收入国家。

2008）建议使用产品总分类第 2 版（Central Product Classification Ver. 2）[①] 对产品或行业进行分类（服务产品大致为第 5 ~ 9 节的内容），同时也建议采用国际标准行业分类修正 4（ISIC Rev. 4）对经济活动进行划分。实践中，服务活动主要被认为是 ISIC Rev. 4 中第 G 到 S 节所包括的内容。并且，国际服务贸易统计手册 2010（MSITS，2010）还特别强调，ISIC Rev. 4 中的"电、煤气、蒸气和空调的供应"（第 D 节），"供水、污水处理、废物管理和补救活动"（第 E 节）和建筑业（第 F 节）并不包括在服务活动中，因为这三个行业的主要生产活动一般被认为与商品更为相关。[②] 因此，遵循 MSITS（2002，2010）的这一规定，我们只将表 5—3 中的部门 50 到 P 划为服务业（共 17 个部门）。[③] 进一步，结合程大中（2008）和王恕立、胡宗彪（2012）的研究，将服务业划分为生产性和生活性服务业两大类。

表5—3　　　　　　　　本章研究的行业（部门）及其分类

行业代码	行业名称	所属类别
AtB	Agriculture, Hunting, Forestry and Fishing	农　业
C	Mining and Quarrying	采矿业
15t16	Food, Beverages and Tobacco	制造业
17t18	Textiles and Textile Products	
19	Leather, Leather and Footwear	
20	Wood and Products of Wood and Cork	

---

① CPC Ver. 2 对产品的详细分类以及与其他分类标准（HS 2007；ISIC Rev. 4；CPC Ver. 1. 1）的对应关系可参见网站：http://unstats. un. org/unsd/cr/registry/cpc-2. asp.

② 实际上，国际服务贸易统计手册 2002（MSITS，2002）对此也做了类似说明：《1993 年国民核算体系》建议使用 CPC 对产品或行业进行划分，服务产品为 CPC Ver. 1 中第 5 ~ 9 节所定义的内容；同时，《1993 年国民核算体系》还建议用 ISIC Rev. 3 对行业进行划分。实践中，服务行业（或活动）被认为是 ISIC Rev. 3 中第 G 到 Q 节所述的内容。很明显，这一规定与 MSITS（2010）是高度一致的。

③ 这与第三章中国服务业生产率测算中的服务业部门划分也是一致的。

续表

行业代码	行业名称	所属类别
21t22	Pulp, Paper, Paper, Printing and Publishing	制造业
23	Coke, Refined Petroleum and Nuclear Fuel	
24	Chemicals and Chemical Products	
25	Rubber and Plastics	
26	Other Non-Metallic Mineral	
27t28	Basic Metals and Fabricated Metal	
29	Machinery, Nec	
30t33	Electrical and Optical Equipment	
34t35	Transport Equipment	
36t37	Manufacturing, Nec; Recycling	
E	Electricity, Gas and Water Supply	电力、燃气等
F	Construction	建筑业
50	Sale, Maintenance and Repair of Motor Vehicles and Motorcycles; Retail Sale of Fuel	生产性服务业
51	Wholesale Trade and Commission Trade, Except of Motor Vehicles and Motorcycles	
52	Retail Trade, Except of Motor Vehicles and Motorcycles; Repair of Household Goods	
H	Hotels and Restaurants	生活性服务业
60	Inland Transport	生产性服务业
61	Water Transport	
62	Air Transport	
63	Other Supporting and Auxiliary Transport Activities; Activities of Travel Agencies	
64	Post and Telecommunications	
J	Financial Intermediation	
70	Real Estate Activities	
71t74	Renting of M&Eq and Other Business Activities	
L	Public Admin and Defence; Compulsory Social Security	生活性服务业
M	Education	
N	Health and Social Work	

行业代码	行业名称	所属类别
O	Other Community, Social and Personal Services	生活性服务业
P	Private Households with Employed Persons	

三　指标数据说明

世界投入产出表（WIOT）的中间使用（intermediate use）表示位于行上的国家对位于列上的国家在某一部门的中间产品出口，同样地，最终使用（final use）表示位于行上的国家对位于列上的国家在某一部门的最终产品出口，而行上国家的某一部门总产出就是该国该部门对所有国家（包括自身）所有部门的中间使用总和加上对所有国家（包括自身）的最终使用总和。[①] 因此，为了得到各国间的双边贸易出口数据，我们按如下三步进行处理：第一步，按列上的国家对其所有部门的中间使用进行加总，得到的便是行上国家的某一部门对列上国家的中间使用总出口；第二步，按列上的国家对其所有最终使用部分进行加总[②]，得到的便是行上国家的某一部门对列上国家的最终使用总出口；第三步，将中间使用总出口和最终使用总出口相加，得到行上国家在每个部门上对列上各国的总出口，[③] 从而获得双边出口的数据矩阵。根据式（5—8），贸易成本是一个比值，不受价格指数影响，因此采用以当年价格表示的WIOT 中的贸易及生产数据。

[①] 可参见米勒和布莱尔（Miller and Blair, 2009）对投入产出表（IOT）的详细介绍和分析。

[②] WIOT 将最终使用划分成了 5 个组成部分，即家庭的最终消费支出、服务于家庭的非营利组织的最终消费支出、政府的最终消费支出、总固定资本形成、存货及贵重物品变化。

[③] 该总出口数据应该与行上国家的国家投入产出表（NIOT）中的出口数据相等，经检验确实如此。因为在 NIOT 中，某一部门的总产出 = 该部门对其余所有部门的中间投入 + 国内最终使用 + 出口。

（一）双边贸易指标（x_{ijkt}）

由于 BOP 对服务贸易的统计只涉及跨境提供（GATS 模式 1）和境外消费（GATS 模式 2），所以 WIOT 中的双边服务贸易也主要是这两种模式下的统计数据。然而，我们应该注意到，通过商业存在（GATS 模式 3）进行的国际服务贸易是巨大的，因为全球 FDI 存量的大约 60% 是在服务业领域，且金融和贸易部门是其中的最重要部门（Timmer et al.，2012）。此外，通过人员跨国流动实现的服务贸易，除消费者移动（GATS 模式 2）外，还包括生产者的移动，即自然人存在（GATS 模式 4），如技能劳动的临时跨国移动等。

双边服务贸易的基础数据来源主要包括 OECD、欧盟、联合国和 IMF。IMF 只包括每个国家的总出口（进口），OECD、欧盟和联合国则提供了按伙伴国和 BOP 分类的双边服务贸易数据，其中，联合国的报告国数据最为全面，而欧盟和 OECD 只提供了有限的报告国数据。在报告的时间长度方面，欧盟是最长的（开始于 1995 年），IMF 包括 166 个报告国在 1995—2008 年的 28 个部门数据。需要说明的是，现有的服务贸易数据质量远远低于商品贸易，为确保一致性，这些数据都经过了大量调整。不过，几个数据的来源有助于发现诸如数据录入等引起的一些人为错误（Timmer et al.，2012）。因此，最终得到的双边服务贸易数据为 40 个经济体及一个"剩余国家"（the rest of the world），时间区间为 1995—2009 年，货币单位是百万美元。

双边货物贸易的基础数据主要来源于联合国商品贸易数据库（UN Comtrade），[①] 原始数据为海关编码 6 位码层面（HS 6-digit），其中包括 40 个 WIOD 经济体在 1995—2010 年的双边贸易数据。此外，中国香港和中国澳门的数据还用来对中国内地的贸易数据进行改进。大多数经济体是 1996—2010 年按 HS 1996 编码的数据，

---

① 联合国商品贸易数据库的网址为：http：//comtrade. un. org/db/default. aspx。

1995 年则是按 HS 1992 编码的数据。然而，巴西、拉脱维亚、立陶宛、罗马尼亚、俄罗斯、斯洛伐克的 HS 1996 编码数据缺乏，所以其数据是按 HS 1992 编码的。一些缺失的贸易数据的其他来源为：1997 年丹麦和捷克的出口数据来源于 OECD，1995 年保加利亚的数据直接从保加利亚国家统计局获取。由于俄罗斯的海关数据开始于1996 年，所以无法获得俄罗斯 1995 年的货物贸易数据。[①] 货币单位为百万美元。

（二）国内贸易指标（x_{iikt}）

根据式（5—8），最理想的国内贸易数据应该是总产出与出口之差。但由于很多国家的总产出数据不可获得，所以早期一些文献在计算国内贸易量时采用的是 GDP 减出口（如 Shepherd，2010；Brooks and Ferrarini，2010；Duval and Utoktham，2011；Jacks et al.，2011）。[②] 然而，用 GDP 替代总产出的理论基础仍是不明确的，因为 GDP 是基于增加值的测量，而出口是基于装运量（gross shipment basis）的总价值（Duval and Utoktham，2012）。诺维（Novy，2013）指出，由于 GDP 包括服务业，所以采用 GDP 将高估国内商品贸易及其贸易成本水平。[③] 不过，谢普德（Shepherd，2010）认为采用 GDP 倾向于低估贸易成本的真实水平，从价等值估计可视为下限（lower

---

[①] 对于企业产品层面的保密性问题，以及特定国家的数据问题［特别是中国（包括香港、澳门、台湾）、比利时和卢森堡］可参见蒂默等（Timmer et al.，2012）的详细说明。

[②] 这一替代方法由杰克斯等（Jacks et al.，2011）提出，他们发现采用 GDP 计算的贸易成本百分比变化与采用总产出计算的结果类似，这是因为总产出和 GDP 数据的增长变化存在较高的相关性。在世界银行贸易成本数据库的第一个版本中，国内贸易采用的是 GDP 减出口（Duval and Utoktham，2011），但在第二个版本（Duval and Utoktham，2012）中，他们将总产出作为因变量，增加值作为自变量，采用年份、部门和收入组的固定效应进行回归，进而估计了缺失的总产出数据。在第三个版本（Arvis et al.，2012）中，对于总产出缺失的国家，他们采用扩大因子（scaling up factor）将增加值转换成总产出，扩大因子等于增加值与总产出的比值平均值（计算对象是增加值和总产出数据均可获得的国家）。

[③] 使用总产出数据时，美国与加拿大在 1993 年的贸易成本为 31%，当采用 GDP 数据时，则上升为 47%。

bounds）。与前期文献不同，我们测度的是各国间各部门（包括服务）的贸易成本，因此不存在诺维（Novy，2013）所言的增加值数据包括服务的问题。尽管如此，如果采用增加值数据，将会出现贸易成本被低估的情况。特别是我们关注的是给定部门的国内总需求，而部门增加值并不包括中间使用部分，所以国内生产数据采用部门层面的总产出（gross sectoral output）而非增加值，将各部门的总产出减去出口便得到了国内贸易数据，单位是百万美元。[①]

（三）描述性统计结果

需要说明的是，在世界投入产出表中，存在某些双边贸易、国内产出及国内贸易量为负数的情况，具体分布见表5—4的描述性统计。[②] 国内贸易为负主要是因为出口大于产出所致。不过，从平均值来看，这些负数的绝对值并不是太大，除了会引起贸易成本无法计算的问题外，并不会引起其他问题。特别是，当 i 国的国内贸易数小于或等于 0 时，至少表明该国该部门的产品全部用于出口而不在国内销售，根据式（5—8），可以表示 i 国和 j 国的贸易成本很低，但实际上 j 国并不一定将所有国内产出都用于出口。因此，这些数据我们并不做相应替换而是保持原样。

表5—4　　　　　双边贸易和国内产出数据的变量分布情况

变量	类别	观测数	平均值	中位数	标准差	变异系数	最小值	最大值
部门双边贸易 (x_{ijk} 和 x_{jik})	小于 0	1115	−13.77	−0.00039	140.3	−10.19	−3202	−1.00E−06
	等于 0	83423	0	0	0	—	0	0
	大于 0	776462	180.3	2.549	1593	8.839	1.00E−06	241824
	总计	861000	162.5	1.478	1514	9.315	−3202	241824

---

① 米鲁多等（Miroudot et al.，2010，2012）采用的也是部门总产出数据。

② 报告国为 41 个（包括 1 个"剩余国家"），所以双边国家配对共有 1640 = 41 × 40，再乘以 35 个行业和 15 年，便得到样本容量为 861000 个。

变量	类别	观测数	平均值	中位数	标准差	变异系数	最小值	最大值
部门国内贸易 (x_{iik} 和 x_{jjk})	小于0	4080	−59	−14.94	122.9	−2.083	−716.4	−0.00022
	等于0	9840	0	0	0	—	0	0
	大于0	847080	47450	7777	146507	3.088	2.00E−05	2.93E+06
	总计	861000	46682	7410	145441	3.116	−716.4	2.93E+06
部门总产出 (国内贸易+ 出口)	等于0	11080	0	0	0	—	0	0
	大于0	849920	53877	10804	155485	2.886	0.126	3.01E+06
	总计	861000	53184	10444	154601	2.907	0	3.01E+06

注:①变异系数 = 标准差/平均值。② −1.00E−06 表示 $−1 \times 10^{-6}$,其他类似。③ "—"表示无法计算。

第四节　国际服务贸易成本
演变:规律特征

基于以上测度框架、参数设定及样本数据,我们计算得到了样本经济体的双边及多边服务贸易成本。在与国际商品贸易成本的对比中,国际服务贸易成本演变的规律特征主要体现在以下四个方面。

一　服务贸易成本高于商品贸易成本

表5—5 列示了本章结果与米鲁多等(Miroudot et al.,2010)、诺维(Novy,2013)的结果对比。可以发现,我们的结果特别是商品贸易成本与他们的结果均很接近,尽管贸易成本要略高于他们。这说明虽然我们采用的数据样本更多、部门分类更细,但结果与前期文献成果基本一致。值得强调的是,表5—5 中相对较大的数值反映了更为全面的影响国际贸易成本的因素,而不仅仅在于保护层

面（如商品领域的关税）。① 表5—5 的一个显著结果是服务部门贸易成本水平要远远高于商品。对于美国与主要贸易伙伴国而言，服务贸易成本大约平均是商品贸易成本的两倍。

表5—5   美国与主要伙伴国的服务及商品贸易成本（2000 年）

伙伴国	本章测算		米鲁多等（2010）		诺维（2013）
	服务	商品	服务	商品	商品
加拿大	107	34	100	29	25
德国	154	74	121	70	70
英国	118	74	111	68	63
日本	165	77	125	66	65
韩国	151	78	122	70	70
平均值	139	67	116	61	59

注：①平均值是简单算术平均，数值均采用了四舍五入（以下同）。②双边服务及商品贸易成本均基于各自的分部门加总数据计算得到。③本章与米鲁多等（Miroudot et al.，2010）的成本计算公式虽然一致，但从文中并不能得知他们是采用各部门的加总数据计算，还是基于双边各部门贸易成本的平均值计算得到。

表5—6 对主要贸易经济体与世界所有国家的多边贸易成本进行了简要对比，从中可以进一步发现服务贸易成本远远高于商品贸易成本的事实。服务贸易成本的绝对水平是相当高的，在本章及米鲁多等（Miroudot et al.，2010）的结果中，均在100%以上，印度更是高达175%。然而，对于贸易成本的绝对水平数据，我们更应该谨慎地加以解释，因为这些数值依赖于替代弹性值的大小以及服务与商品具有相同的替代弹性假设。不过，即使贸易成本的绝对水平值是不确定的，但其相对模式比较清楚，即服务贸易成本要远远

———————

① 正如米鲁多等（Miroudot et al.，2010）指出的，商品领域可以排除关税影响而得到非关税贸易成本，即得到非关税及其他规制措施、运输成本以及地理、文化、制度差异等引起的贸易成本。

高于商品贸易成本。米农多（Minondo，2012c）采用不同的数据和
研究方法也得到了同样结论。

表5—6　　　　　　　　　主要贸易经济体的多边贸易成本比较

伙伴国	本章测算		米鲁多等（2010）		诺维（2013）	沃尔什（2008）
	服务	商品	服务	商品	商品	服务
加拿大	126	54	165	77	101	82
中国	139	64	183	91	—	121
德国	141	37	—	—	69	26
法国	215	57	—	—	85	64
英国	102	51	—	—	73	4
印度	175	104	205	139	—	114
意大利	160	56	—	—	93	75
日本	159	91	173	100	105	0
韩国	117	81	—	—	111	
美国	131	57	144	91	76	77
平均值	147	65	174	100	89	63

注：①"—"表示文中无该数据。②本章测算和米鲁多等（Miroudot et al.，2010）为2007
年的结果，诺维（Novy，2013）为2000年的结果。③为避免加总方式次数过多而引起计算结果
偏误，我们首先按部门将双边贸易加总为各国与世界所有国家的多边贸易形式并计算出各部门的
多边贸易成本，进而对各部门计算平均值得到服务和商品两大行业的多边贸易成本。实际上，诺
维（Novy，2013）在报告各国的多边商品贸易成本时，也采用了求平均值的方法。

对于表5—5的结果，我们可能会觉得惊讶，因为在两个地理
位置和文化均很接近且都是相对开放的国家之间，如美国和加拿大
的双边服务贸易成本大约是107%，而商品贸易成本只有34%。实
际上，我们应该注意到，这一数值并不仅仅是贸易保护的测量，而
且还包括了所有其他类型的全部贸易成本。相同的逻辑应用到表
5—6中，我们发现本章结果远远高于沃尔什（Walsh，2008）报告
的服务贸易从价等值（ad valorem equivalent）。以美国与世界所有

国家的贸易为例，如果将沃尔什（Walsh，2008）的结果视为贸易保护测量，那么其他贸易成本（不与贸易保护直接相关的）的从价等值应该为54%；类似的，加拿大应该为44%，中国应为18%。对于商品市场，世界银行的总贸易限制指数表明美国针对商品的保护率约为6%，而贸易总成本高于60%。因此，如果按从价等值计算，国际服务贸易总成本大约是保护率的两倍多，商品则约为十倍（Miroudot et al.，2010）。

二 服务贸易成本降速低于商品贸易成本

虽然贸易成本的水平值对替代弹性 σ 比较敏感，但将贸易成本结果表示成以某年为基年即指数形式（index numbers）可以很好地消除这一问题（Miroudot et al.，2010）。因此，将指数方法用于考察贸易成本随时间的变动趋势是极其有用的。借鉴这一方法，从我们计算得到的全球贸易成本指数（如图5—1所示），可以发现，1995—2008年，全球商品贸易成本下降了32%，受金融危机影响，2009年急剧上升（贸易成本指数为83）。贸易成本总体呈下降趋势，这与米鲁多等（Miroudot et al.，2010）和诺维（Novy，2013）的结果基本一致（1995—2007年）。不过，与米鲁多等（Miroudot et al.，2010）的研究结论不同，我们的结果表明，服务贸易成本的演变趋势轨迹与商品贸易成本基本一致，但米鲁多等（Miroudot et al.，2010）的结果显示，1995—2007年，全球服务贸易成本不但没有明显下降，反而还有轻微的上升趋势。我们认为，随着信息通信技术的日益发展以及世界多边贸易体系的逐步推进，特别是多数国家倡导贸易自由化的努力等因素，本章得到的服务贸易成本与商品贸易成本同处于下降趋势的结果可能更符合现实。那么出现这一差异的原因可能就是米鲁多等（Miroudot et al.，2010）的样本经济体不能完全反映世界产出和贸易数据，而我们采用的世界投入产出表中一个"剩余国家"的存在消除了这一诱因。

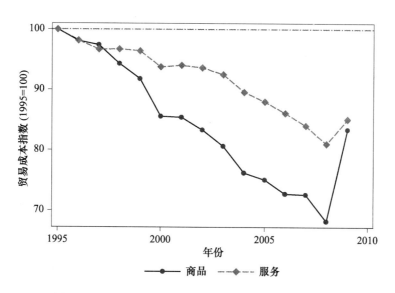

图5—1　全球服务与商品贸易成本指数（1995年=100）

　　服务贸易成本与商品贸易成本处于下降通道，且服务贸易成本的下降速度低于商品贸易成本的演变模式，对多数国家的多边贸易成本也是成立的（如图5—2所示）。图5—3则给出了服务贸易成本变动不明显甚至呈上升趋势的经济体。对比图5—3和图5—2可以发现，各经济体的服务与商品贸易成本的演变趋势也存在一定差异。在图5—2中，除德国、韩国、美国外，均属于中等收入国家（按表5—2的"分类1"），在图5—3中，则多数为高收入经济体。因此，我们似乎可以得出结论：收入水平越高的国家，服务贸易成本下降越缓慢，而收入水平较低国家的服务贸易成本下降较快。不过，这并不代表高收入经济体的服务贸易成本水平要高于中等收入经济体。实际上，在各国的多边贸易成本水平中，高收入国家要低于中等收入国家，这可能也是高收入国家的服务贸易成本降速低于中等收入国家的原因所在，因为高收入国家在起始点的贸易成本较低。

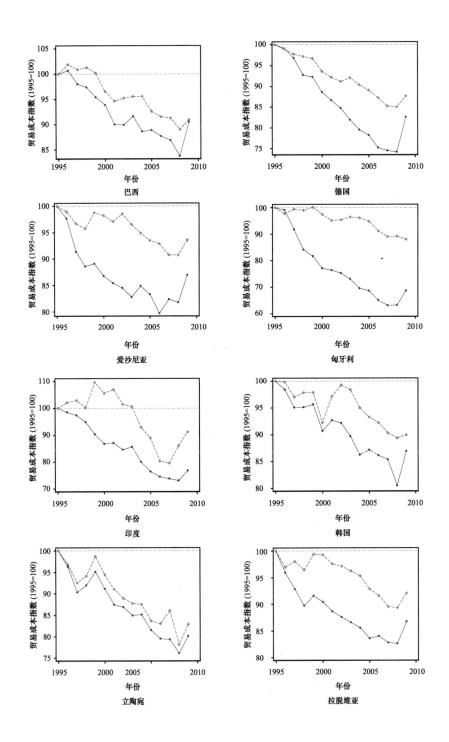

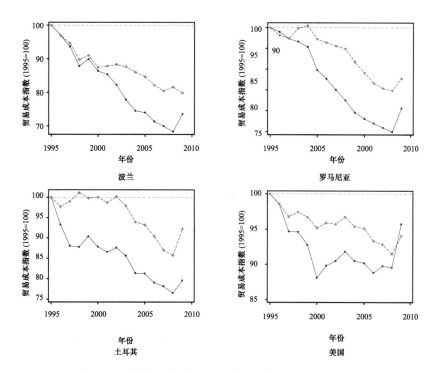

图5—2　服务与商品贸易成本演变轨迹的一致性国家

注:①图中虚线表示服务,实线表示商品。②本图根据式(5—8)计算得到。③限于篇幅,除图中的12个国家外,其余具有类似演变轨迹的国家没有给出。中国将在下一节单独进行分析。

值得注意的是,图5—2和图5—3中均存在两个特殊时点,即1998年和2009年(或2008年)。在这两个时间点上,贸易成本均呈上升趋势,特别是2009年的贸易成本升幅更大。这充分说明在日益一体化的经济全球化时代,金融危机对全球贸易成本的影响会越来越大。在我们的研究结果中,日本和法国的服务贸易成本在近年来稳中有升,这与米鲁多等(Miroudot et al.,2010)的结论一致。不过,米鲁多等(Miroudot et al.,2010)的结果却显示美国和欧盟的服务贸易成本也呈上升趋势。

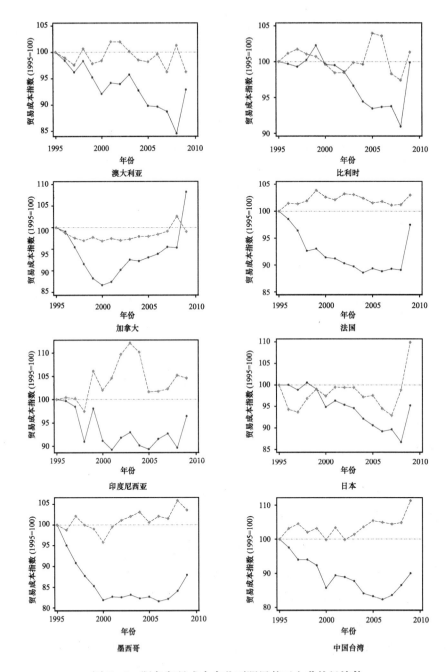

图5—3　服务贸易成本变化不明显甚至上升的经济体

注：①图中虚线表示服务，实线表示商品。②本图根据式（5—8）计算得到。

　　稳健性分析。为了检验上述两大结论的稳定性,我们分别按收入组别(高收入和中等收入经济体)和不同贸易区(欧盟和非欧盟经济体)进行数据加总计算。首先,按收入组别测算的结果表明(见图5—4),不论是高收入国家还是中等收入国家,其服务贸易成本均高于商品贸易成本,且服务贸易成本的下降速度低于商品贸易成本。由此可见,此处由加总数据得到的贸易成本结果与前文结论完全一致。

　　其次,按是否为欧盟成员国测算的结果也表明(见图5—5),不论是欧盟成员国还是非欧盟成员国,其服务贸易成本均要高于商品贸易成本,且前者的下降速度低于后者,这进一步验证了前文的结论。事实上,这一结论也符合内在逻辑,因为欧盟中的多数经济体均属于高收入组别,所以该结论与按收入组别分组的结论相一致。但米鲁多等(Miroudot et al.,2010)的结果显示,欧盟的服务贸易成本呈上升趋势(商品部门则呈下降趋势)。尽管如此,他们得到的欧盟内各国多边贸易成本存在差异性的结论与我们是一致的。由于欧盟各国之间的贸易政策具有一致性,所以各国与全球之间的贸易成本存在差异的原因还有待专门的更深入研究。综上所述,我们得到的以上两大规律特征是稳健的。

三　高收入国家的贸易成本低于中等收入国家的贸易成本

　　各国多边贸易成本的变动趋势表明,收入水平与服务贸易成本的下降速度呈反向关系。但这是否说明高收入国家的贸易成本水平高于收入水平较低的国家呢?对此我们按收入水平对经济体进行分组并计算,结果显示(见图5—6),无论是服务贸易还是商品贸易,高收入国家的贸易成本水平均低于中等收入国家的贸易成本水平,且高收入国家在进入21世纪后的贸易成本下降速度要低于中等收入国家的贸易成本下降速度,这与前文各国多边贸易成本的演

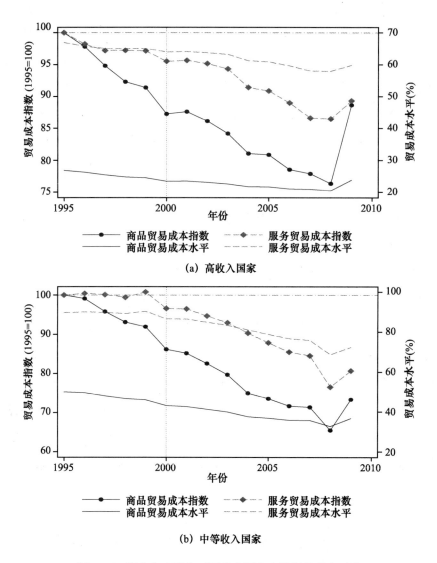

(a) 高收入国家

(b) 中等收入国家

图5—4 服务与商品在不同收入国家中的贸易成本对比

变规律一致。

　　进一步，我们考察自由贸易区国家与非自由贸易区国家的对外贸易成本差异。图5—7表明，不论是服务贸易还是商品贸易，欧盟国的贸易成本水平均低于非欧盟国，且欧盟国的服务贸易成本降速也要低于非欧盟国，这与前文按收入水平分组的结论相一致。对

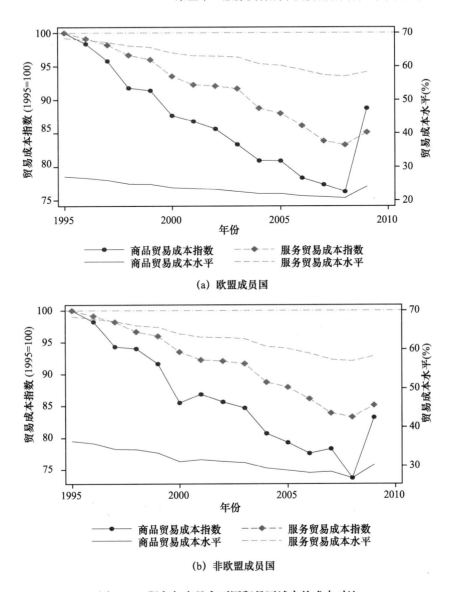

（a）欧盟成员国

（b）非欧盟成员国

图5—5　服务与商品在不同贸易区域中的成本对比

于欧盟为什么具有更低的贸易成本水平，比较初步的解释可能是欧盟成员国之间相互更加开放的市场。但根据贸易成本测度公式，欧盟与全球之间的贸易成本降低，还可能是由非欧盟成员国开放国内市场以及其他因素所带来的。因此，对欧盟具有更低贸易成本的原

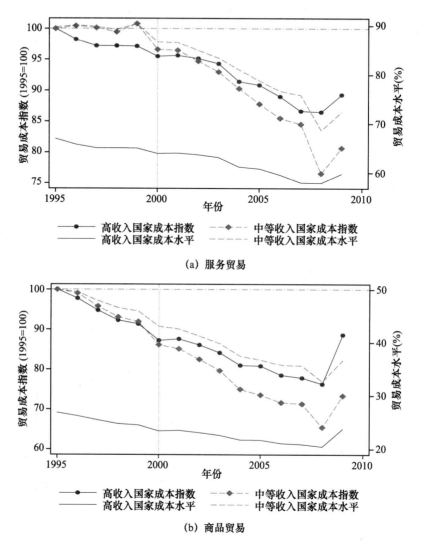

（a）服务贸易

（b）商品贸易

图5—6 高收入国家与低收入国家的贸易成本对比

因还有待今后作专门深入的研究。

四 生活性服务贸易成本高于生产性服务贸易成本

以上对贸易成本的时间演变趋势以及不同收入组别、不同区域的贸易成本进行了探讨。服务相比商品更具有复杂的特征，使我们有必要对服务业各部门的贸易成本进行专门分析。

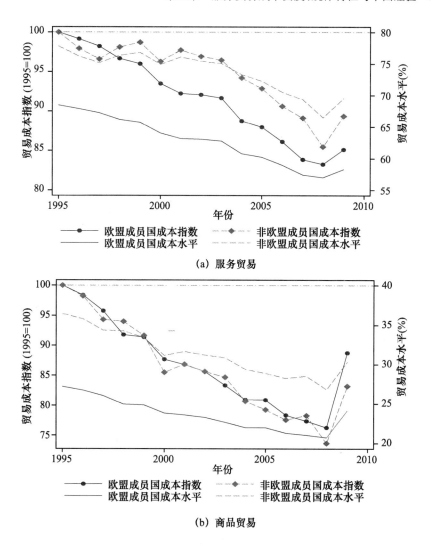

图5—7　欧盟成员国与非欧盟成员国的贸易成本对比

　　表5—7 给出了 17 个服务业分部门的全球贸易成本水平值。从贸易成本水平值在 1995—2009 年的均值来看，除水运（61）、空运（62）和其他支持和辅助性运输活动及旅行社活动（63）外，其他行业的贸易成本水平均在 100% 以上，最高的为私人家庭雇用佣人服务（P）。从贸易成本水平的变动趋势来看，1995—2009 年只有 2 个部门的贸易成本上升了，即其他支持和辅助性运输活动及旅行社活动

(63) 在 14 年间上升了 3.1%，私人家庭雇用佣人服务（P）上升了
17.4%。其他部门的贸易成本均呈下降趋势，且共有 5 个部门下降了
15% 以上，最高的为教育（M），最低的为保健与社会工作（N）。

表5—7　　　　　　　全球服务业分部门的贸易成本及其变动

部门	1995	1996	1997	1998	1999	2000	2001	2002	2003	2004	2005	2006	2007	2008	2009	均值	变化%
50	197	187	198	200	200	183	192	178	194	169	168	174	163	174	165	183	-16.5
51	145	141	129	127	126	124	123	122	120	117	114	113	112	109	114	122	-21.6
52	198	189	185	180	180	180	170	168	165	166	164	161	161	161	162	173	-18.0
60	106	106	105	106	108	103	103	102	101	98	98	97	96	94	98	102	-7.6
61	61	59	60	59	74	57	58	58	57	58	72	56	56	55	57	60	-6.2
62	68	66	65	63	60	74	59	59	59	54	66	56	56	55	53	61	-22.8
63	90	89	88	89	98	97	87	100	88	101	88	92	91	92	92	92	3.1
64	119	120	120	121	122	121	123	123	122	119	116	113	110	110	113	118	-4.8
J	134	131	129	128	122	123	122	123	121	123	120	119	118	121	124	124	-9.7
70	310	331	295	302	345	314	325	322	322	311	328	301	281	284	282	310	-9.0
71t74	110	109	111	109	109	105	105	104	102	102	101	99	97	97	99	104	-9.9
均值	140	139	135	135	141	135	133	133	132	129	131	125	122	123	123	132	-11.8
Sd.	72	76	68	70	79	71	75	73	75	70	73	69	63	65	63	71	8
H	169	180	169	176	164	163	180	185	186	177	160	163	157	157	159	170	-6.0
L	221	231	211	221	223	213	212	221	211	205	214	211	208	196	200	213	-9.5
M	282	264	264	244	266	257	265	249	241	238	231	231	224	215	218	246	-22.9
N	293	298	272	272	309	298	296	288	304	284	280	289	255	270	283	286	-3.4
O	142	143	139	139	139	135	134	134	135	133	133	130	129	128	131	135	-7.9
P	389	376	359	393	351	357	349	298	375	517	395	441	439	473	456	398	17.4
均值	249	249	235	241	242	237	239	229	242	259	236	244	235	240	241	241	-3.3
Sd.	91	84	80	88	83	84	79	63	86	137	94	111	110	124	118	94	13

注：①表中的"均值"是各行或各列的算数平均值，Sd. 表示各部门间的标准差，"变化
（%）"是指各部门在 1995—2009 年的百分比变动。②部门 50—71t74 属于生产性服务业，部门
H—P 属于生活性服务业。表中部门代码对应的名称见表 5—3。③本表数据是对 41 个国家（包
括 1 个"剩余国家"）与全球的多边分部门贸易成本计算算数平均值得到。

　　我们按表 5—3 的分类将 17 个服务业部门划分成生产性服务业
和生活性服务业两大类，表 5—7 中的部门 50—71t74 属于生产性服

务业,部门 H—P 属于生活性服务业。从各部门的均值来看,生产性服务贸易成本从 1995 年的 140% 下降至 2009 年的 123%,降幅为 -11.8%;同一时期,生活性服务贸易成本则从 249% 下降至 241%,降幅只有 -3.3%。由此可见,生活性服务贸易成本的绝对水平远远高于生产性服务业,大约是生产性服务贸易成本的近 2 倍,并且生活性服务贸易成本的下降速度也低于生产性服务业。从生产性服务业与生活性服务业内部各部门贸易成本的标准差来看,各个生产性服务部门的贸易成本标准差从 1995 年的 72% 变化到 2009 年的 63%;而在同一时期,各个生活性服务部门的贸易成本标准差则从 91% 上升到 118%。由此可见,生产性服务业各部门的贸易成本有趋同倾向,而生活性服务业各部门的贸易成本有发散趋势。

第五节　中国对外服务贸易成本:经验事实

在得到国际服务贸易成本的规律性特征之后,我们自然要对中国服务贸易成本演变的现实表现进行全面考察,主要包括变动趋势、国家及部门差异。

一　中国双边服务贸易成本的变动趋势及国家差异

在测度中国对外双边贸易成本时,我们将双边分部门贸易数据分别加总为双边服务贸易和商品贸易,这与采用双边总体服务贸易(邵学言、刘洪铎,2011;马凌远,2012)和双边总体商品贸易(钱学锋、梁琦,2008;许德友、梁琦,2010)数据的内在逻辑一致。但许统生等(2011)在报告中国与主要贸易伙伴国的制造业贸易成本时,采用的是各部门的平均值。根据服务贸易成本与商品贸易成本的大小以及贸易伙伴国的收入水平组别,我们将中国对外双边贸易成本的结果总结为表5—8。

表5—8　　按服务与商品及伙伴国收入水平的中国双边贸易成本对比

	按1995—2009年的贸易成本均值比较		按1995—2009年的贸易成本降幅比较		
	服务高于商品	服务低于商品	服务高于商品	相同	服务低于商品
高收入	澳大利亚、奥地利、比利时、加拿大、塞浦路斯、德国、丹麦、西班牙、芬兰、法国、英国、希腊、爱尔兰、意大利、日本、韩国、荷兰、斯洛文尼亚、瑞典、美国	卢森堡、葡萄牙、马耳他	奥地利、塞浦路斯、西班牙、芬兰、法国、英国、希腊、意大利、卢森堡、荷兰、葡萄牙、瑞典、美国	比利时、德国	澳大利亚、加拿大、丹麦、爱尔兰、日本、韩国、马耳他、斯洛文尼亚
中等收入	保加利亚、巴西、捷克共和国、爱沙尼亚、匈牙利、印度尼西亚、印度、立陶宛、拉脱维亚、墨西哥、波兰、罗马尼亚、俄罗斯、斯洛伐克、土耳其		俄罗斯、土耳其	保加利亚	巴西、捷克共和国、爱沙尼亚、匈牙利、印度尼西亚、印度、立陶宛、拉脱维亚、墨西哥、波兰、罗马尼亚、斯洛伐克

　　注：本表系根据中国双边服务贸易及商品贸易成本的结果整理而成，具体的双边贸易成本数据见附录A。

　　首先,从 1995—2009 年的服务贸易成本均值来看（见附录 A 表 A—1）,最高的前五大伙伴国依次是:墨西哥（521%）、土耳其（406%）、拉脱维亚（372%）、巴西（335%）和保加利亚（333%）,这些国家均属于中等收入组别;与此对应,服务贸易成本最低的前五大伙伴国依次是:韩国（116%）、荷兰（120%）、澳大利亚（140%）、卢森堡（141%）和西班牙（156%）,这些国家均属于高收入组别。在服务贸易成本变动方面,除与印度尼西亚呈上升趋势外（10%）,中国与其他国家的双边服务贸易成本均呈下降趋势。在下降幅度最大的前 10 个国家中,有 5 个属于中等收入经济体,最大的为瑞典（-51%）;在降幅最小的前 10 个国家中,有 6 个属于高收入经济体,最低的为爱沙尼亚（-5%）。

　　其次,作为对比,从 1995—2009 年间的商品贸易成本均值来看（见附录 A 表 A—2）,最高的前五大伙伴国依次是:立陶宛（266%）、拉脱维亚（256%）、塞浦路斯（226%）、斯洛文尼亚（218%）和爱沙尼亚（217%）,其中立陶宛、拉脱维亚和爱沙尼亚是中等收入国家;与此对应,商品贸易成本最低的伙伴国（或地区）依次是:中国台湾（70%）、韩国（77%）、日本（78%）、美国（85%）、德国（90%）、澳大利亚（98%）、加拿大（102%）、英国（105%）、荷兰（110%）和法国（112%）等,这些经济体不仅都属于高收入组别,而且也都是中国最主要的商品贸易伙伴。在商品贸易成本变动方面,中国与所有伙伴国均呈下降趋势。在下降幅度最大的前 10 个国家中,除马耳他以外的 9 个经济体均属于中等收入组别,最大的为匈牙利（-54%）;而在降幅最小的前 10 个国家中,有 8 个属于高收入经济体,最低的为塞浦路斯（-5%）。

　　再次,关于贸易成本在服务与商品领域的差异对比情况。在除中国台湾[1]和"剩余国家"外的 38 个经济体中，从贸易成本的均值对比看，服务贸易成本大于商品贸易成本的国家有 35 个，其中全部的 15 个中等收入经济体均在此列；从贸易成本的变动幅度对比看，与 20 个伙伴国的服务贸易成本降幅仍要低于商品贸易成本，其中 12 个为中等收入经济体；与 15 个国家的服务贸易成本降幅高于商品贸易成本，其中 13 个为高收入经济体（见表 5—8）。

　　综上所述，我们至少可以得出结论：①中国对外双边服务贸易成本与商品贸易成本的变动方向一致，即均呈下降趋势。②不论是服务还是商品，中国与高收入经济体的双边贸易成本均要低于与中等收入经济体的双边贸易成本。在变动趋势方面，与中等收入经济体的双边商品贸易成本下降幅度要高于与高收入经济体的双边商品贸易成本下降幅度，但服务贸易方面并无明显差异。③总体而言，中国与各伙伴国的双边服务贸易成本高于商品贸易成本，但贸易成本在服务与商品领域的降幅并不存在较大差异。

　　此外，我们还计算了中国与各经济体在农业、采矿业、制造业、电力燃气及水的生产和供应业、建筑业、生产性服务业、生活性服务业等 7 个分行业的双边贸易成本，具体结果分别见附录 A 表 A—3、表 A—4、表 A—5、表 A—6、表 A—7、表 A—8、表 A—9。

二　中国多边服务贸易成本演变的部门差异比较

　　在测度中国分部门的多边贸易成本时，我们通过两种方案来评估其对研究结论的影响。第一种是对中国与各伙伴国的分部门贸易数据加总，即采用中国各部门对世界的总出口以及世界对中国的总出口（即中国各部门的总进口）进行计算，结果列于表 5—9 的

---

① 中国台湾由于数据问题而无法计算。

"计算方法1";第二种是先计算中国与各伙伴国的分部门贸易成本,然后按部门对中国与各伙伴国的贸易成本求算数平均值,结果列于表5—9的"计算方法2"。① 结果显示,两种方案的贸易成本水平值相差较大,如根据方法1得到的住宿和餐饮业（H）2009年水平值为73%,方法2则高达195%。我们将各部门在1995—2009年间的均值以及百分比变动绘制成图5—8,结果表明各部门在两种方案下的贸易成本相对位置以及变动趋势基本一致。因此,不论采用方法1或方法2都对基本结论不存在实质性影响。

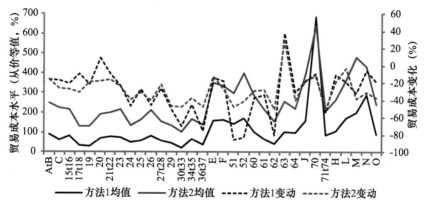

图5—8　两种方法的各部门平均贸易成本及变动趋势对比

为了与现有的测度中国商品贸易成本（包括农业和制造业）的文献进行对比,我们主要采用方法2的测算结果进行分析。许统生等（2012）对中国的18种主要农产品的平均贸易成本测度结果显示,从价等值从1996年的450%下降到2009年的398%,降幅为 −12%,1996—2009年的均值为412%;而我们得到的农业（AtB）贸易成本相对低一些,这是由测度的部门构成及伙伴国差异带来

---

① 许统生等（2011）在计算中国1997—2007年制造业分部门的贸易成本以及许统生等（2012）在计算中国1996—2009年各农产品的贸易成本时,采用的均是中国与各伙伴国的贸易成本平均值。

的，不过变化趋势及降幅大小基本一致。许统生等（2011）对中国制造业的 19 个分部门的贸易成本测度表明，各部门平均贸易成本从 1997 年的 131% 下降到 2007 年的 108%（各年平均为 118%），降幅为 -18%；同期，我们的测度结果从 187% 下降到 144%（各年平均为 164%），降幅为 -23%。由于他们对制造业各部门的划分与本章存在差异，所以无法进行分部门对比。不过可以肯定的是，我们得到的数值是普遍高于他们的。这是因为，他们选取的贸易伙伴国仅有 14 个，[①] 且中国与这 14 个国家在 2007 年的制造业贸易总额只占中国进出口总额的 47%，而在本章样本中达到 100%。特别是，这 14 个国家均是我国最主要的贸易伙伴国，与他们之间的贸易成本相对于没有被包括进来的国家本身就要低一些。因此，我们得出的制造业贸易成本高于他们的这一结论完全符合逻辑。

表 5—9　　　　　　　中国与全球的分部门贸易成本及其变动

部门	计算方法 1：加总为多边贸易					计算方法 2：与各国的平均值				
	1995	2008	2009	均值	变动	1995	2008	2009	均值	变动
AtB	91	76	76	91	-16	262	225	221	248	-16
C	68	46	56	61	-17	264	184	195	225	-26
15t16	88	68	70	83	-21	251	179	182	217	-28
17t18	38	32	35	36	-9	154	101	106	130	-31
19	33	23	26	31	-21	139	101	112	129	-19
20	62	66	68	71	9	211	169	173	193	-18
21t22	83	73	75	80	-9	214	176	180	199	-16
23	88	58	67	72	-24	263	184	199	218	-24
24	69	34	37	49	-47	178	107	109	137	-39
25	63	44	46	57	-27	181	125	125	162	-31
26	127	67	69	84	-46	295	174	176	213	-40
27t28	66	44	49	57	-26	171	130	133	155	-22

①　这 14 个国家均来自 OECD，也是本章样本所包括的经济体。

续表

部门	计算方法1：加总为多边贸易					计算方法2：与各国的平均值				
	1995	2008	2009	均值	变动	1995	2008	2009	均值	变动
29	59	26	29	45	−50	167	88	88	133	−47
30t33	36	8	11	23	−70	132	66	69	102	−48
34t35	80	42	44	65	−45	201	122	126	166	−37
36t37	66	13	16	37	−75	193	91	102	139	−47
均值	68	43	46	56	−33	197	130	134	164	−32
标准差	25	21	21	20	24	47	40	41	38	11
E	167	139	143	160	−14	359	302	315	350	−12
F	158	124	131	164	−18	354	246	258	333	−27
51	499	66	73	144	−85	449	230	236	298	−47
52	565	89	94	172	−83	527	299	308	400	−42
60	117	66	73	103	−38	299	204	211	286	−29
61	70	39	46	65	−34	231	155	166	216	−28
62	54	−11	11	41	−80	183	54	90	156	−51
63	60	79	83	103	38	163	205	209	258	28
64	106	68	73	98	−31	250	142	151	219	−40
J	169	131	138	158	−18	411	324	339	397	−18
70				685	−10				639	−12
71t74	120	50	55	87	−54	281	131	139	208	−51
均值	196	64	72	108	−63	310	194	205	271	−34
标准差	195	39	35	187	39	125	85	80	141	25
H	82	69	73	106	−11	240	187	195	264	−19
L	165	129	134	171	−19	316	290	307	362	−3
M	225	146	153	200	−32	555	329	341	479	−39
N	185	167	175	288	−6	464	296	318	431	−31
O	97	72	78	89	−19	294	171	183	240	−38
均值	151	117	123	171	−19	374	255	269	355	−28
标准差	60	44	45	.80	10	131	71	74	103	15

注：①第一行的"均值"和"变动"是1995—2009年的算数平均值和百分比变化，第一列中的均值和标准差是各行业内分部门的算术平均值和离散程度，生产性服务业的均值不包括部门70。②部门15t16—36t37属于制造业，50—71t74属于生产性服务业，H—O属于生活性服务业，部门代码名称见表5—3。③服务业中的部门50和P由于数据问题无法计算。部门70的变动是1996—2007年的。④更为详细的计算结果见附录A表A—10和表A—11。

在我们划分的七大行业中，1995—2009 年间的平均贸易成本从高到低依次是：生活性服务业、电力燃气及水的生产和供应业（E）、建筑业（F）、生产性服务业、农业（AtB）、采矿业（C）和制造业。这一排序与我们的预期相符，服务部门的可贸易性问题天然地就决定了其贸易成本较高。[①] 因此，贸易成本差异可以解释为什么制造业一直是中国对外贸易的最主要构成部分，因为较低的贸易成本能够促使更多的国内企业参与到国际分工和全球贸易体系中去。

在生产性服务部门中，1995—2009 年的均值显示，贸易成本最低的是航空运输业（62）为 156%，最高的是房地产业（70）为 639%；从 1995—2009 年的变动趋势来看，降幅最大的是航空运输业和租赁及其他商业活动（71t74），两者均下降了 51%，而降幅最小的是房地产业（−12%）。在全部生产性服务部门中，仅有一个部门即其他支持和辅助性运输活动及旅行社活动（63）的贸易成本呈上升趋势，14 年间上升了 28%，不过这与全球的分部门测度结果基本一致。

在生活性服务部门中，1995—2009 年的均值显示，贸易成本从高到低依次是：教育（M）、健康和社会工作（N）、公共管理与国防（L）、住宿和餐饮业（H）、其他团体、社会及个人服务（O）。虽然教育服务的贸易成本最高，但其下降幅度最大（−39%），降幅最低的是公共管理与国防（−3%）。

对比而言，1995—2009 年的生活性服务贸易成本均值（355%）高于生产性服务贸易成本均值（271%），且降幅更低（分别为 −28% 和 −34%）。因为生活性服务部门基本都是面向最终消费者，所以跨国交易需要消费者或提供者移动，这种邻近负担增

---

① 如果将建筑业划归为服务业，服务贸易成本水平将会更高。米鲁多等（Miroudot et al.，2010）在测算贸易成本时将建筑业划归到了服务业部门。

加了贸易成本（Francois and Hoekman，2010）。

三　不同替代弹性对贸易成本的影响

为了检验替代弹性 σ 的不同取值对服务及商品贸易成本的影响，我们进一步计算了 $\sigma = 5$（低弹性）和 $\sigma = 10$（高弹性）时中国各部门的贸易成本变动。从图5—9可以看出，替代弹性的不同取值对贸易成本水平确实有较大影响。例如，2009年，农业贸易成本在 $\sigma = 10$ 时就已经下降到146%，但 $\sigma = 5$ 时却高达710%，其他各部门的贸易成本也存在类似情况。不过，正如钱学锋、梁琦（2008）指出的，真正反映一个国家开放程度的是贸易成本的变化幅度而不是其绝对值。所以我们发现，虽然贸易成本的水平值依赖于 σ，但 σ 的不同取值并没有改变中国各部门的贸易成本变动趋势。当 σ 分别取5、8和10时，1995—2009年农业贸易成本分别下降22%、16%、14%；采矿业贸易成本分别下降38%、26%、23%；制造业贸易成本分别下降41%、32%、29%；电力燃气及水的供应业贸易成本分别下降18%、12%、11%；建筑业贸易成本分别下降37%、27%、25%；生产性服务贸易成本分别下降42%、34%、31%；生活性服务贸易成本分别下降41%、28%、25%。通过这些数据很容易观察到，当 σ 的取值由8变为10时，对各部门贸易成本的变动基本没有影响，即使 σ 的取值由5变为10，即当替代弹性增加一倍时，其对各部门贸易成本变化幅度的影响大概在7%~15%。从图5—9也可以发现，对于每个部门，贸易成本在不同替代弹性取值下，其变动轨迹基本一致。因此，我们得到的结论与诺维（Novy，2013）一致，即替代弹性值的变化不会对贸易成本的变动趋势产生实质性影响。

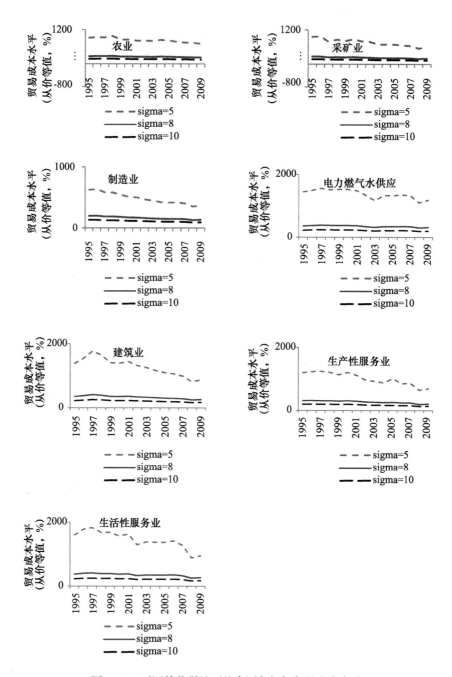

图5—9　不同替代弹性下的中国各部门贸易成本变动

第六节　本章小结

本章采用世界投入产出表的大样本数据（861000 个观测），运用具有微观理论基础且更符合现实的双边贸易成本非对称假设的测度框架，得到了国际服务贸易成本演变的一些规律特征，特别是首次测度了中国服务业分部门的国际贸易成本，主要结论如下。

（1）尽管贸易成本的绝对水平依赖于替代弹性的不同取值，但我们得到的贸易成本相对模式是十分清楚的，即国际服务贸易成本远远高于商品贸易成本。这与米鲁多等（Miroudot et al.，2010）和米农多（Minondo，2012c）采用不同数据和研究方法得出的结论一致。在本章中分别按收入水平和不同贸易区的国家分类样本进一步验证了这一结论。

（2）服务贸易成本与商品贸易成本的变动轨迹一致，均呈下降趋势，且前者的下降速度要低于后者，这对多数经济体的多边贸易以及按收入水平的国家分类样本也成立。不过，米鲁多等（Miroudot et al.，2010）的研究结果显示，1995—2007 年国际服务贸易成本不仅没有明显下降，反而还有轻微的上升。随着信息通信技术的日益发展，世界多边贸易体系的推进以及本章样本数据的优势性，我们得到的这一特征可能更符合现实。

（3）进一步的国家分类样本测度结果表明，不论是服务部门还是商品部门，高收入经济体的贸易成本水平均要低于中等收入经济体，且前者在进入 21 世纪后的贸易成本下降速度要低于后者。

（4）全球生活性服务贸易成本大约是生产性服务贸易成本的近两倍，且前者的下降速度要低于后者。同时，从生产性服务业和生活性服务业的部门标准差来看，前者的各部门贸易成本存在一定程度的趋同倾向，而后者有发散的趋势。

（5）中国对外服务贸易成本与商品贸易成本的变动方向一致，均呈下降趋势，所以不论是服务还是商品，中国与高收入经济体的贸易成本均要低于与中等收入经济体的贸易成本。在变动趋势方面，中国与中等收入经济体的商品贸易成本下降幅度要高于与高收入经济体的商品贸易成本，但服务贸易无明显差异。总体而言，中国与各伙伴国的双边服务贸易成本要高于商品贸易成本，但两者的下降幅度并不存在较大差异。因此，中国对外服务贸易成本演变与全球范围的规律特征基本一致。

（6）1995—2009 年，中国贸易成本水平及其变动幅度均存在较大的部门差异性，贸易成本从高到低依次是：生活性服务业、电力燃气及水的生产和供应业、建筑业、生产性服务业、农业、采矿业和制造业。生产性服务业中的运输（水运、空运等）及邮电通信部门的贸易成本相对较低，但与多数制造业部门相比仍然较高。

（7）为了检验替代弹性 σ 的不同取值对国际贸易成本的影响，我们进一步计算了 $\sigma = 5$（低弹性）和 $\sigma = 10$（高弹性）时中国各部门的贸易成本变动情况。结果表明，不同的替代弹性对贸易成本水平确实有较大的影响，但这并没有改变中国各部门的贸易成本变动趋势，因此，本章的研究结论对于替代弹性而言是稳健的。

第六章

服务贸易成本与服务业
生产率：经验证据[①]

第一节 引言

对于商品部门，已有大量证据可以显示出较低的贸易成本与企业及部门层面的较高生产率相联系（Pavcnik，2002）。这是因为较低的贸易成本导致更小的、生产率更低的（less-productive）企业收缩经营规模或退出市场，并且资源向更大的、生产率更高的企业进行转移（Bernard et al.，2003；Melitz，2003），结果导致总生产率增长（productivity gain）（Miroudot et al.，2012）。布赖因利希和克里斯库奥洛（Breinlich and Criscuolo，2011）研究发现，服务企业的很多典型事实与制造业企业具有一些惊人的相似之处。比如，生产高度集中于少数企业，生产率更高的企业更容易出口。范德玛瑞尔（van der Marel，2012）认为服务部门规制对服务业生产率具有重要影响，与商品市场的关税一样，更高的限制措施与更低的生产率相联系。然而，当前对服务贸易成本与服务业生产率

---

① 参见胡宗彪《企业异质性、贸易成本与服务业生产率》，《数量经济技术经济研究》2014 年第 7 期。

之间关系进行研究的文献还极其有限。米鲁多等（Miroudot et al.，2012）首次对服务贸易成本与服务业生产率的关系进行了经验检验，结果表明更低的贸易成本与更高的生产率、更快的生产率增长相联系。

第五章对服务贸易成本的测度表明，全球服务贸易成本与商品贸易成本虽然都呈下降趋势，但服务贸易成本要高于商品贸易成本。贸易成本的这一趋势与行业生产率变动是否存在现实的必然联系，特别是服务业生产率是否受服务贸易成本变动的影响，与商品贸易相比是否存在差异呢？对中国而言，在加入 WTO 后，国内服务业将进一步对外开放，但这是否能够带来服务业生产率水平及其增长率的提高，仍需要进行专门的深入考察。据我们目前掌握的资料来看，仅有米鲁多等（Miroudot et al.，2012）初步对国际服务贸易成本与服务业生产率的关系进行了经验检验，但其在多边贸易成本与行业生产率及其增长率的回归中，对某一个国家而言，世界各国对该国的部门总出口以及世界各国的该部门总产出数据存在被低估的现象，这是因为他们的研究只包括了 61 个贸易经济体。而在我们的数据中，虽然只有 40 个主要贸易经济体，但一个"剩余国家"的存在，可以保证这一问题不复存在。鉴于此，在第五章的贸易成本测度基础上，我们进一步收集和测算了服务业及其他行业的生产率指标，进而通过大样本的跨国面板数据（40 个经济体的 45 个行业在 1995—2009 年的双边及多边数据）考察服务贸易成本对服务业生产率的影响，并与商品部门进行对比分析。我们认为，本章研究不仅是对中国如何通过开放转变经济发展方式、追求增长质量的战略思路的探讨，而且研究结论也能够为国家制定服务贸易政策提供一定的参考依据。

第二节　经验模型的基本设定

一　基础模型

遵循前期的相关研究成果（Bernard et al.，2006；Inklaar et al.，2008a；Miroudot et al.，2012；van der Marel，2012）的基本思路与方法对经验模型进行合理设定。根据伯纳德等（Bernard et al.，2006）和米鲁多等（Miroudot et al.，2012），首先将服务贸易成本作为唯一的核心解释变量：

$$\ln(TFP_{ijkt}) = \alpha_0 + \alpha_1 \ln(\tau_{ijkt-1}) + d_{ijk} + d_t + e_{ijkt} \quad (6\text{—}1)$$

式（6—1）中，TFP_{ijkt} 为 i 国和 j 国的部门 k 在 t 年的全要素生产率，τ_{ijkt-1} 表示部门 k 在 $t-1$ 年的双边贸易成本。为减轻可能存在的内生性问题，在生产率水平及其增长率的回归中，均对国际贸易成本取一期滞后，这与费尔南德斯（Fernandes，2007）的方法类似。考虑到生产率在演进过程中具有持续性的典型事实，在对生产率增长的回归中，还引入生产率变量的一期滞后，即：

$$\Delta\ln(TFP_{ijkt}) = \beta_0 + \beta_1 \ln(\tau_{ijkt-1}) + \beta_2 \ln(TFP_{ijkt-1}) + d_{ijk} + d_t + e_{ijkt}$$

$$(6\text{—}2)$$

式（6—2）中，$\Delta\ln(TFP_{ijkt})$ 表示生产率增长率；d_{ijkt} 表示"国家—伙伴国—部门"固定效应，用以控制不随时间变化的不可观测的个体特征；d_t 表示不随个体变化的不可观测的时间固定效应，可以用来捕获各国间在某一部门上的周期波动。由于我们采用的是双边贸易数据，测算得到的贸易成本表示两个方向上的几何均值。因此，使用出口方和进口方两者的几何平均值表示双边部门 TFP。事实上，式（6—1）和式（6—2）与帕维克里克（Pavcnik，2002）基于企业层面数据的研究也是相似的（Miroudot et al.，

2012）。与现有文献的设定一致，在模型效应的选择上，我们将个体和时间均设为固定效应的原因：一是与随机效应相比，固定效应是一种更为稳健的估计；二是即使在存在多边阻力的情形下，固定效应估计仍是一致性估计（Anderson and van Wincoop，2003）。

二 内生性问题

基础模型通过面板数据控制不可观测的个体效应和时间效应以及采用贸易成本的一期滞后作为核心解释变量，这些都在一定程度上减轻了可能存在的误差项与解释变量相关的内生性问题。此外，与伯纳德等（Bernard et al.，2006）和米鲁多等（Miroudot et al.，2012）不同的是，我们还引入了三个重要的控制变量，即信息通信技术（ICT）资本份额、高技能劳动份额和技术差距（technology gap），以避免遗漏重要解释变量引起的内生性偏误。引入高技能劳动份额变量是因为高技能劳动者有更大的概率进行创新（Aghion et al.，2006），信息通信技术资本投入意味着生产过程中的技术设备改进（Stiroh，2002），引入技术差距指标用来控制如下事实，即离技术前沿越远的服务部门由于存在追赶过程（catching up process）而显现出更高的生产率增长。这三个变量也是因卡拉等（Inklaar et al.，2008a）和范德玛瑞尔（van der Marel，2012）用来解释服务业生产率变动的重要解释变量。

需要说明的是，EU KLEMS 数据库中的 TFP 变量是基于增长核算方法（包括信息通信技术资本和高技能劳动）计算得到的，此时的 TFP 是除信息通信技术资本和高技能劳动等生产要素之外的一个残差。因此，遵循范德玛瑞尔（van der Marel，2012）和因卡拉等（Inklaar et al.，2008a）的基本设定，将其均视为外生变量。事实上，这三个变量采用的都是相对比例指标，也有助于防范内生性问题。最终设定的经验模型为：

$$\ln\left(TFP_{ijkt}\right) = \alpha_0 + \alpha_1 \ln\left(\tau_{ijkt-1}\right) + \ln\left(X_{ijkt}\right) + d_{ijk} + d_t + e_{ijkt}$$
$$(6—3)$$

$$\Delta\ln\left(TFP_{ijkt}\right) = \beta_0 + \beta_1 \ln\left(\tau_{ijkt-1}\right) + \beta_2 \ln\left(TFP_{ijkt-1}\right) +$$
$$\ln\left(X_{ijkt}\right) + d_{ijk} + d_t + e_{ijkt} \qquad (6—4)$$

式（6—3）和式（6—4）中，X_{ijkt} 表示控制变量向量，即技术差距（TC_{ijkt}）、高技能劳动份额（HHS_{ijkt}）和信息通信技术资本份额（ICT_{ijkt}）。类似于范德玛瑞尔（van der Marel，2012）指出的：我们不可能事先排除贸易成本与生产率之间可能存在的逆向因果关系。大量的相关研究表明，生产率更高的企业更容易从事对外贸易活动，即成为出口者或进口者的概率更高。这一现象不仅存在于商品贸易部门（Bernard et al.，2007b），而且也存在于服务贸易部门（Breinlich and Criscuolo，2011）。这同样意味着，生产率更高的企业可能面临更低的相对贸易成本，这也是采用贸易成本的一期滞后作为解释变量的重要原因。鉴于贸易成本的时变工具变量（time-varying）不易找到，将其 1～2 期滞后作为简单工具变量进行 IV-GMM 估计，以考察其稳健性。

第三节　数据来源及变量说明

一　数据来源说明

全球主要经济体的全要素生产率（TFP）指标主要有两个来源，即 OECD 的 STAN 数据库和 EU KLEMS 增长与生产率核算数据库。然而，与 STAN 数据库相比，EU KLEMS 的历史数据期间更长，特别是行业划分更细。同时，EU KLEMS 基于增长核算方法计算了多要素生产率，而 STAN 数据库基于投入加总的生产率测算可能存在严重偏误（O'Mahony and Timmer，2009）。因此，在本章的经验分析中，各国各部门的 TFP 数据（包括劳动生产率数据）来源于

EU KLEMS 数据库。

构建 EU KLEMS 数据库是为了缓解在国际比较研究方面的数据缺失问题，其包括产出和投入增长测算以及由此引申出来的诸如行业层面多要素生产率等变量。各变量主要根据增长核算方法（growth accounting）计算得到，主要优点是其基于新古典生产理论并提供了一套清晰的概念框架，能够在内部一致性方式（internally consistent way）下分析各变量间的相互作用。因此，该数据库能够用于产出和生产率增长方面的跨国比较研究以及对特定行业和不同时期的研究，如范阿克等（van Ark et al.，2008）对欧洲和美国生产率差距的研究。鉴于该数据库包括的经济体及行业较多，其潜在的应用也比较广泛。

截至 2012 年 12 月，EU KLEMS 增长与生产率核算数据库已经公布了四个版本：第一个是 2007 年 3 月（March 2007 Release）；① 第二个是 2008 年 3 月（March 2008 Release）；② 第三个是 2009 年 11 月（November 2009 Release）；③ 第四个则是目前还处于不定时更新

① 对 2007 年 3 月版的概要介绍可参见 Timmer, M. P., M. O'Mahony, and B. van Ark, 2007a, "The EU KLEMS Growth and Productivity Accounts: An Overview", University of Groningen & University of Birmingham. (http://www.euklems.net/euk07I.shtml)，该版本在 2007 年 11 月（November 2007 Intermediate Release）被更新，概要介绍可参见 Timmer, M. P., M. O'Mahony, and B. van Ark, 2007b, "The EU KLEMS Growth and Productivity Accounts: Overview November 2007 Release", University of Groningen & University of Birmingham. (http://www.euklems.net/euk07II.shtml)，被更新的具体内容可参见 Description of major changes in this release: compared with Release March 2007 (http://www.euklems.net/data/changes_07ii.pdf)。

② 对 2008 年 3 月版的概要介绍可参见 Timmer, M. P., M. O'Mahony, and B. van Ark, 2008, "The EU KLEMS Growth and Productivity Accounts: An Overview", University of Groningen & University of Birmingham. (http://www.euklems.net/euk08I.shtml)。

③ 对 2009 年 11 月版的概要介绍可参见 O'Mahony, M., and M. P. Timmer, 2009, "Output, Input and Productivity Measures at the Industry Level: the EU KLEMS Database", Economic Journal, Vol. 119 (538), F374—F403. 更详细的介绍和分析还可参见 Timmer, M. P., R. Inklaar, et al., 2010, Economic Growth in Europe, Cambridge University Press. (http://www.euklems.net/euk09I.shtml)。该版本在 2011 年 3 月被更新，更新的具体内容参见 Gouma, R., Klaas de Vries, et al., 2011, "EU KLEMS Growth and Productivity Accounts: March 2011 Update of the November 2009 release", Groningen Growth and Development Centre. (http://www.euklems.net/data/09ii/sources/March_2011_update.pdf)。

阶段的 2012 年版本。对于这四个版本而言,后一版本均是前一版本的延续和发展。本章采用的是 2009 年版本,主要原因有两个,一是虽然 2009 年及以前的版本采用的行业划分标准均是 NACE1.1,但 2009 年版的数据年份较之前的新,且 NACE1.1 与 WIOD 数据库中的行业分类相对应,① 这可以避免进行行业对应处理所带来的偏差;二是尽管 2012 年版的数据年份较 2009 年版更新,但其使用的行业分类标准是 NACE2,这与 WIOD 中的行业分类标准不完全吻合,特别是 2012 年版中已经公布的国家数较少。② 因此,本章的全要素生产率和劳动生产率数据主要来自该数据库的 2009 年版本,共包括 30 个经济体(25 个欧盟国③以及澳大利亚、加拿大、日本、韩国和美国),其中 11 个国家的 TFP 和 ICT 数据缺失,所以最终的样本经济体有 19 个。④ 行业划分标准为国际标准行业分类修正 3(ISIC Rev.3),与 WIOD 中的欧盟经济活动统计分类体系修正 1(NACE Rev.1)一致(共计 35 个行业部门),具体可参见第五章的说明。

二　变量数据处理

(1)被解释变量:全要素生产率(TFP)和劳动生产率(LP)。与贸易成本变量的行业覆盖相比(见表 5—3),TFP 和 LP 变量有 10 个行业均由相应子行业加总得到。⑤ 同时,共有 6 个行业

---

① 实际上,WIOD 和 EU KLEMS 中的行业分类标准均是 ISIC Rev.3,见第五章的详细说明。

② 截至 2012 年 12 月 16 日,只公布了 7 个国家,即荷兰、英国、德国、意大利、奥地利、法国、西班牙。

③ 在 27 个欧盟经济体中,只有保加利亚(2007 年加入)和罗马尼亚(2007 年加入)不在 EU KLEMS 数据库中。

④ 分别是:澳大利亚、奥地利、比利时、加拿大、捷克共和国、德国、丹麦、西班牙、芬兰、法国、英国、匈牙利、爱尔兰、意大利、日本、荷兰、斯洛文尼亚、瑞典、美国。

⑤ 分别为:总行业(TOT),总体制造业(D),纺织、皮革和鞋类制品业(17t19),化学、橡胶、塑料和燃料业(23t25),批发和零售业(G),运输、仓储和通信业(I),运输和仓储业(60t63),金融、保险、房地产和商务服务业(JtK),房地产、租赁和商务服务业(K),社区、社会和个人服务业(LtQ)。

的数据缺失,[①] 因此, EU KLEMS (2009) 中 *TFP* 和 *LP* 变量覆盖的行业共有 39 个。对于 *TFP* 变量, EU KLEMS (2009) 中的比利时数据只到 2006 年, 不过 FPB (2011) 对其进行了修正和更新,[②] 更新后的数据时间区间为 1970—2009 年, 包括 28 个行业, 与 EU KL-EMS (2009) 中包括的行业相比, 缺失的 10 个行业 (23t25、50、51、52、60t63、64、JtK、70、71t74、LtQ) 1995—2006 年数据仍取自 EU KLEMS (2009), 2007 年数据用 2006 年的替代; EU KL-EMS (2009) 没有公布加拿大的数据, 并且 EU KLEMS (2008) 中的数据只到 2004 年, 包括 31 个行业。因此, 加拿大的 TFP 数据均取自 WORLD KLEMS 2012, 时间区间为 1961—2010 年, 行业分类与 EU KLEMS (2008) 相同, 缺失的 7 个行业 (D、23t25、G、I、JtK、K、LtQ) 用相应子行业的几何平均数表示; 日本和斯洛文尼亚的 2007 年数据均用 2006 年的替代。行业 P 缺失的国家有澳大利亚、西班牙、英国、匈牙利、日本、荷兰、瑞典和美国, 所有国家的部门 17t18、19、60、61、62、63 均缺失, 对此不作处理。

对于劳动生产率 (*LP*) 变量 (稳健性检验指标), 加拿大的 LP 数据来源及处理过程与 TFP 相同; 塞浦路斯 2002—2007 年的行业 23 和拉脱维亚 2006—2007 年的行业 23 数据均用三年移动几何平均数表示; 立陶宛、卢森堡和葡萄牙 1995—2007 年的行业 23 数据用行业 23t25 替代; 卢森堡 1995—2007 年的行业 19 数据用行业 17t19 替代; 日本、波兰、葡萄牙和斯洛文尼亚的 2007 年数据用 2006 年的替代。澳大利亚、加拿大、塞浦路斯、马耳他和美国的行业 17t18、19、60、61、62、63 在 1995—2007 年全部缺失, 爱沙尼

---

① 即纺织业 (17t18); 皮革和鞋业 (19); 内陆运输业 (60); 水上运输业 (61); 航空运输业 (62); 其他支持和辅助性运输活动及旅行社活动 (63)。

② Federal Planning Bureau, EU KLEMS Database, November 2011; 更新的具体说明可参见 EU KLEMS: Sources of the November 2011 Release, download from: http://www.plan.be/databases/database_det.php?lang=en& TM=30&IS=60&DB=EUKLEMS&ID=24。

亚、匈牙利、日本、立陶宛、拉脱维亚和斯洛伐克的行业 P 在 1995—2007 年全部缺失，对此不作处理。*TFP* 和 *LP* 变量的数据时间区间均为 1995—2007 年。

（2）主要解释变量。技术差距指标包括两个，分别以 *TFP* 和 *LP* 来计算和表示（*TGT* 和 *TGL*），即以美国为基准，将各国的 *TFP*、*LP* 与美国的比值作为相对的技术差距指标。其中，以 *LP* 表示的技术差距用于当 *LP* 为被解释变量时的稳健性分析。

对于信息通信技术资本投入指标（*ICT*），我们用信息通信技术资本补偿（capital compensation）占总资本补偿的份额表示。比利时和加拿大的数据来源及处理过程与各自的 *TFP* 相同。日本的行业 29、30t33、34t35、36t37 的数据缺失，故所有部门的 2007 年数据都用 2006 年的替代。斯洛文尼亚的所有部门 2007 年数据用 2006 年的替代。澳大利亚、西班牙、英国、荷兰、瑞典和美国的行业 P 在各年的数据均缺失，所有国家的行业 17t18、19、60、61、62、63 均缺失，故对此不作处理。

对于高技能劳动投入指标，我们选取高技能劳动者的工作时数占全部劳动者总工作时数的比重表示（*HHS*）。作为稳健性检验，还以高技能劳动补偿（labour compensation）占全部劳动补偿的比重（*LHS*）作为高技能劳动的替代指标。这两个变量均来自 WIOD 的社会经济核算（SEA）数据库。其中，澳大利亚、巴西、日本、韩国、俄罗斯的行业 P 数据全部缺失，中国和印度尼西亚的行业 50 和 P 全部缺失。需要说明的是，由于贸易成本是两个经济体的几何平均值，所以 TFP、劳动生产率、技术差距、信息通信技术资本和高技能劳动指标同样采用两个经济的几何平均值。

由于各国各部门的相互出口数据以及部门总产出数据只包括 35 个行业（见表 5—3），所以其余 10 个加总行业（TOT、D、17t19、23t25、G、I、60t63、JtK、K、LtQ）的这些数据均根据相应子行业的数据加总得到，进而计算得到这些加总行业的双边贸易成本。双边贸易成本数据根据第五章的方法计算得到。综上所述，本章用于检验贸易成本与生产率关系的行业覆盖如下：双边贸易成本有 45 个，即表 5—3 中的 35 个行业加上 10 个加总行业，为了不丢失信息，我们采用除总行业（TOT）之外的 44 个部门进行跨国经验分析；生产率变量有 39 个行业，即贸易成本变量的 45 个行业减去 6 个全部缺失的行业。30 个经济体各变量数据的时间区间见表 6—1。

表6—1 各经济体的主要变量简况

经济体	TFP	LP	ICT	τ、HHS 和 LHS
澳大利亚	1982—2007	1970—2007	1970—2007	1995—2009
奥地利	1980—2007	1970—2007	1976—2007	1995—2009
比利时	1970—2009	1970—2007	1970—2009	1995—2009
加拿大	1961—2010	1961—2010	1961—2008	1995—2009
塞浦路斯	—	1995—2007	—	1995—2009
捷克共和国	1995—2007	1995—2007	1995—2007	1995—2009
德国	1991—2007	1970—2007	1970—2007	1995—2009
丹麦	1980—2007	1970—2007	1970—2007	1995—2009
西班牙	1980—2007	1970—2007	1970—2007	1995—2009
爱沙尼亚	—	1995—2007	—	1995—2009
芬兰	1970—2007	1970—2007	1970—2007	1995—2009
法国	1980—2007	1970—2007	1970—2007	1995—2009
英国	1970—2007	1970—2007	1970—2007	1995—2009
希腊	—	1970—2007	—	1995—2009
匈牙利	1995—2007	1992—2007	1995—2007	1995—2009
爱尔兰	1988—2007	1970—2007	1988—2007	1995—2009
意大利	1970—2007	1970—2007	1970—2007	1995—2009

续表

经济体	TFP	LP	ICT	τ、HHS 和 LHS
日本	1973—2006	1973—2006	1970—2006	1995—2009
韩国	—	1970—2007	—	1995—2009
立陶宛	—	1995—2007	—	1995—2009
卢森堡	—	1970—2007	—	1995—2009
拉脱维亚	—	1995—2007	—	1995—2009
马耳他	—	1995—2007	—	1995—2009
荷兰	1979—2007	1970—2007	1970—2007	1995—2009
波兰	—	1995—2006	—	1995—2009
葡萄牙	—	1970—2006	—	1995—2009
斯洛伐克	—	1995—2007	—	1995—2009
斯洛文尼亚	1995—2006	1995—2006	1995—2006	1995—2009
瑞典	1993—2007	1970—2007	1993—2007	1995—2009
美国	1977—2007	1977—2007	1970—2007	1995—2009

注：除表中的 30 个经济体外，其余 10 个经济体即保加利亚、巴西、中国、印度尼西亚、印度、墨西哥、罗马尼亚、俄罗斯、土耳其、中国台湾的高技能劳动份额指标（HHS 和 LHS）也均为 1995—2009 年。"—"表示无该数据。对各国具体部门的变量数据处理见文中的详细说明。

第四节　基本统计分析

根据 EU KLEMS 中的指数形式 TFP 数据，我们首先基于表 5—3 的部门划分计算出制造业、生产性服务业及生活性服务业内部各部门间的算术平均值，其次根据公式 $TFP_{1995}(1+g)^{12} = TFP_{2007}$，计算得到 19 个国家 7 大行业在 1995—2007 年的几何平均增长率 g，结果列于表 6—2。

表6—2　主要经济体7大行业的TFP年均增长率（1995—2007年）

经济体	农业	采矿业	制造业	电力燃气及水的生产和供应	建筑业	生产性服务业	生活性服务业	总体算术均值
澳大利亚	1.08	−2.84	0.74	−2.74	1.62	1.22	−0.16	−0.15
奥地利	3.22	4.69	4.49	4.56	2.23	0.30	−0.76	2.67
比利时	−0.20	−0.09	1.12	1.75	0.47	−0.46	−0.80	0.25
加拿大	2.81	−3.72	1.46	0.62	0.91	1.27	0.34	0.53
捷克共和国	1.44	−0.86	4.46	−1.73	−2.38	2.02	−1.40	0.22
德国	4.67	0.55	1.67	1.66	−0.40	1.16	0.16	1.35
丹麦	−1.17	0.44	0.24	−2.33	0.04	0.88	−1.66	−0.51
西班牙	1.02	0.02	−0.47	1.30	−2.17	0.07	−0.98	−0.17
芬兰	4.12	−1.78	3.71	2.79	0.34	2.45	−0.45	1.60
法国	1.39	−2.27	2.72	3.62	−0.77	1.53	0.11	0.90
英国	1.99	−2.29	1.61	0.77	0.27	1.67	−0.94	0.44
匈牙利	4.67	3.73	4.97	−0.85	0.81	3.13	1.53	2.57
爱尔兰	3.15	−3.47	2.19	1.65	−2.18	2.17	−0.76	0.39
意大利	1.14	−1.83	−0.52	0.03	−1.57	0.79	−0.40	−0.34
日本	0.55	3.75	0.42	1.41	−0.68	0.69	−0.24	0.84
荷兰	−0.27	−2.42	1.77	2.13	−0.90	2.25	−0.53	0.29
斯洛文尼亚	3.85	6.78	2.89	2.07	0.27	−0.92	−0.02	2.13
瑞典	3.57	−4.03	6.71	−2.23	−0.66	1.47	−0.07	0.68
美国	3.67	−2.47	3.38	0.16	−3.68	1.75	−0.17	0.38
总体算术平均值	2.14	−0.43	2.29	0.77	−0.44	1.23	−0.38	0.74

注：①表中单位为%。各国7大行业的年均增长率为1995—2007年的几何平均增长率。②最后一列表示各国7大行业TFP增长的总体算术平均值，最后一行则表示各行业所有国家TFP增长的总体算术平均值。

从7大行业在各国间的平均值来看（表6—2的最后一行），1995—2007年的TFP年均增长率为正的行业有4个，从高到低依次是制造业、农业、生产性服务业、电力燃气及水的生产和供应业；其余的3个行业为负增长，降速从高到低依次是建筑业、采矿业、生活性服务业。不过，各行业年均增长率在各国间的差异较大，农业介于 – 1.17%（丹麦）和 4.67%（德国和匈牙利）之间，采矿业介于 – 4.03%（瑞典）和 6.78%（斯洛文尼亚）之间，电力燃气及水的生产和供应业介于 – 2.74%（澳大利亚）和 4.56%（奥地利）之间，建筑业介于 – 3.68%（美国）和 2.23%（奥地利）之间，生产性服务业介于 – 0.92%（斯洛文尼亚）和 3.13%（匈牙利）之间，生活性服务业介于 – 1.66%（丹麦）和 1.53%（匈牙利）之间。

　　尽管制造业只有西班牙（ – 0.47%）和意大利（ – 0.52%）的 TFP 年均增长率为负，生产性服务业也只有比利时（ – 0.46%）和斯洛文尼亚（ – 0.92%）为负，但平均而言，制造业的 TFP 年均增长率（2.29%）要高于生产性服务业（1.23%），该模式在大多数国家均成立，这与王恕立、胡宗彪（2012）的发现一致。这意味着，虽然生产性服务业 TFP 增长低于制造业部门，但仍可以将其作为总体经济增长的直接贡献，这与服务业只能作为制造业的中间投入而对总体生产率及经济增长起间接作用的观点相反。与此同时，大多数国家的生活性服务业 TFP 均呈下降趋势，只有加拿大（0.34%）、德国（0.16%）、法国（0.11%）和匈牙利（1.53%）为正，各国的平均增长率为 – 0.38%，这与范德玛瑞尔（van der Marel，2012）、艾肯格林和古普塔（Eichengreen and Gupta，2013）采用类似数据来源的研究结论相似。①

　　第五章中国与全球的分部门贸易成本测算结果表明，1995—2009 年间的平均贸易成本从高到低依次是：生活性服务业、电力燃气及水的生产和供应业、建筑业、生产性服务业、农业、采矿业和制造业。由此可以预测，较低的贸易成本与较高的行业 TFP 相对

---

　　① 范德玛瑞尔（van der Marel，2012）得到的 1990—2005 年的个人服务业 TFP 平均增长率为 – 0.5%，艾肯格林和古普塔（Eichengreen and Gupta，2013）的结果则为 – 0.5% ~ – 1%。

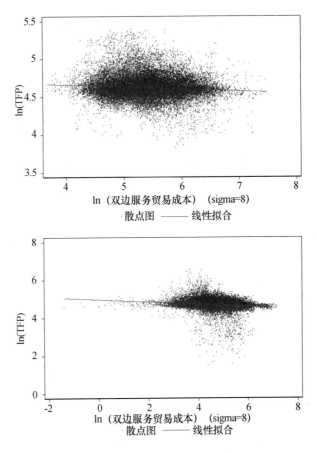

图6—1　双边贸易成本与部门 TFP 变动

应，图6—1 和表6—3 的相关系数也表明，不论是服务部门还是商品部门，贸易成本与 TFP 均存在反向关系。

表6—3　　　　　　　　服务部门与商品部门的各变量相关系数矩阵

	变量	lnTFP	lnLP	$ltijk8$	lnTGT	lnTGL	lnHHS	lnLHS	lnICT
服务部门	lnTFP	1.0000							
	lnLP	0.8527	1.0000						
	$ltijk8$	−0.1014	−0.1408	1.0000					
	lnTGT	0.5510	0.3585	−0.0429	1.0000				
	lnTGL	0.4991	0.4744	0.0368	0.8812	1.0000			

续表

	变量	lnTFP	lnLP	ltijk8	lnTGT	lnTGL	lnHHS	lnLHS	lnICT
服务部门	lnHHS	− 0. 2267	− 0. 2482	0. 1385	0. 2387	0. 1089	1. 0000		
	lnLHS	− 0. 2278	− 0. 2512	0. 1368	0. 2153	0. 0885	0. 9839	1. 0000	
	lnICT	0. 2636	0. 3437	− 0. 2734	0. 1890	0. 1963	− 0. 1103	− 0. 1358	1. 0000
商品部门	lnTFP	1. 0000							
	lnLP	0. 9094	1. 0000						
	ltijk8	− 0. 1820	− 0. 1929	1. 0000					
	lnTGT	0. 5485	0. 3878	0. 0751	1. 0000				
	lnTGL	0. 4723	0. 3876	0. 1299	0. 9579	1. 0000			
	lnHHS	0. 0812	0. 1984	− 0. 1854	− 0. 0457	− 0. 0651	1. 0000		
	lnLHS	0. 0986	0. 2153	− 0. 2209	− 0. 0409	− 0. 0614	0. 9536	1. 0000	
	lnICT	0. 0762	0. 0631	− 0. 2538	− 0. 1109	− 0. 1753	0. 2350	0. 2743	1. 0000

注: 服务部门与商品部门的样本容量分别为 69068 和 75418, 各变量均取自然对数值。

不过, 较高的行业 TFP 及其增长是否一定与贸易成本下降有关, 还需在进一步控制其他重要影响因素的条件下进行经验回归分析。19 个样本经济体在 1995—2007 年的各变量统计性描述列于表6—4。

表6—4　　　　　　　服务部门与商品部门的各变量描述性统计

	变量名	样本容量	平均值	第10分位数	中位数	第90分位数	标准差	最小值	最大值
服务部门	TFP	69142	102.6	88.49	99.98	119.0	15.31	46.09	219.6
	LP	69142	112.3	93.84	106.0	137.8	23.54	41.56	304.6
	TGT	69142	0.985	0.797	0.991	1.146	0.154	0.446	2.184
	TGL	69142	0.965	0.780	0.975	1.116	0.149	0.394	1.963
	HHS	69142	0.254	0.087	0.238	0.436	0.146	0.0204	0.806
	LHS	69142	0.340	0.132	0.325	0.561	0.171	0.033	0.877
	ICT	69142	0.179	0.057	0.149	0.344	0.120	0.0005	0.800
	tijk8	69068	262.1	116.8	223.7	455.2	152.4	39.45	1811

续表

	变量名	样本容量	平均值	第10分位数	中位数	第90分位数	标准差	最小值	最大值
商品部门	*TFP*	75686	111.0	91.72	106.8	135.2	26.59	2.738	694.9
	LP	75686	124.7	98.53	116.9	159.8	36.06	6.499	879.0
	TGT	75686	1.010	0.785	1.015	1.249	0.225	0.023	3.280
	TGL	75686	1.011	0.768	1.008	1.268	0.240	0.046	4.578
	HHS	75686	0.148	0.078	0.139	0.231	0.060	0.015	0.481
	LHS	75686	0.215	0.127	0.209	0.312	0.073	0.029	0.573
	ICT	75686	0.093	0.034	0.078	0.167	0.064	0.0012	1.000
	*tijk*8	75448	132.0	45.92	107.1	240.7	101.8	−7.961	1314

注：①本表数据根据 19 个样本经济体在 1995—2007 年的相关数据计算得到。②各变量均是双边数据的几何平均值。③样本容量都是进入回归分析中的样本，*tijk*8 的样本容量有所差异是因为回归中使用了 *tijk*8 的 1 期滞后作为解释变量。

第五节　服务贸易成本与服务业生产率：跨国证据

各变量间的相关系数结果显示（见表6—3），只有 *TFP* 和 *LP*、*TGT* 和 *TGL*、*HHS* 和 *LHS* 之间的相关系数在 0.85 以上，而 *LP*、*TGL* 和 *LHS* 正好是用于稳健性检验的三个变量。*ltijk*8、*TGT*、*HHS*、*ICT* 四个解释变量的相关系数均较低，因此不会引起严重的多重共线性问题。尽管如此，为了防止异方差、序列相关等引起的统计推断误差，在以下的面板数据回归分析中，我们均采用稳健型标准误差进行统计推断。

一　结果及讨论

根据经验模型的基本设定及内生性问题的考虑，我们采用 19 个样本经济体的跨国分部门数据对模型（6—3）和（6—4）进行个体时间固定效应估计。作为对比,同时对商品部门 TFP 及其增长进行同样的 OLS 估计。以 TFP 水平值及增长率为因变量的估计结果分别报告于表6—5 和表6—6。从中至少可以得出如下结论:服务部门与商品部门相同,更低的贸易成本与更高的生产率及更快的生产率增长相联系,这与前文的理论预期一致。不过,服务贸易成本下降的 TFP 水平及增长效应都要远远低于商品部门。这意味着,从提升部门 TFP 及其增长率的目标来讲,商品领域对外开放的作用更大。这一结论为我们通过扩大服务部门开放、降低国际服务贸易成本来提升一个国家服务业生产率及其增长提供了跨国经验证据。

表6—5　　　以 TFP 水平值（ln*TFP*）为被解释变量的估计结果

	服务部门						商品部门	
	(1)	(2)	(3)	(4)	(5)	(6)	(7)	(8)
	OLS	*OLS*	*OLS*	*OLS*	*OLS*	*IV-GMM*	*OLS*	*IV-GMM*
L. ltijk8	−0.0251 ***	−0.0223 ***	−0.0195 ***	−0.0242 ***	−0.0153 ***	−0.0156 ***	−0.1070 ***	−0.1730 ***
	(0.004)	(0.004)	(0.004)	(0.004)	(0.003)	(0.003)	(0.009)	(0.009)
ln*TGT*		0.5658 ***			0.5732 ***	0.6299 ***	0.4801 ***	0.4256 ***
		(0.011)			(0.009)	(0.005)	(0.019)	(0.009)
ln*HHS*			0.2046 ***		0.2272 ***	0.2104 ***	0.1128 ***	0.0999 ***
			(0.010)		(0.007)	(0.004)	(0.009)	(0.005)
ln*ICT*				−0.0823 ***	−0.0693 ***	−0.0701 ***	0.0161 ***	0.0067 *
				(0.004)	(0.003)	(0.002)	(0.005)	(0.003)
观察值	69150	69142	69150	69142	69142	57300	75686	62786
截面数	5884	5880	5884	5880	5880	5850	6344	6336
R^2	0.033	0.338	0.091	0.070	0.438	0.443	0.398	0.357
F	133.0	576.0	143.4	144.5	508.6	1799	481.4	1619

注:①括号内为稳健标准误,***、**、* 分别表示在1%、5%、10%的水平上显著。②在 IV-GMM 估计时,将贸易成本的滞后1到2期作为工具变量。③为节省篇幅,常数项、个体效应及时间效应的估计结果没有报告。

表6—5和表6—6中的第（1）列与米鲁多等（Miroudot et al.，2012）的估计模型及方法相同，他们得到的结果分别为 −0.049（在1%水平上显著）和 −0.006（在10%水平上显著）。虽然我们的系数比他们的略低，但均在1%水平上显著。不过，在进一步引入其余变量的估计中，不论是OLS还是IV-GMM估计，表6—5和表6—6中的第（1）—（6）列中，所有变量并未改变其系数符号及统计显著性（均在1%水平上高度显著），这既表明我们选取的所有自变量均是服务业TFP及其增长的重要解释因素，同时也间接证明了米鲁多等（Miroudot et al.，2012）仅用双边贸易成本解释TFP及其增长不会导致严重的遗漏变量偏误。表6—5的第（5）列意味着，在控制技术差距、高技能劳动份额及信息通信技术资本等因素后，当双边服务贸易成本下降10%时，服务业TFP将增加0.15%，远远低于商品部门的1.1%。表6—6的第（5）列则表示，当双边服务贸易成本下降10%时，服务业TFP增长率将增加0.06%，同样远远低于商品部门的0.44%。[①]

表6—6　　以 TFP 增长率（$D.\ln TFP$）为被解释变量的估计结果

	服务部门						商品部门	
	(1)	(2)	(3)	(4)	(5)	(6)	(7)	(8)
	OLS	OLS	OLS	OLS	OLS	IV-GMM	OLS	IV-GMM
$L.ltijk8$	−0.0057***	−0.0066***	−0.0053***	−0.0057***	−0.0056***	−0.0105***	−0.0436***	−0.0589***
	(0.001)	(0.001)	(0.001)	(0.001)	(0.001)	(0.001)	(0.004)	(0.006)
$L.\ln TFP$	−0.1398***	−0.2129***	−0.1462***	−0.1484***	−0.2443***	−0.2744***	−0.3588***	−0.4205***
	(0.003)	(0.004)	(0.003)	(0.003)	(0.004)	(0.003)	(0.013)	(0.011)

① 实际上，我们还对高收入国家和中等收入国家（见表5—2的分类1）的子样本进行了分别回归，结果显示，我们得到的这些结论依然成立，即这些结论不因国家收入水平不同而存在明显差异。限于篇幅，分样本的估计结果没有给出。

	服务部门						商品部门	
	(1)	(2)	(3)	(4)	(5)	(6)	(7)	(8)
	OLS	OLS	OLS	OLS	OLS	IV-GMM	OLS	IV-GMM
ln*TGT*		0.1560 ***			0.1728 ***	0.2506 ***	0.2966 ***	0.3030 ***
		(0.004)			(0.004)	(0.003)	(0.014)	(0.008)
ln*HHS*			0.0224 ***		0.0499 ***	0.0681 ***	0.0515 ***	0.0450 ***
			(0.002)		(0.003)	(0.002)	(0.005)	(0.003)
ln*ICT*				-0.0248 ***	-0.0276 ***	-0.0350 ***	-0.0025	-0.0078 ***
				(0.001)	(0.001)	(0.001)	(0.003)	(0.003)
观察值	69150	69142	69150	69142	69142	57300	75686	62786
截面数	5884	5880	5884	5880	5880	5850	6344	6336
R^2	0.118	0.203	0.122	0.134	0.237	0.290	0.343	0.392
F	258.9	314.8	248.2	265.6	291.8	686.0	185.9	261.1

注:①括号内为稳健标准误,***、**、*分别表示在1%、5%、10%的水平上显著。②在 IV-GMM 估计时,将贸易成本的滞后 1 到 2 期作为工具变量。③为节省篇幅,常数项、个体效应及时间效应的估计结果没有报告。

对于控制变量而言,技术差距和高技能劳动份额对服务部门及商品部门 TFP 及其增长均存在显著的正向影响,即技术差距越大,高技能劳动份额越高,越能促进生产率及其增长的提升。范德玛瑞尔(van der Marel,2012)以服务业 TFP 增长率为因变量,将技术差距与服务贸易作为解释变量的估计结果显示,技术差距不存在显著的正向影响,多数贸易变量的系数不显著为正或显著为负;但将技术差距与贸易规制(准入壁垒、行为管制、FDI 准入限制等)作为解释变量的结果表明,技术差距对服务业 TFP 增长具有显著的正向作用,服务规制变量存在显著或不显著的反向影响。据此他们认为是服务贸易规制而不是服务贸易解释了生产率增长。实际上,根据国际贸易成本测度框架,各类贸易管制只是贸易成本的重要来源。因此,我们的结论与他们的基本一致。因卡拉等(Inklaar et al.，2008a）得到的技术差距变量系数也显著为正，规制变量显著为负。这都充分说明了落后国家对技术先进国家的追赶效应能够显著促进一个国家生产率及其增长率的提升。[①] 与我们的结论相同，因卡拉等（Inklaar et al.，2008a，2008b）和马克莫罗等（Mc Morrow et al.，2010）的研究也表明，高技能劳动者对 TFP 增长存在正向影响，但范德玛瑞尔（van der Marel，2012）却得到了显著为负的结论。一般而言，在其他条件不变的情况下，高技能劳动者应该具有更高的生产率表现。估计结果显示，信息通信技术资本对服务业生产率及其增长存在反向影响，但对商品部门的影响存在差异，以 TFP 水平值为因变量的回归系数显著为正，以增长率为因变量的回归则不存在显著影响，可见该因素对生产率的作用在服务部门与商品部门存在一定差异，这与因卡拉等（Inklaar et al.，2008a）和范德玛瑞尔（van der Marel，2012）基本一致。

进一步，表6—7报告了贸易成本在生产性和生活性服务业生产率中的表现差异（部门划分见表5—3）。作为一种稳健性检验手段，我们同时运用 OLS 和 IV-GMM 估计方法。结果显示两种估计方法只是略微改变了各变量系数值，但系数符号及统计显著性并无实质性改变。生产性服务贸易成本下降会带来更高的 TFP ［第（1）列］及其增长率［第（5）列］，贸易成本下降10%，生产性服务业 TFP 及其增长率会相应提高 0.16% 和 0.05%，这与服务业总体样本的估计结果（0.15% 和 0.06%）基本接近。与此相反，并没有证据表明生活性服务贸易成本与更高的生产率及更快的生产率增长相对应，这意味着双边服务贸易成本下降引起的更高生产率及其增长主要是由生产性服务部门带来的。由于生产性服务业的可贸易

---

① 奥尔特加—阿希莱斯（Ortega-Argiles，2012）对欧盟与美国之间存在较大生产率差距的主要原因进行了文献综述，认为原因是异常复杂的，不过其中的一个重要解释是美国的"新经济"（new economy）或"知识经济"具有较高的绩效。

性高于生活性服务业，且生活性服务业中的教育、医疗保健等涉及一个国家的安全问题，所以该结论与现实基本相符。

表6—7　　　　　　　　生产性服务业与生活性服务业的差异表现

	lnTFP				D. lnTFP			
	生产性服务业		生活性服务业		生产性服务业		生活性服务业	
	OLS	IV-GMM	OLS	IV-GMM	OLS	IV-GMM	OLS	IV-GMM
	(1)	(2)	(3)	(4)	(5)	(6)	(7)	(8)
L. ltijk8	-0.0161 ***	-0.0108 ***	0.0055 **	0.0074 ***	-0.0046 ***	-0.0091 ***	-0.0010	0.0014
	(0.004)	(0.003)	(0.002)	(0.002)	(0.002)	(0.002)	(0.001)	(0.002)
L. lnTFP					-0.2949 ***	-0.3358 ***	-0.3815 ***	-0.4714 ***
					(0.005)	(0.004)	(0.008)	(0.007)
lnTGT	0.6298 ***	0.7143 ***	0.5553 ***	0.5716 ***	0.2269 ***	0.3327 ***	0.2251 ***	0.2949 ***
	(0.009)	(0.005)	(0.011)	(0.005)	(0.005)	(0.004)	(0.007)	(0.005)
lnHHS	0.1850 ***	0.1723 ***	0.0934 ***	0.0697 ***	0.0450 ***	0.0608 ***	0.0240 ***	0.0335 ***
	(0.007)	(0.004)	(0.007)	(0.004)	(0.003)	(0.002)	(0.003)	(0.003)
lnICT	-0.0771 ***	-0.0719 ***	-0.0302 ***	-0.0324 ***	-0.0325 ***	-0.0390 ***	-0.0182 ***	-0.0230 ***
	(0.003)	(0.002)	(0.003)	(0.001)	(0.001)	(0.001)	(0.001)	(0.001)
观察值	46494	38624	22648	18676	46494	38624	22648	18676
截面数	3922	3910	1958	1940	3922	3910	1958	1940
R^2	0.544	0.580	0.698	0.697	0.306	0.385	0.348	0.424
F	831.9	3009	536.1	1700	294.0	695.6	263.9	531.3

注：①括号内为稳健标准误，*** 、** 、* 分别表示在1%、5%、10%的水平上显著。②在 IV-GMM 估计时，将贸易成本的滞后1到2期作为工具变量。③为节省篇幅，常数项、个体效应及时间效应的估计结果没有报告。

二　稳健性检验

为了检验被解释变量选取、双边贸易成本计算及控制变量衡量等对估计结果的影响，我们对表6—5和表6—6采用了一些方法进行稳健性分析：第一，为考察替代弹性是否影响估计结果，我们另外计算了 $\sigma = 5$ 和 $\sigma = 10$ 的双边贸易成本，进而采取与表6—5和表

6—6 相同的设定进行估计，结果列于表 6—8 的第（3）—（4）列和第（7）—（8）列。第二，保持其他变量不变，仅将以劳动时间表示的高技能劳动份额指标（lnHHS）替换为以劳动补偿（lnLHS）表示，结果列于第（1）列和第（5）列。第三，保持其他变量不变，将被解释变量 TFP 替换为劳动生产率，相应地将以 TFP 表示的技术差距替换为以劳动生产率（lnTGL）表示，结果列于第（2）列和第（6）列。结果表明，各种稳健性检验并未对服务贸易成本影响服务业生产率及其增长的结果产生实质性的影响。因此，得到的服务贸易成本下降与更高的服务业生产率（以 TFP 和 LP 表示）及其增长相对应的结论是稳健的。

表6—8　　　　　　　　　　跨国面板数据的稳健性分析结果

	OLS							
	$\sigma=8$		$\sigma=5$	$\sigma=10$	$\sigma=8$		$\sigma=5$	$\sigma=10$
	lnTFP	lnLP	lnTFP	lnTFP	D. lnTFP	D. lnLP	D. lnTFP	D. lnTFP
	(1)	(2)	(3)	(4)	(5)	(6)	(7)	(8)
$L.\ ltijk$	−0.0119 ***	−0.0105 **	−0.0113 ***	−0.0168 ***	−0.0048 ***	−0.0065 ***	−0.0041 ***	−0.0062 ***
	(0.003)	(0.004)	(0.002)	(0.004)	(0.001)	(0.001)	(0.001)	(0.001)
$L.$ lnTFP					−0.2463 ***		−0.2444 ***	−0.2443 ***
					(0.004)		(0.004)	(0.004)
$L.$ lnLP						−0.2070 ***		
						(0.004)		
lnTGT	0.5634 ***		0.5733 ***	0.5732 ***	0.1716 ***		0.1728 ***	0.1727 ***
	(0.008)		(0.009)	(0.009)	(0.004)		(0.004)	(0.004)
lnTGL		0.6357 ***				0.1767 ***		
		(0.011)				(0.004)		
lnHHS		0.3627 ***	0.2273 ***	0.2272 ***		0.0527 ***	0.0499 ***	0.0499 ***
		(0.009)	(0.007)	(0.007)		(0.003)	(0.003)	(0.003)
lnLHS	0.2334 ***				0.0531 ***			
	(0.006)				(0.003)			

续表

	OLS							
	$\sigma=8$		$\sigma=5$	$\sigma=10$	$\sigma=8$		$\sigma=5$	$\sigma=10$
	ln*TFP*	ln*LP*	ln*TFP*	ln*TFP*	D.ln*TFP*	D.ln*LP*	D.ln*TFP*	D.ln*TFP*
	(1)	(2)	(3)	(4)	(5)	(6)	(7)	(8)
ln*ICT*	-0.0663 ***	-0.0747 ***	-0.0694 ***	-0.0693 ***	-0.0270 ***	-0.0276 ***	-0.0276 ***	-0.0276 ***
	(0.003)	(0.004)	(0.003)	(0.003)	(0.001)	(0.001)	(0.001)	(0.001)
观察值	69142	69142	69142	69142	69142	69142	69142	69142
截面数	5880	5880	5880	5880	5880	5880	5880	5880
R^2	0.443	0.612	0.438	0.438	0.239	0.234	0.237	0.237
F	543.1	733.8	508.9	508.5	302.3	341.5	291.7	291.9

注:①括号内为稳健标准误,***、**、*分别表示在1%、5%、10%的水平上显著。②为节省篇幅,常数项、个体效应及时间效应的估计结果没有报告。

第六节　服务贸易成本与服务业生产率:中国悖论

一　结果及讨论

由于 EU KLEMS 中没有中国分部门的 TFP 及 LP 数据,所以需要进行测度。TFP 的测度方法依然采用可以避免技术退步的序列 DEA-Malmquist 生产率指数法[①],并将其转换为以 1995 年为基期的累计变化率形式,即 1995 年的 TFP 为 100,1996 年的 TFP 等于 1995 年的 TFP 乘以 1996 年的 Malmquist 生产率指数,依此类推。这一处理方法与 EU KLEMS 中采用增长核算法计算的 TFP 指数 (1995=100) 保持一致,且被解释变量是中国与跨国分析中 19 个经济体的几何平均值,因此测算方法不会影响到最终结论。劳动生产率则用部门增加值除以劳动投入表示。基础数据即增加值、资本

---

① 序列 DEA-Malmquist 生产率指数法的具体原理参见第三章的详细介绍。

存量和劳动投入取自 WIOD 的社会经济核算（SEA）数据库，且增加值和资本存量均为 1995 年价格表示的实际值。鉴于服务业中两个部门（50 和 P）缺乏相应数据，故它们不参与到构造技术前沿面的计算中来。因此，最终用来构造最佳实践前沿面的部门共有 33 个，即服务业部门 15 个、商品部门 18 个（见表 5—3）。对中国双边贸易成本与生产率及其增长关系的模型设定及估计方法与跨国数据分析保持一致。

表 6—9 报告了中国以 TFP 水平值为被解释变量的估计结果，第（1）—（6）列均未发现服务贸易成本下降对服务业生产率的显著促进作用。与此相反，中国对外商品贸易成本与商品部门 TFP 的关系与跨国数据分析的结论一致，即贸易成本下降有助于商品部门的 TFP 增长。当其他条件不变时，双边商品贸易成本每下降 10%，商品部门 TFP 平均增长 1.6%，这一数值高于跨国数据分析中的 1.1%。不过，技术差距、高技能劳动以及信息通信技术资本等控制变量的估计结果与跨国分析基本一致。从第（2）—（5）列的 R^2 数值变化及各变量的系数大小可以看出，技术差距对服务业生产率的解释力最强。

表6—9　中国以 TFP 水平值（ln*TFP*）为被解释变量的估计结果

	服务部门						商品部门	
	(1)	(2)	(3)	(4)	(5)	(6)	(7)	(8)
	OLS	OLS	OLS	OLS	OLS	IV-GMM	OLS	IV-GMM
L. l*tijk*8	0.0456	0.0243	0.0218	0.0451	0.0148	0.0251	-0.1646***	-0.2958***
	(0.047)	(0.017)	(0.046)	(0.047)	(0.017)	(0.019)	(0.040)	(0.035)
ln*TGT*		0.9013***			0.8919***	0.9060***	0.3725***	0.3712***
		(0.015)			(0.015)	(0.013)	(0.048)	(0.021)
ln*HHS*			0.3419***		0.1336***	0.0461*	-0.0431*	-0.0542***
			(0.103)		(0.044)	(0.026)	(0.023)	(0.012)

续表

	服务部门						商品部门	
	(1)	(2)	(3)	(4)	(5)	(6)	(7)	(8)
	OLS	OLS	OLS	OLS	OLS	IV-GMM	OLS	IV-GMM
lnICT				−0.0264	−0.0205	−0.0271 ***	−0.0182	−0.0209 **
				(0.030)	(0.014)	(0.009)	(0.011)	(0.009)
观察值	1570	1570	1570	1570	1570	1267	3480	2891
截面数	150	150	150	150	150	143	292	291
R^2	0.460	0.915	0.479	0.461	0.918	0.902	0.774	0.767
F	93.70	1005	88.49	87.11	1013	721.1	194.9	546.2

注:①括号内为稳健标准误,***、**、*分别表示在1%、5%、10%的水平上显著。②在 IV-GMM 估计时,将贸易成本的滞后 1 到 2 期作为工具变量。③为节省篇幅,常数项、个体效应及时间效应的估计结果没有报告。

表 6—10 报告了中国以 TFP 增长率为被解释变量的估计结果,第(1)、(3)、(4)列的结果与跨国分析一致,即贸易成本系数显著为负。然而,在引入技术差距变量(lnTGT)后的第(2)和(5)列,贸易成本系数虽仍为负数,但已不再统计显著,这说明遗漏技

表 6—10　中国以 TFP 增长率($D.$lnTFP)为被解释变量的估计结果

	服务部门						商品部门	
	(1)	(2)	(3)	(4)	(5)	(6)	(7)	(8)
	OLS	OLS	OLS	OLS	OLS	IV-GMM	OLS	IV-GMM
$L.$ $ltijk8$	−0.0366 ***	−0.0063	−0.0413 ***	−0.0369 ***	−0.0119	0.0061	−0.0927 ***	−0.1945 ***
	(0.013)	(0.014)	(0.014)	(0.013)	(0.014)	(0.015)	(0.023)	(0.031)
$L.$ lnTFP	−0.2502 ***	−0.6480 ***	−0.2559 ***	−0.2506 ***	−0.6559 ***	−0.6072 ***	−0.3809 ***	−0.4831 ***
	(0.012)	(0.040)	(0.013)	(0.012)	(0.041)	(0.034)	(0.055)	(0.045)
lnTGT		0.5653 ***			0.5666 ***	0.6035 ***	0.2023 ***	0.2422 ***
		(0.047)			(0.047)	(0.038)	(0.045)	(0.028)
lnHHS			0.0765 **		0.0872 ***	0.0344 *	−0.0357 ***	−0.0498 ***
			(0.031)		(0.033)	(0.019)	(0.013)	(0.010)

续表

	服务部门						商品部门	
	(1)	(2)	(3)	(4)	(5)	(6)	(7)	(8)
	OLS	OLS	OLS	OLS	OLS	IV-GMM	OLS	IV-GMM
lnICT				−0.0177**	−0.0187*	−0.0188***	−0.0098	−0.0116
				(0.009)	(0.010)	(0.007)	(0.010)	(0.007)
观察值	1570	1570	1570	1570	1570	1267	3480	2891
截面数	150	150	150	150	150	143	292	291
R^2	0.525	0.772	0.529	0.527	0.779	0.689	0.304	0.392
F	148.5	263.6	142.4	143.4	238.7	63.08	16.42	13.82

注：①括号内为稳健标准误，***、**、*分别表示在1%、5%、10%的水平上显著。②在 IV-GMM 估计时，将贸易成本的滞后1到2期作为工具变量。③为节省篇幅，常数项、个体效应及时间效应的估计结果没有报告。

术差距因素将导致估计结果的偏误。因此，我们得出结论，即中国对外服务贸易成本下降并未带来服务业生产率增长的提高。不过，商品部门的估计结果与跨国分析基本一致。当其他条件不变时，双边商品贸易成本下降10%会带来 TFP 增长率提高0.9%，这一数值高于跨国数据分析中的0.4%。同样地，技术差距对服务业生产率增长的解释力最强。

进一步，在对中国生产性服务业与生活性服务业的分别估计中（表6—11），我们不仅没有发现服务贸易成本下降对服务业生产率及其增长的提升效应，而且生产性服务贸易成本与生产率及其增长以及生活性服务贸易成本与生产率之间更是表现出了显著的正向关系。在跨国面板的估计结果中，服务贸易成本下降对生产率及其增长的提升效应主要是由生产性服务部门带来的，而表6—11并未得到与其一致的结论。所以我们将中国的这一特定表现（表6—9、表6—10、表6—11）称为"对外服务贸易成本的生产率效应悖论"现象。我们认为可能的原因：一是由于国内服务部门的开放还没有达到应有的程度,由规制等壁垒引起的服务贸易成本仍然较高,贸易成本的下降幅度不够(根据附录 A 表 A—1 和表 A—2,中国与各经济体的服务贸易成本下降幅度低于商品贸易成本),还未达到发挥效应的贸易成本门槛水平;二是服务部门的生产率及其增长滞后于商品部门,即服务部门相对较难取得生产率增长,那么相同的贸易成本下降对商品部门生产率的提升作用反而会更大一些,所以中国与各经济体的双边商品贸易成本下降对商品部门生产率仍存在显著为正的影响,而服务部门没有;三是由于服务贸易成本是两国间的几何平均值,其水平及下降幅度不仅受到中国的影响,而且还受到贸易伙伴的影响。同时,被解释变量 TFP 的水平及增长率也同样受到两国间的共同影响。因此,对于中国的这一悖论现象,还需我们在今后作更深入的原因探析。

表6—11 中国生产性服务业与生活性服务业的差异表现

	lnTFP				D. lnTFP			
	生产性服务业		生活性服务业		生产性服务业		生活性服务业	
	OLS	IV-GMM	OLS	IV-GMM	OLS	IV-GMM	OLS	IV-GMM
	(1)	(2)	(3)	(4)	(5)	(6)	(7)	(8)
L. ltijk8	0.0780 ***	0.1857 ***	0.0289 **	0.0218 *	0.0359 **	0.1143 ***	0.0050	0.0034
	(0.020)	(0.028)	(0.014)	(0.013)	(0.015)	(0.026)	(0.010)	(0.009)
L. lnTFP					−0.6911 ***	−0.7115 ***	−0.5957 ***	−0.4855 ***
					(0.043)	(0.037)	(0.040)	(0.031)
lnTGT	0.8211 ***	0.8169 ***	0.7754 ***	0.7405 ***	0.7002 ***	0.7324 ***	0.3396 ***	0.2905 ***
	(0.029)	(0.025)	(0.021)	(0.014)	(0.043)	(0.036)	(0.048)	(0.029)
lnHHS	0.1043 *	−0.0093	0.0742 **	0.0158	0.0944 **	0.0176	0.0156	−0.0184
	(0.054)	(0.038)	(0.032)	(0.014)	(0.037)	(0.031)	(0.018)	(0.011)
lnICT	−0.0208	−0.0277 ***	−0.0092	−0.0097	−0.0130	−0.0181 ***	−0.0108	−0.0105 **
	(0.015)	(0.010)	(0.013)	(0.007)	(0.010)	(0.007)	(0.008)	(0.005)
观察值	888	727	682	540	888	727	682	540
截面数	81	79	69	64	81	79	69	64

续表

	lnTFP				D. lnTFP			
	生产性服务业		生活性服务业		生产性服务业		生活性服务业	
	OLS	IV-GMM	OLS	IV-GMM	OLS	IV-GMM	OLS	IV-GMM
	(1)	(2)	(3)	(4)	(5)	(6)	(7)	(8)
R^2	0.952	0.935	0.949	0.934	0.832	0.772	0.933	0.791
F	944.6	655.2	1369	479.2	1862	86.36	650.4	105.7

注：①括号内为稳健标准误，***、**、*分别表示在1%、5%、10%的水平上显著。②在IV-GMM估计时，将贸易成本的滞后1到2期作为工具变量。③为节省篇幅，常数项、个体效应及时间效应的估计结果没有报告。

二 稳健性检验

与跨国面板数据分析相同，我们对表6—9和表6—10采用如下方法进行稳健性检验，结果报告于表6—12。第一，为考察替代弹性是否影响估计结果，我们另外计算了 $\sigma=5$ 和 $\sigma=10$ 的双边贸易成本，进而采取与表6—9和表6—10相同的设定进行估计，结果列于第（3）—（4）列和第（7）—（8）列。第二，保持其他变量不变，仅将以劳动时间表示的高技能劳动份额指标（lnHHS）替换为以劳动补偿（lnLHS）表示，结果列于第（1）列和第（5）列。第三，保持其他变量不变，将被解释变量TFP替换为劳动生产

表6—12　　　　　　　　　中国的稳健性分析结果

	OLS							
	$\sigma=8$		$\sigma=5$	$\sigma=10$	$\sigma=8$		$\sigma=5$	$\sigma=10$
	lnTFP	lnLP	lnTFP	lnTFP	D. lnTFP	D. lnLP	D. lnTFP	D. lnTFP
	(1)	(2)	(3)	(4)	(5)	(6)	(7)	(8)
L. ltijk	0.0171	−0.0296	0.0118	0.0158	−0.0106	−0.0133	−0.0076	−0.0139
	(0.016)	(0.026)	(0.012)	(0.019)	(0.013)	(0.012)	(0.010)	(0.016)
L. lnTFP					−0.6574 ***		−0.6562 ***	−0.6558 ***
					(0.041)		(0.041)	(0.041)

续表

	OLS							
	$\sigma=8$		$\sigma=5$	$\sigma=10$	$\sigma=8$		$\sigma=5$	$\sigma=10$
	lnTFP	lnLP	lnTFP	lnTFP	D. lnTFP	D. lnLP	D. lnTFP	D. lnTFP
	(1)	(2)	(3)	(4)	(5)	(6)	(7)	(8)
$L.$lnLP						−0.4192 ***		
						(0.042)		
lnTGT	0.8906 ***		0.8919 ***	0.8920 ***	0.5668 ***		0.5668 ***	0.5665 ***
	(0.014)		(0.015)	(0.015)	(0.047)		(0.047)	(0.047)
lnTGL		0.8308 ***				0.4477 ***		
		(0.046)				(0.052)		
lnHHS		0.1192 *	0.1334 ***	0.1337 ***		0.0651 **	0.0866 ***	0.0875 ***
		(0.071)	(0.044)	(0.044)		(0.029)	(0.033)	(0.033)
lnLHS	0.1528 ***				0.1052 ***			
	(0.045)				(0.033)			
lnICT	−0.0180	−0.0249	−0.0205	−0.0206	−0.0170 *	−0.0121	−0.0187 *	−0.0187 *
	(0.014)	(0.022)	(0.014)	(0.014)	(0.010)	(0.009)	(0.010)	(0.010)
观察值	1570	1570	1570	1570	1570	1570	1570	1570
截面数	150	150	150	150	150	150	150	150
R^2	0.919	0.894	0.918	0.918	0.781	0.538	0.779	0.779
F	1021	458.8	1003	1018	241.2	131.4	238.3	238.8

注:①括号内为稳健标准误,*** 、** 、* 分别表示在1%、5%、10%的水平上显著。②为节省篇幅,常数项、个体效应及时间效应的估计结果没有报告。

率,相应地将以 TFP 表示的技术差距替换为以劳动生产率(lnTGL)表示,结果列于第(2)列和第(6)列。结果表明,各种稳健性检验并未对服务贸易成本影响服务业生产率及其增长的结果产生实质性影响。因此,得到的"中国对外服务贸易成本的生产率效应悖论"结果是稳健的。

第七节 本章小结

本章遵循伯纳德等（Bernard et al.，2006）、因卡拉等（Inklaar et al.，2008a）、米鲁多等（Miroudot et al.，2012）和范德玛瑞尔（van der Marel，2012）的建模思路和估计方法，并根据第五章的双边贸易成本及 EU KLEMS 和 SEA 中的各变量数据，对 19 个主要经济体的 44 个部门以及中国与这 19 个经济体的 33 个部门，在1995—2007 年的双边贸易成本与服务业生产率及其增长的关系进行了经验估计和分析，主要结论如下。

（1）19 个主要经济体的 7 大行业 TFP 年均增长率在各国间的差异较大。从各行业在各国间的平均值来看，1995—2007 年，TFP 年均增长率为正的行业有 4 个，从高到低依次是：制造业、农业、生产性服务业、电力燃气及水的生产和供应业；其余 3 个行业则为负增长，降速从高到低依次是：建筑业、采矿业、生活性服务业。生活性服务业的降速与范德玛瑞尔（van der Marel，2012）及艾肯格林和古普塔（Eichengreen and Gupta，2013）采用类似数据的研究结论相似。7 大行业的 TFP 年均增长率排序与第五章的平均贸易成本排序基本呈相反关系。初步的散点图和相关系数也表明，不论是服务部门还是商品部门，较低的贸易成本与较高的行业 TFP 相对应。

（2）基于前期相关研究成果，在充分考虑遗漏重要解释变量等可能带来内生性问题的前提下，我们与米鲁多等（Miroudot et al.，2012）不同，除了双边贸易成本这一核心解释变量外，还引入了技术差距、高技能劳动份额、信息通信技术资本份额等对服务业生产率有重要影响的控制变量。采用跨国分部门大样本数据（近 70000

个观测值）的估计结果表明，服务部门与商品部门具有相同的表现，即更低的贸易成本与更高的生产率及更快的生产率增长相联系。平均而言，当双边服务贸易成本下降10%时，服务业 TFP 及其增长分别提高0.15%和0.06%，但远远低于商品部门的1.1%和0.44%。特别是该提升效应主要体现在生产性服务部门，贸易成本下降10%会引起生产性服务业 TFP 及其增长分别提高0.16%和0.05%，而生活性服务部门并未表现出显著的促进作用。这一结论为我们通过扩大服务业开放，降低国际服务贸易成本来提升一个国家服务业生产率及其增长提供了跨国经验证据。

（3）将跨国分析的基本设定和逻辑应用到中国（近1600个观测值）。在以 TFP 水平值为被解释变量的估计结果中，我们并未发现双边服务贸易成本与服务业生产率的显著负向关系。在以 TFP 增长率为被解释变量的估计中，如果遗漏技术差距这个重要控制变量，将会导致贸易成本系数的估计结果有偏。在同时包含贸易成本、技术差距、高技能劳动份额及信息通信资本份额的估计结果中，中国对外双边服务贸易成本下降也不能带来服务业生产率增长的提高。不过，与跨国分析的结论一致，中国商品部门的双边贸易成本下降对生产率水平及其增长均有显著的促进作用。结果显示，不论是服务部门还是商品部门，技术差距对生产率及其增长提升的解释力最强。

（4）在进一步对中国生产性服务业与生活性服务业的分别估计中，我们不仅没有发现贸易成本下降对生产率及其增长的提升效应，而且生产性服务贸易成本与生产率及其增长以及生活性服务贸易成本与生产率之间更是表现出了显著的正向关系。而在跨国分析中，服务贸易成本下降对生产率及其增长的提升效应主要是由生产性服务业带来的。因此，不论是总体样本还是分行业样本（生产性服务业和生活性服务业），国际服务贸易成本下降并未带来服务业生产率及其增长的提升。不过，中国商品部门的表现与跨国分析的结论一致。我们将中国服务业的这一特定表现与跨国结论的不一致，称为"中国对外服务贸易成本的生产率效应悖论"现象，并且对此提出了三种可能的解释。

（5）在跨国面板数据的大样本检验以及针对中国的特定分析中，我们均进行了多种稳健性检验，包括改变贸易成本计算公式中的替代弹性值、改变重要控制变量如高技能劳动份额的衡量方法、改变被解释变量的衡量指标，同时采用 OLS 和 IV-GMM 估计方法等。结果均表明，这些改变不会对得到的重要结论产生实质性影响，因此本章得到的结论是稳健和可信的。

第七章

主要结论及政策启示

第一节　主要结论

本书在异质性企业贸易理论的分析框架内,将服务企业异质性作为分析的假设前提,从中国服务进出口的生产率效应出发,探讨服务贸易成本下降促进服务业生产率提升的微观机理,进而利用世界投入产出表的大样本数据对各国多边及双边服务贸易成本进行了全面测度,并对国际服务贸易成本的生产率效应进行了跨国经验考察。全书的主要研究结论可以概括为如下几点。

(1) 中国服务业 TFP 整体呈上升趋势,但技术效率与技术进步的增长方向相反。在 20 世纪 90 年代,TFP 增长的主导因素是技术效率改进,在进入 21 世纪后,则主要是技术进步提高。且服务业各行业的 TFP、技术效率与技术进步增长均存在较大的行业异质性,对于行业异质性现象,我们提出了三种可能的解释:一是现代信息技术对不同服务业企业资源配置的异质影响。二是中国服务业体制改革的渐进式道路。三是由某些行业的自身性质决定。中国服务业进出口的国际地位日益提升,但总体上仍表现出了三大特征,即总量增长与贸易逆差并存,服务贸易部门结构失衡,较多部门的国际竞争力呈上升趋势但仍然较弱;进一步,我们基于细分行业层面的服务进出口和 TFP 数据，控制了国内研发、资本密集度、服务业部门结构、行业平均实际工资以及人力资本水平、外向 FDI、内向 FDI 等因素，并充分考虑可能存在的各种内生性问题，根据固定效应估计的结果显示，样本期内，是服务进口（而非出口）显著促进了中国服务业生产率提升，从而得到了服务贸易显著影响服务业生产率的经验证据。五个方面的稳健性检验结果表明以上结论是稳定和可靠的。

（2）尽管贸易成本的绝对水平依赖于替代弹性的不同取值，但其相对模式是十分清楚的，即不论是总体样本还是按收入水平的国家分类样本，测算结果均表明国际服务贸易成本要远远高于商品贸易成本；与米鲁多等（Miroudot et al.，2010）的结论不同，我们的测度结果表明，国际服务贸易成本的演变趋势轨迹与商品贸易成本的演变趋势轨迹基本一致，即两者均处于下降通道，且服务贸易成本的下降速度低于商品贸易成本，这对于多数经济体的多边贸易成本演变以及按收入水平的国家分类样本也是成立的。进一步的国家分类样本测度结果也表明，无论是服务贸易还是商品贸易，高收入经济体的贸易成本水平均要低于中等收入经济体的贸易成本水平，且前者在进入 21 世纪后的贸易成本下降速度要低于后者；全球生活性服务贸易成本的绝对水平要远远高于生产性服务贸易成本的绝对水平，大约是生产性服务贸易成本的近两倍，且生活性服务贸易成本的下降速度也要低于生产性服务贸易成本的下降速度。

（3）中国对外服务贸易成本与商品贸易成本均呈下降趋势，不论是服务贸易还是商品贸易，中国与高收入经济体的贸易成本均要低于与中等收入经济体的贸易成本。在变动趋势方面，中国与中等收入经济体的商品贸易成本下降幅度要高于与高收入经济体的商品贸易成本，但服务贸易无明显差异。总体而言，中国与各伙伴国的双边服务贸易成本要高于商品贸易成本，但两者的降幅并不存在较大差异。由此可见，中国对外服务贸易成本演变与全球范围的规律特征基本一致。与此同时，1995—2009 年，中国贸易成本水平及其变动幅度均存在较大的部门差异性，贸易成本从高到低依次是：生活性服务业、电力燃气及水的生产和供应业、建筑业、生产性服务业、农业、采矿业和制造业；生产性服务业中的运输（水运、空运等）及邮电通信部门的贸易成本相对较低，但与多数制造业部门相比仍然较高。通过计算 $\sigma = 5$（低弹性）和 $\sigma = 10$（高弹性）时的各部门贸易成本情况，我们发现不同替代弹性对贸易成本的绝对水平确实有较大影响，但这并没有改变中国各部门的贸易成本变动趋势，说明该研究结论对于替代弹性而言是稳健的。

（4）国际服务贸易成本在政策壁垒、时区及时间因素等方面区别于商品贸易成本；构建的数理经济模型表明，短期内在企业生产率保持不变的假设下，服务贸易成本下降带来的出口扩张、进口渗透以及竞争加剧会使行业内的低生产率企业被迫退出市场、存活企业的市场份额向高生产率企业转移，进而促使行业内的资源从低生产率企业转向高生产率企业，最终提升行业总生产率水平。长期内在企业生产率可变的条件下，服务贸易成本下降可以通过进口技术溢出和出口学习效应降低引进高技术的固定成本，进而激励企业选择高技术来促进企业技术进步，最终提升行业总生产率。基于数理模型的分析结果，得到了本书待检验的理论假说，即服务贸易成本下降能够促进服务业生产率提升。

（5）19 个主要经济体的 7 大行业 TFP 年均增长率在各国间的差异较大。从各行业在各国间的平均值来看，1995—2007 年的 TFP 年均增长率由高到低依次是制造业、农业、生产性服务业、电力燃气及水的生产和供应业、生活性服务业、采矿业、建筑业，这一排序与平均贸易成本排序基本呈相反关系。进一步的散点图和相关系数也表明，不论是服务部门还是商品部门，贸易成本与 TFP 均存在反向关系。基于理论分析及前期相关研究成果，除双边贸易成本这一核心解释变量外，还通过引入技术差距、高技能劳动份额、信息通信技术资本份额等控制变量，以降低遗漏重要解释变量可能带来的内生性偏误。采用跨国分部门大样本数据（近70000个观测值）的估计结果表明，服务部门与商品部门相同，更低的贸易成本与更高的生产率及更快的生产率增长相联系，且这一效应主要体现在生产性服务部门。这一结论为我们通过扩大服务业开放，降低国际服务贸易成本来提升一个国家服务业生产率及其增长提供了跨国经验证据。

（6）在对中国双边服务贸易成本与服务业生产率关系的检验中，我们并未发现服务贸易成本下降对服务业生产率及其增长的提升作用。不过，与跨国分析的结论一致，中国商品部门的双边贸易成本下降对生产率水平及其增长均存在显著的促进作用。结果还显示，不论是服务部门还是商品部门，技术差距对生产率及其增长提升的解释力最强。进一步，在对中国生产性服务业与生活性服务业的分样本估计中，我们同样不能找到贸易成本下降提升服务业生产率及其增长的证据。而在跨国分析中，服务贸易成本下降对服务业生产率及其增长的提升效应主要是由生产性服务业带来的。因此，不论是总体样本还是分行业样本（生产性服务业和生活性服务业），国际服务贸易成本下降并未带来服务业生产率及其增长的提升。不过，中国商品部门的表现与跨国分析的结论一致。我们将中国服务业的这一特定表现与跨国结论的不一致，称为"中国对外服务贸易成本的生产率效应悖论"现象，并对此提出了三种可能的解释：一是由国内规制等壁垒引起的服务贸易成本仍然较高，贸易成本的下降幅度不够，还未达到发挥效应的门槛水平；二是服务部门相对于商品部门更难获得生产率增长，相同的贸易成本下降对服务部门生产率的提升作用会低一些；三是服务贸易成本和生产率指标均是两国间的几何平均值，其受中国和贸易伙伴国的共同影响。在多种稳健性检验结果中，以上结论同样成立。

第二节　政策启示

根据本书的研究，中国服务业生产率存在较大的行业异质性。理论分析表明，贸易成本通过行业内资源再配置效应和企业技术选择效应可以促进服务业生产率及其增长提升。进而在服务贸易成本远远高于商品贸易成本的现实背景下，大样本的跨国经验证据支持了理论假说，但中国的特定样本并未得到一致结论。在此基础上，基于服务业对外开放与服务业生产率提升的视角，可以得到对新时代推动形成全面开放新格局的政策启示。

（1）考虑到细分行业的生产率异质性及其主导机制差异以及服务业的构成庞杂、性质差异和目标多元等复杂性特征（江小涓，2011），其发展应该分门别类、实事求是地推进（刘培林、宋湛，2007）。在制定合理可行的人力资本培育战略时，也应该兼顾到服务业各行业对人力资本的异质性需求。需要指出的是，虽然运用先进的研究方法揭示了服务业分行业生产率的现实表现，但为了谨慎起见，进一步的原因透视及政策含义解读还有待今后更加深入的研究。对于中国服务贸易发展，我们应该从微观的服务企业角度出发，通过完善针对国内服务企业的各种政策来提升国际竞争力。经验证据显示服务进口显著促进了中国服务业生产率提升，米鲁多等（Miroudot et al.，2009）和 OECD（2010）的研究也表明服务进口在提升企业生产率、竞争力以及一个国家的总生产率中具有重要作用。因此，从提高生产率视角出发，当前我们不能因为逆差的存在而片面强调服务出口的重要性，而应该保持服务进口和出口的良性互动发展，因为服务出口对服务业经济增长的长期效应（王恕立、胡宗彪，2009）更为明显。

（2）鉴于服务贸易成本下降通过行业内资源再配置效应促进服务业生产率提升需要承担一定的成本，而服务企业进入或退出某一行业的壁垒是影响资源再配置过程的重要因素之一。因此，服务领域的产业政策与制度安排应注重降低进入或退出某一行业的沉没成本，以保证资源再配置过程的顺畅，进而获得更多的生产率提升效应。然而，对处于转轨和高速增长的中国经济而言，规模较大的服务企业退出或进入市场只是一个自然的过程，一个国家不可能持续依靠新企业的不断进入来维持经济增长（张维迎，2004）。长期来看，企业自身的技术进步才是经济增长的持续动力。正如姚战琪（2010）指出的，如果中国服务企业不注重高新技术的开发与应用，那么已经具备的比较优势将随着中国经济逐步国际化而丧失殆尽，所以中国通过技术进步推动现代服务业发展和迅速提高服务业生产率已是当务之急。因此，国家应鼓励服务企业提高自主创新能力和加快技术进步，为实现中国服务经济的大发展提供重要保障。

（3）考虑到服务贸易成本下降的生产率提升效应，我们应继续扩大服务业对外开放，且服务业开放应体现国家发展战略（裴长洪、彭磊，2008），继续鼓励引进国外服务业的现代化管理经验、先进技术以及现代市场运作方式（姚战琪，2010）。一方面，在GATS框架内，顺应服务贸易自由化趋势，积极加强与伙伴国之间的经贸合作，灵活而又不失原则地凭借多边贸易体制和双边贸易协定等多种途径，打破一些国家或地区针对中国服务出口设置的壁垒，为中国服务企业的对外贸易创造一个宽松有利的国际环境（邵学言、刘洪铎，2011）；另一方面，我们也应遵循入世承诺，逐步加大服务领域对外开放的范围和层次，放宽市场准入、完善竞争机制，减少中国对服务进口设置的各种壁垒。从而降低服务出口和进口两个方向上的贸易成本，以发挥贸易成本下降的生产率提升效应。

（4）无论是跨国经验考察还是针对中国的检验，结果均显示高技能劳动对服务业生产率及其增长具有显著的正向作用。因此，在降低双边服务贸易成本的同时，也应重视服务业人才的培养，通过加强人力资本积累来推动服务业的创新发展。对多数服务业部门而言，人力资本是知识和技术的直接载体，也是服务业技术进步和效率提升的关键要素。因此，在新形势下国家应建立服务业人才的培养和选拔机制，建立人才培训的长效机制，建立良好的适应市场经济需要的用人机制，鼓励服务企业探索多种收入形式吸引人才，充分调动各类人才的内在积极性。特别是需要结合服务业各行业对人力资本的异质性需求（王恕立、胡宗彪，2012），制定合理可行的人力资本培育战略，优化服务业人力资本结构，提升人力资本整体素质，从而推动服务业发展方式转变，实现创新性发展。

第三节　进一步研究的方向

本书在异质性企业贸易理论的分析框架内，对国际服务贸易成本影响服务业生产率的微观机理及实际表现进行了尝试性研究。随着全球服务经济的兴起，国际贸易理论向服务领域拓展已成为一大趋势，在数据资料逐步完善以及研究方法不断改进的前提条件下，以下方面可以作为本书进一步的研究方向。

首先，整体而言，本书更偏重于经验分析，即通过大样本的行业层面数据进行经验考察，以揭示服务业生产率、国际贸易成本以及两者间的关系。与此相对的理论层面分析显得较为单薄，关于国际服务贸易成本与服务业生产率关系的理论拓展可以考虑将创新、制度因素纳入统一的分析框架，采用一般均衡分析方法研究制度质量和创新力度对服务贸易成本进而对服务业生产率的影响机理。

其次，关于国际服务贸易成本的特质性因素构成，我们只是基于现有文献进行了简要梳理和归纳。由于缺乏相应的变量数据而不能进行经验考察，即将这些构成因素对服务贸易成本进行回归估计，以得到每种因素对服务贸易成本的影响大小及统计显著性，从而分析出国际服务贸易成本的核心因素来源。此外，根据当前WTO多边贸易谈判的热点问题，我们还可以对区域贸易协定（regional trade agreements，RTAs）对服务贸易成本的影响进行理论和经验研究。

最后，与现有服务领域的研究文献相比，虽然本书已经深入细分行业层面的服务贸易成本测度及其生产率效应的研究，但与商品贸易的相关研究相比，我们对服务贸易的研究深度仍然不够。其中一个重要原因在于服务业的可测度问题带来的数据局限性，特别是服务企业层面的微观统计极其缺乏。因此，在服务企业层面的贸易数据（包括中国）可以获得时，我们将进一步对服务贸易成本的行业内资源再配置效应以及企业技术选择效应进行深入考察，并对"中国对外服务贸易成本的生产率效应悖论"问题作出进一步的原因透视和学理分析。

参考文献

[1] 陈静、雷厉：《中国制造业的生产率增长、技术进步与技术效率——基于 DEA 的实证分析》，《当代经济科学》2010 年第7 期。

[2] 陈丽丽：《国际贸易理论研究的新动向——基于异质企业的研究》，《国际贸易问题》2008 年第 3 期。

[3] 陈涛涛、范明曦、马文祥：《对影响我国外商直接投资行业内溢出效应的因素的经验研究》，《金融研究》2003 年第 5 期。

[4] 陈钊、陆铭、金煜：《中国人力资本和教育发展的区域差异：对于面板数据的估算》，《世界经济》2004 年第 12 期。

[5] 程大中：《中国服务业的增长与技术进步》，《世界经济》2003 年第 7 期。

[6] 程大中：《中国服务业增长的特点、原因及影响》，《中国社会科学》2004 年第 2 期。

[7] 程大中：《中国生产性服务业的水平、结构及影响——基于投入—产出法的国际比较研究》，《经济研究》2008 年第 1 期。

[8] 程大中：《服务经济的兴起与中国的战略选择》，经济管理出版社 2010 年版。

[9] 戴觅、余淼杰：《中国出口企业生产率之谜：纯出口企业的作用》，北京大学中国经济研究中心讨论稿系列，2011 年，

No. C2011018。

[10] 戴觅、余淼杰：《企业出口前研发投入、出口及生产率进步——来自中国制造业企业的证据》，《经济学》（季刊）2012 年第 1 期。

[11] 邓翔、路征：《"新新贸易理论"的思想脉络及其发展》，《财经科学》2010 年第 2 期。

[12] 傅勇、白龙：《中国改革开放以来的全要素生产率变动及其分解（1978—2006 年)》，《金融研究》2009 年第 7 期。

[13] 干春晖、郑若谷、余典范：《中国产业结构变迁对经济增长和波动的影响》，《经济研究》2011 年第 5 期。

[14] 龚六堂、谢丹阳：《我国省份之间的要素流动和边际生产率的差异分析》，《经济研究》2004 年第 1 期。

[15] 顾乃华：《我国服务业发展的效率特征及其影响因素——基于 DEA 方法的实证研究》，《财贸研究》2008 年第 4 期。

[16] 顾乃华、李江帆：《中国服务业技术效率区域差异的实证分析》，《经济研究》2006 年第 1 期。

[17] 郭克莎：《三次产业增长因素及其变动特点分析》，《经济研究》1992 年第 2 期。

[18] 何枫、袁晓安：《我国 SFDI 产业内溢出效应机制及其实证效果研究——基于跨省面板数据的随机前沿分析》，《数量经济技术经济研究》2010 年第 6 期。

[19] 胡小娟、刘娇：《我国制造业进出口贸易与生产率增长研究——基于 2002—2007 年行业面板数据的分析》，《山西财经大学学报》2010 年第 6 期。

[20] 胡朝霞：《FDI 对中国服务业全要素生产率的影响——基于随机前沿面板数据模型的分析》，《厦门大学学报》（哲学社会科学版）2010 年第 4 期。

［21］胡宗彪：《服务业 FDI 对中国服务贸易出口影响的实证研究》，硕士学位论文，武汉理工大学，2009 年。

［22］胡宗彪：《企业异质性、贸易成本与服务业生产率》，《数量经济技术经济研究》2014 年第 7 期。

［23］胡宗彪、王恕立：《中国服务业生产率增长来源：服务进口还是出口?》，《上海经济研究》2014 年第 7 期。

［24］胡宗彪、朱明进：《国际服务贸易成本影响因素：一个文献综述》，《商业经济研究》2016 年第 1 期。

［25］黄莉芳、黄良文、洪琳琳：《基于随机前沿模型的中国生产性服务业技术效率测算及影响因素探讨》，《数量经济技术经济研究》2011 年第 6 期。

［26］江小涓：《服务全球化的发展趋势和理论分析》，《经济研究》2008 年第 2 期。

［27］江小涓：《服务业增长：真实含义、多重影响和发展趋势》，《经济研究》2011 年第 4 期。

［28］江小涓、李辉：《服务业与中国经济：相关性和加快增长的潜力》，《经济研究》2004 年第 1 期。

［29］金祥荣、刘振兴、于蔚：《企业出口之动态效应研究——来自中国制造业企业的经验：2001—2007》，《经济学》（季刊）2012 年第 3 期。

［30］李春顶：《新—新贸易理论文献综述》，《世界经济文汇》2010 年第 1 期。

［31］李春顶：《中国出口企业是否存在"生产率悖论"：基于中国制造业企业数据的检验》，《世界经济》2010 年第 7 期。

［32］李春顶、石晓军、邢春冰：《"出口—生产率悖论"：对中国经验的进一步考察》，《经济学动态》2010 年第 8 期。

［33］李春顶、赵美英：《出口贸易是否提高了我国企业的生产

率?——基于中国 2007 年制造业企业数据的检验》,《财经研究》2010 年第 4 期。

[34] 李梅、柳士昌:《对外直接投资逆向技术溢出的地区差异和门槛效应——基于中国省际面板数据的门槛回归分析》,《管理世界》2012 年第 1 期。

[35] 李小平:《自主 R&D、技术引进和生产率增长——对中国大型工业行业的实证分析》,《数量经济技术经济研究》2007 年第 7 期。

[36] 李小平、卢现祥、朱钟棣:《国际贸易、技术进步和中国工业行业的生产率增长》,《经济学》(季刊)2008 年第 2 期。

[37] 李雪梅、刘辉煌、邱建:《服务贸易与中国服务业全要素生产率增长》,《技术与创新管理》2009 年第 5 期。

[38] 李永、梁力铭、金珂:《中国双边贸易成本变动与影响实证研究》,《中国软科学》2012 年第 12 期。

[39] 林毅夫、刘培林:《经济发展战略对劳均资本积累和技术进步的影响——基于中国经验的实证研究》,《中国社会科学》2003 年第 4 期。

[40] 刘培林、宋湛:《服务业和制造业企业法人绩效比较》,《经济研究》2007 年第 1 期。

[41] 刘伟、张辉:《中国经济增长中的产业结构变迁和技术进步》,《经济研究》2008 年第 11 期。

[42] 刘兴凯、张诚:《中国服务业全要素生产率增长及其收敛分析》,《数量经济技术经济研究》2010 年第 3 期。

[43] 刘中艳:《产权制度,人力资本对服务业技术效率的影响——以湖南省为例》,《中南财经政法大学学报》2013 年第 4 期。

[44] 吕秀萍:《中国保险业全要素生产率变动的 Malmquist 指数分析——一个新的视角》,《保险研究》2009 年第 9 期。

［45］马凌远：《中国对外双边服务贸易成本的测度与分析——基于 Novy 模型》，《广西财经学院学报》2011 年第 5 期。

［46］马凌远：《中国与 G－7 的双边服务贸易成本的测度与决定因素——基于改进引力模型的应用》，《经济经纬》2012 年第 3 期。

［47］蒙英华、黄宁：《中美服务贸易与制造业效率——基于行业面板数据的考察》，《财贸经济》2010 年第 12 期。

［48］聂辉华、江艇、杨汝岱：《中国工业企业数据库的使用现状和潜在问题》，《世界经济》2012 年第 5 期。

［49］裴长洪、彭磊：《中国服务业与服务贸易》，社会科学文献出版社 2008 年版。

［50］钱学锋、梁琦：《测度中国与 G7 的双边贸易成本——一个改进引力模型方法的应用》，《数量经济技术经济研究》2008 年第 2 期。

［51］钱学锋、王菊蓉、黄云湖等：《出口与中国工业企业的生产率——自我选择效应还是出口学习效应？》，《数量经济技术经济研究》2011 年第 2 期。

［52］邱斌、刘修岩、赵伟：《出口学习抑或自选择：基于中国制造业微观企业的倍差匹配检验》，《世界经济》2012 年第 4 期。

［53］邵学言、刘洪铎：《中国与 OECD 国家服务贸易成本动态演变的研究》，《国际经贸探索》2011 年第 11 期。

［54］沈坤荣：《供给侧改革重心：提升全要素生产率》，《中国社会科学报》2016 年第 7 期。

［55］汤二子、刘海洋：《中国出口企业的"生产率悖论"与"生产率陷阱"——基于 2008 年中国制造业企业数据实证分析》，《国际贸易问题》2011 年第 9 期。

[56] 唐烨：《产业升级新方向：提升服务业生产率》，《解放日报》2012 年 3 月 10 日第 009 版。

[57] 唐宜红、林发勤：《异质性企业贸易模型对中国企业出口的适用性检验》，《南开经济研究》2009 年第 6 期。

[58] 田巍、余淼杰：《企业生产率和企业"走出去"对外直接投资：基于企业层面数据的实证研究》，《经济学》（季刊）2012 年第 2 期。

[59] 涂正革、肖耿：《中国的工业生产力革命——用随机前沿生产模型对中国大中型工业企业全要素生产率增长的分解及分析》，《经济研究》2005 年第 3 期。

[60] 涂正革、肖耿：《环境约束下的中国工业增长模式研究》，《世界经济》2009 年第 11 期。

[61] 王兵、王丽：《环境约束下中国区域工业技术效率与生产率及其影响因素实证研究》，《南方经济》2010 年第 11 期。

[62] 王兵、颜鹏飞：《技术效率、技术进步与东亚经济增长——基于 APEC 视角的实证分析》，《经济研究》2007 年第 5 期。

[63] 王恕立、胡宗彪：《我国服务贸易与服务业经济协同发展的实证研究：1985—2006》，《国际贸易问题》2009 年第 4 期。

[64] 王恕立、胡宗彪：《中国服务业分行业生产率变迁及异质性考察》，《经济研究》2012 年第 4 期。

[65] 王恕立、胡宗彪：《服务业双向 FDI 的生产率效应研究——基于人力资本的面板门槛模型估计》，《财经研究》2013 年第 11 期。

[66] 王小鲁：《中国经济增长的可持续性与制度变革》，《经济研究》2000 年第 7 期。

[67] 王英、刘思峰：《国际技术外溢渠道的实证研究》，《数量经济技术经济研究》2008 年第 4 期。

［68］危旭芳、郑志国:《服务贸易对我国 GDP 增长贡献的实证研究》,《财贸经济》2004 年第 3 期。

［69］夏杰长、李勇坚、刘奕等:《迎接服务经济时代来临》,经济管理出版社 2010 年版。

［70］许德友、梁琦: 《中国对外双边贸易成本的测度与分析:1981—2007 年》,《数量经济技术经济研究》2010 年第 1 期。

［71］徐蕾、尹翔硕:《贸易成本视角的中国出口企业"生产率悖论"解释》,《国际商务——对外经济贸易大学学报》2012 年第 3 期。

［72］许统生、陈瑾、薛智韵:《中国制造业贸易成本的测度》,《中国工业经济》2011 年第 7 期。

［73］许统生、李志萌、涂远芬等:《中国农产品贸易成本测度》,《中国农村经济》2012 年第 3 期。

［74］许宪春:《中国服务业核算及其存在的问题研究》,《经济研究》2004 年第 3 期。

［75］杨青青、苏秦、尹琳琳:《我国服务业生产率及其影响因素分析——基于随机前沿生产函数的实证研究》,《数量经济技术经济研究》2009 年第 12 期。

［76］杨向阳、徐翔: 《中国服务业全要素生产率增长的实证分析》,《经济学家》2006 年第 3 期。

［77］杨勇:《中国服务业全要素生产率再测算》, 《世界经济》2008 年第 10 期。

［78］姚战琪:《全球化条件下中国服务业发展与竞争力提升》,经济管理出版社 2010 年版。

［79］易靖韬、傅佳莎:《企业生产率与出口:浙江省企业层面的证据》,《世界经济》2011 年第 5 期。

［80］俞灵燕:《服务贸易壁垒及其影响的量度:国外研究的一个

综述》,《世界经济》2005 年第 4 期。

[81] 余淼杰:《中国的贸易自由化与制造业企业生产率》,《经济研究》2010 年第 12 期。

[82] 原毅军、刘浩、白楠:《中国生产性服务业全要素生产率测度——基于非参数 Malmquist 指数方法的研究》,《中国软科学》2009 年第 1 期。

[83] 张礼卿、孙俊新:《出口是否促进了异质性企业生产率的增长:来自中国制造企业的实证分析》,《南开经济研究》2010 年第 4 期。

[84] 张军:《资本形成、工业化与经济增长:中国的转轨特征》,《经济研究》2002 年第 6 期。

[85] 张卫东:《线性模型中的 GMM 距离检验及其与 LR、LM 和 Wald 检验的关系》,《数量经济技术经济研究》2007 年第 9 期。

[86] 张维迎:《从制度环境看中国企业成长的极限》,《企业管理》2004 年第 12 期。

[87] 赵伟、古广东、何元庆:《外向 FDI 与中国技术进步:机理分析与尝试性实证》,《管理世界》2006 年第 7 期。

[88] 朱廷珺、李宏兵:《异质企业假定下的新新贸易理论:研究进展与评论》,《国际经济合作》2010 年第 4 期。

[89] Aghion, P. , J. Vandenbussche, et al. , 2006, "Growth, Distance to the Frontier and Composition of Human Capital", *Journal of Economic Growth*, Vol. 11 (1), 97 – 127.

[90] Andersson, M. , H. Lööf, et al. , 2008, "Productivity and International Trade: Firm Level Evidence from a Small Open Economy", *Review of World Economics*, Vol. 144 (4), 774 – 801.

[91] Anderson, J. E. , C. A. Milot, et al. , 2011, "The Incidence of

Geography on Canada's Services Trade", *NBER Working Paper*, No. 17630.

[92] Anderson, J. E. , and Y. V. Yotov, 2010, "The Changing Incidence of Geography", *American Economic Review*, Vol. 100 (5), 2157 – 2186.

[93] Anderson, J. E. , and van Wincoop, E. , 2003, "Gravity with Gravitas: A Solution to the Border Puzzle", *American Economic Review*, Vol. 93, 170 – 192.

[94] Anderson, J. E. and van Wincoop, E. , 2004, "Trade Costs", *Journal of Economic Literature*, Vol. 42 (3), 691 – 751.

[95] Antras, P. , 2003, "Firms, Contracts, and Trade Structure", *Quarterly Journal of Economics*, Vol. 118 (4), 1375 – 1418.

[96] Arnold, J. M. , B. S. Javorcik, et al. , 2011, "Does Services Liberalization Benefit Manufacturing Firms? Evidence from the Czech Republic", *Journal of International Economics*, Vol. 85 (1), 136 – 146.

[97] Arnold, J. M. , B. S. Javorcik, et al. , 2012, "Services Reform and Manufacturing Performance: Evidence from India", *World Bank Policy Research Working Paper*, No. 5948.

[98] Arvis, Jean-François, Y. Duval, et al. , 2012, "Trade Costs in the Developing World: 1995—2010", *ARTNeT Working Paper Series*, No. 121.

[99] Baldwin, R. , 2005, "Heterogeneous Firms and Trade: Testable and Untestable Properties of the Melitz Model", *NBER Working Paper*, No. 11471.

[100] Baldwin, R. E. , and R. Forslid, 2010, "Trade Liberalization with Heterogeneous Firms", *Review of Development Economics*,

Vol. 14 (2), 161 – 176.

[101] Baldwin, R., and F. Robert-Nicoud, 2004, "The Impact of Trade on Intra-Industry Reallocations and Aggregate Industry Productivity: A Comment", *NBER Working Paper*, No. 10718.

[102] Barone, G., and F. Cingano, 2011, "Service Regulation and Growth: Evidence from OECD Countries", *Economic Journal*, Vol. 121 (555), 931 – 957.

[103] Barro, R., J., and J. – W. Lee, 2000, "International Data on Educational Attainment: Updates and Implications", *CID Working Paper*, No. 42.

[104] Barro, R. J., and J. – W., et al., 2010, "A New Data Set of Educational Attainment in the World, 1950 – 2010", *NBER Working Paper*, No. 15902.

[105] Bartelsman, E., J. Haltiwanger, et al., 2013, "Cross-Country Differences in Productivity: The Role of Allocation and Selection", *American Economic Review*, Vol. 103 (1), 305 – 334.

[106] Baum, C. F., M. E. Schaffer, et al., 2003, "Instrumental Variables and GMM: Estimation and Testing", *Stata Journal*, Vol. 3 (1), 1 – 31.

[107] Baumol, W. J., 1967, "Macroeconomics of Unbalanced Growth: The Anatomy of Urban Crisis", *American Economic Review*, Vol. 57 (3), 415 – 426.

[108] Behrens, K., A. R. Lamorgese, et al., 2007, "Changes in Transport and Non-transport Costs: Local vs Global Impacts in a Spatial Network", *Regional Science and Urban Economics*, Vol. 37 (6), 625 – 648.

[109] Bensidoun, I., and D. Unal-Kesenci, 2008, "Globalisation in

Services: From Measurement to Analysis", *OECD Statistics Working Papers*, No. 2008/03.

[110] Bernard, A. B., J. Eaton, et al., 2003, "Plants and Productivity in International Trade", *American Economic Review*, Vol. 93 (4), 1268 – 1290.

[111] Bernard, A. B., and J. B. Jensen, 1995, "Exporters, Jobs, and Wages in U. S. Manufacturing: 1976 – 1987", *Brookings Papers on Economic Activity, Microeconomics*, Vol. 1995, (1995), 67 – 119.

[112] Bernard, A. B., J. B. Jensen, et al., 2012, "The Empirics of Firm Heterogeneity and International Trade", *Annual Review of Economics*, Vol. 4, 283 – 313.

[113] Bernard, A. B., J. B. Jensen, et al., 2006, "Trade Costs, Firms and Productivity", *Journal of Monetary Economics*, Vol. 53 (5), 917 – 937.

[114] Bernard, A. B., J. B. Jensen, et al., 2009, "Importers, Exporters, and Multinationals: A Portrait of Firms in the U. S. that Trade Goods", In Producer Dynamics: New Evidence from Micro Data, ed. T. Dunne, J. B. Jensen and M. J. Roberts, Chicago: University of Chicago Press.

[115] Bernard, A. B., S. J. Redding, et al., 2007a, "Comparative Advantage and Heterogeneous Firms", *Review of Economic Studies*, Vol. 74 (1), 31 – 66.

[116] Bernard, A. B., J. B. Jensen, et al., 2007b, "Firms in International Trade", *Journal of Economic Perspectives*, Vol. 21 (3), 105 – 130.

[117] Bergstrand, J. H., P. Egger, et al., 2013, "Gravity Redux:

Estimation of Gravity-equation Coefficients, Elasticities of Substitution, and General Equilibrium Comparative Statics under Asymmetric Bilateral Trade Costs", *Journal of International Economics*, Vol. 89 (1), 110 – 121.

[118] Bhattacharya, R., I. Patnaik and A. Shah, 2012, "Export versus FDI in Services", *World Economy*, Vol. 35 (1), 61 – 78.

[119] Blyde, J., and G. Iberti, 2012, "Trade Costs, Resource Reallocation and Productivity in Developing Countries", *Review of International Economics*, Vol. 20 (5), 909 – 923.

[120] Boisso, D., and M. Ferrantino, 1997, "Economic Distance, Cultural Distance, and Openness in International Trade: Empirical Puzzles", *Journal of Economic Integration*, Vol. 12 (4), 456 – 484.

[121] Borcher, I., B. Gootiiz, et al., 2012a, "Guide to the Services Trade Restrictions Database", *World Bank Policy Research Working Paper*, No. 6108.

[122] Borcher, I., B. Gootiiz, et al., 2012b, "Policy Barriers to International Trade in Services: Evidence from a New Database", *World Bank Policy Research Working Paper*, No. 6109.

[123] Borensztein, E., J. D. Gregorio, et al., 1998, "How does Foreign Direct Investment Affect Economic Growth?", *Journal of International Economics*, Vol. 45, 115 – 135.

[124] Bottini1, N., M. A. Marouani, et al., 2011, "Service Sector Restrictiveness and Economic Performance: An Estimation for the MENA Region", *World Economy*, Vol. 34 (9), 1652 – 1678.

[125] Bowlus, A. J., and C. Robinson, 2012, "Human Capital Prices, Productivity, and Growth", *American Economic Review*,

Vol. 102 (7), 3483 – 3515.

[126] Brandt, L., and Y. F. Zhang, 2009, "Creative Accounting or Creative Destruction? Firm-level Productivity Growth in Chinese Manufacturing", *NBER Working Paper*, No. 15152.

[127] Breinlich, H., and C. Criscuolo, 2011, "International Trade in Services: A Portrait of Importers and Exporters", *Journal of International Economics*, Vol. 84 (2), 188 – 206.

[128] Brooks, D. H., and B. Ferrarini, 2010, "Changing Trade Costs between People's Republic of China and India", *ADB Economics Working Paper Series*, No. 203.

[129] Buera, F. J., and J. P. Kaboski, 2012, "The Rise of the Service Economy", *American Economic Review*, Vol. 102 (6), 2540 – 2569.

[130] Bustos, P., 2007, "The Impact of Trade on Technology and Skill Upgrading: Evidence from Argentina", Universitat Pompeu Fabra, Departament d'Economia i Empresa, *Working Paper*, No. 1189, https://repositori.upf.edu/handle/10230/6078.

[131] Calabrese, A., 2012, "Service Productivity and Service Quality: A Necessary Trade-off?", *International Journal of Production Economics*, Vol. 135 (2), 800 – 812.

[132] Castellani, D., F. Serti, et al., 2010, "Firms in International Trade: Importers' and Exporters' Heterogeneity in the Italian Manufacturing Industry", *World Economy*, Vol. 33 (3), 424 – 457.

[133] Ceglowski, J., 2006, "Does Gravity Matter in a Service Economy?", *Review of World Economics*, Vol. 142 (2), 307 – 329.

[134] Chaney, T., 2008, "Distorted Gravity: The Intensive and Ex-

tensive Margins of International Trade", *American Economic Review*, *Vol.* 98 (4), 1707 – 1721.

[135] Chen, N. , and D. Novy, 2011, "Gravity, Trade Integration, and Heterogeneity across Industries", *Journal of International Economics*, Vol. 85 (2), 206 – 221.

[136] Chen, N. , and D. Novy, 2012, "On the Measurement of Trade Costs: Direct vs. Indirect Approaches to Quantifying Standards and Technical Regulations", *World Trade Review*, Vol. 11 (3), 401 – 414.

[137] Choi, C. , 2010, "The Effect of the Internet on Service Trade", *Economics Letters*, Vol. 109, 102 – 104.

[138] Christen, E. , 2011, "Time Zones Matter: The Impact of Distance and Timezones on Services Trade", http: //www. etsg. org/ETSG2011/Papers/Christen. pdf.

[139] Christen, E. , and J. Francois, 2010, "Modes of Delivery in Services", *Economics Working Papers*, No. 1008, Department of Economics, Johannes Kepler University Linz, Austria.

[140] Coelli, T. J. , et al. , 1998, *An Introduction to Efficiency and Productivity Analysis*, Boston: Kluwer Academic Publishers.

[141] Conti, G. , A. Lo Turco and D. Maggioni, 2010, "Exporters in Services: New Evidence from Italian Firms", *Applied Economics Quarterly*, Vol. 56 (1), 73 – 98.

[142] Corcos, G. , M. D. Gatto, et al. , 2012, "Productivity and Firm Seclection: Quantifying the 'New' Gains from Trade", *Economic Journal*, Vol. 122, 754 – 798.

[143] CPC, 2008, The Central Product Classification (CPC) Ver. 2, download form: http: //unstats. un. org/unsd/cr/registry/cpc – 2. asp.

[144] Davidson, R., and J. MacKinnon, 1993, *Estimation and Inference in Econometrics*, New York: Oxford University Press.

[145] Dee, P., 2003, "Modelling the Policy Issues in Services Trade", Economie Internationale (2Q – 3Q), 283 – 300.

[146] Dettmer, B., 2011, "International Service Transactions: Is Time a Trade Barrier in a Connected World?", *Jena Economic Research Papers*, No. 2011 – 003.

[147] Dixit, A., and V. Norman, 1980, *Theory of International Trade: A Dual General Equilibrium Approach*, Cambridge UK: Cambridge University Press.

[148] Dixit, A., and J. Stiglitz, 1977, "Monopolistic Competition and Optimum Product Divesity", *American Economic Review*, Vol. 67, 297 – 308.

[149] Dornbusch, R., S. Fischer, et al., 1977, "Comparative Advantage, Trade, and Payments in a Ricardian Model with a Continuumof Goods", *American Economic Review*, Vol. 67 (5), 823 – 839.

[150] Doytch, N., and M. Uctum, 2011, "Does the Worldwide Shift of FDI from Manufacturing to Services Accelerate Economic growth: A GMM Estimation Study", *Journal of International Money and Finance*, Vol. 30, 410 – 427.

[151] Driscoll, J. C., and A. C. Kraay, 1998, "Consistent Covariance Matrix Estimation with Spatially Dependent Panel Data", *Review of Economics and Statistics*, Vol. 80, 549 – 560.

[152] Duval, Y., and C. Utoktham, 2011, "Intraregional Trade Cost in Asia: A Primer", *Asia-Pacific Development Journal*, Vol. 18 (2), 1 – 23.

[153] Duval, Y. , and C. Utoktham, 2012, "Trade Costs in Asia and the Pacific: Improved and Sectoral Estimates", *Trade and Investment Division*, *Staff Working Paper* 05/11.

[154] Eaton, J. , and S. Kortum, 2002, "Technology, Geography and Trade", *Econometrica*, Vol. 70 (5), 1741 – 1779.

[155] Egger, P. H. , and M. Larch, 2013, "Time Zone Differences as Trade Barriers", Economics Letters, In Press, Accepted Manuscript.

[156] Eichenbaum, M. S. , L. P. Hansen, et al. , 1988, "A Time Series Analysis of Representative Agent Models of Consumption and Leisure", *Quarterly Journal of Economics*, 103 (1), 51 – 78.

[157] Eichengreen, B. , and P. Gupta, 2013, "The Two Waves of Service-Sector Growth", *Oxford Economic Papers*, Vol. 65 (1), 96 – 123.

[158] Eurostat, 2002, Statistical Classification of Economic Activities in the European Community, Rev. 1. 1, available at: http: // ec. europa. eu/eurostat/ramon/nomenclatures/index. cfm? TargetUrl = LST _ NOM _ DTL&StrNom = NACE _ 1 _ 1&StrLanguage-Code = EN&IntPcKey = &StrLayoutCode = EN.

[159] Fan, Y. , 2011, "Services Policy Reform in the People's Republic of China: Before and After the Global Financial Crisis", *ADBI Working Paper*, No. 304.

[160] Fare, R. , S. Grosskopf, et al. , 1994, "Productivity Growth, Technical Progress, and Efficiency Change in Industrialized Countries", *American Economic Review*, Vol. 84 (1), 66 – 83.

[161] Federico, S. , and E. Tosti, 2012, "Exporters and Importers of Services: Firm-level Evidence on Italy", Fourth Conference of

GIST, http: //www. cepr. org/meets/wkcn/2/2455/papers/.

[162] Fernandes, A. M. , 2007, "Trade Policy, Trade Volumes and Plant-level Productivity in Colombian Manufacturing Industries", *Journal of International Economics*, Vol. 71 (1), 52 – 71.

[163] Fernandes, A. M. , and C. Paunov, 2012, "Foreign Direct Investment in Services and Manufacturing Productivity: Evidence for Chile", *Journal of Development Economics*, Vol. 97 (2), 305 – 321.

[164] Findlay, C. , and F. Warren, 2000, Impediments to Trade in Services: Measurement and Policy Implications, London: Routledge.

[165] Fink, C. , A. Mattoo, et al. , 2005, "Assessing the Impact of Communication Costs on International Trade", *Journal of International Economics*, Vol. 67 (2), 428 – 445.

[166] Folloni, G. , and G. Vittadini, 2010, "Human Capital Measurement: A Survey", *Journal of Economic Surveys*, Vol. 24 (2), 248 – 279.

[167] Fontagne, L. , A. Guillin, et al. , 2011, "Estimations of Tariff Equivalents for the Services Secto", *CEPII Working Paper*, No. 2011 – 24.

[168] Fox, J. T. , and V. Smeets, 2011, "Does Input Quality Drive Measured Differences in Firm Productivity?", *International Economic Review*, Vol. 52 (4), 961 – 989.

[169] Francois, J. , and B. Hoekman, 2010, "Services Trade and Policy", *Journal of Economic Literature*, Vol. 48 (3), 642 – 692.

[170] Francois, J. , and O. Pindyuk, 2012, "Recent EU Enlargement: The Evolution of Services Trade Costs between EU Mem-

bers", ETSG Conference Paper.

[171] Freund, C. , D. Weinhold, 2002, "The Internet and International Trade in Services", *American Economic Review*, Vol. 92 (2), 236 – 240.

[172] Freund, C. , D. Weinhold, 2004, "The Effect of the Internet on International Trade", *Journal of International Economics*, Vol. 62 (1), 171 – 189.

[173] Fuchs, V. , 1968, The Service Economy, National Bureau of Economic Research.

[174] Fujita, M. , P. Krugman, et al. , 1999, "The Spatial Economy: Cities, Regions, and International Trade", Cambridge: MIT Press.

[175] Gouma, R. , Klaas de Vries, and Astrid van der Veen-Mooij, 2011, "EU KLEMS Growth and Productivity Accounts: March 2011 Update of the November 2009 release", Groningen Growth and Development Centre.

[176] Greenaway, D. , and R. Kneller, 2007, "Firm Heterogeneity, Exporting and Foreign Direct Investment", *Economic Journal*, Vol. 117, F134 – F161.

[177] Grubljesic, T. , and J. Damijan, 2011, "Differences in Export Behavior of Services and Manufacturing Firms in Slovenia", *Economic and Business Review*, Vol. 13, 77 – 105.

[178] Grunfeld, L. A. , and A. Moxnes, 2003, "The Intangible Globalisation: Explaining the Patterns of International Trade in Services", *Norwegian Institute of International Affairs Working Paper*, No. 657.

[179] Guellec, D. , and Bruno van Pottelsberghe de la Potterie, 2001,

"R&D and ProductivityGrowth: Panel Data Analysis of 16 OECD Countries", *OECD Economic Studies*, No. 33, 103 – 126.

[180] Hall, R., and C. Jones, 1999, "Why do Some Countries Produce So Much More Output than Others?", *Quarterly Journal of Economics*, Vol. 114, 83 – 116.

[181] Haller, S. A., J. Damijan, et al., 2012, "A Portrait of Trading Firms in the Services Sectors: Comparable Evidence from Four EU Countries", *Keskusteluaiheita Discussion Paper*, No. 1283.

[182] Halpern, L., M. Koren, et al., 2011, "Imported Inputs and Productivity", *Center for Firms in the Global Economy (CeFiG) Working Papers*, No 8.

[183] Harberger, A., 1978, "Perspectives on Capital and Technology in Less Developed Countries", In Artis, M. J. and A. R. Nobay (eds.), Contemporary Economic Analysis, London: Croom Helm, pp. 69 – 151.

[184] Haspelmath, M., M. S. Dryer, et al., eds. 2008. The World Atlas of Language Structures Online. Munich: Max Planck Digital Library. http://wals.info (accessed March 14, 2013).

[185] Hayakawa, K., T. Machikita, et al., 2012, "Globalization and Productivity: A Survey of Firm Level Analysis", *Journal of Economic Surveys*, Vol. 26 (2), 332 – 350.

[186] Hayashi, F., 2000, *Econometrics*, Princeton, NJ: Princeton University Press.

[187] Head, K., and J. Ries, 2001, "Increasing Returns Versus National Production Differentiation as an Explanation for the Pattern of US-Canada Trade", *American Economic Review*, Vol. 91 (4),

858 – 876.

[188] Helpman, E., 2006, "Trade, FDI, and the Organization of Firms", *Journal of Economic Literature*, Vol. 44, 589 – 630.

[189] Helpman, E., and P. R. Krugman, 1985, *Market Structure and Foreign Trade*, Cambridge MA: MIT Press.

[190] Helpman, E., M. J. Melitz, et al., 2004, "Export versus FDI with Heterogeneous Firms", *American Economic Review*, Vol. 94 (1), 300 – 316.

[191] Herzer, D., 2012, "How Does Foreign Direct Investment Really Affect Developing Countries' Growth?", *Review of International Economics*, Vol. 20 (2), 396 – 414.

[192] Hill, T. P., 1977, "On Goods and Services", *Review of Income and Wealth*, Vol. 23 (4), 315 – 338.

[193] Hoekman, B., and C. A. P. Braga, 1997, "Protection and Trade in Services: A Survey", *Open Economies Review*, Vol. 8 (3), 285 – 308.

[194] Hoekman, B., and A. Mattoo, 2012, "Services Trade and Growth", *International Journal of Services Technology and Management*, Vol. 17 (2 – 4), 232 – 250.

[195] Hopenhayn, H., 1992a, "Entry, Exit, and Firm Dynamics in Long Run Equilibrium", *Econometrica*, Vol. 60, 1127 – 1150.

[196] Hopenhayn, H., 1992b, "Exit, Selection, and the Value of Firms", *Journal of Economic Dynamics and Control*, Vol. 16, 621 – 653.

[197] Hsieh, Chang-Tai, and R. Ossa, 2011, "A Global View of Productivity Growth in China", *NBER Working Paper*, No. 16778.

[198] Hu, Zuliu F., and M. S. Khan, 1997, "Why Is China Growing

So Fast?", *IMF Staff Papers*, Vol. 44 (1), 103 – 131.

[199] Hulyk, C. K., 2012, "What Did You Say? The Effect of Language Distance on International Service Trade", Master's degree dissertation, https://beardocs. baylor. edu: 8443/xmlui/ bitstream/handle/2104/8436/cristin _ hulyk _ masters. pdf? sequence = 1.

[200] Hummels, D., and G. Schaur, 2013, "Time as a Trade Barrier", *American Economic Review*, Forthcoming Accepted Articles.

[201] Iacovone, L., and B. S. Javorcik, 2012, "Getting Ready: Preparation for Exporting", *CEPR Discussion Paper*, No. 8926.

[202] Inklaar, R., M. Timmer, et al., 2008a, "Market Services Productivity across Europe and the US", *Economic Policy*, Vol. 23, 141 – 194.

[203] Inklaar, R., M. P. Timmer, et al., 2008b, "Data for Productivity Measurement in Market Services: an International Comparison", *International Productivity Monitor*, Vol. 16, 71 – 81.

[204] International Study Group on Exports and Productivity (ISGEP), 2008, "Understanding Cross-Country Differences in Exporter Premia: Comparable Evidence for 14 Countries", *Review of World Economics*, Vol. 144 (4), 596 – 635.

[205] Jacks, D. S., C. M. Meissner, et al., 2011, "Trade booms, trade busts, and trade costs", *Journal of International Economics*, Vol. 83 (2), 185 – 201.

[206] Kasahara, H., and J. Rodrigue, 2008, "Does the Use of Imported Intermediates Increase Productivity? Plant-level Evidence", *Journal of Development Economics*, Vol. 87, 106 – 118.

[207] Kikuchi, T., 2006, "Time Zones, Outsourcing and International

Trade", *Economics Bulletin*, Vol. 6 (15), 1 – 10.

[208] Kikuchi, T. , S. Marjit, 2010, "Time Zones and Periodic Intra-industry Trade", *MPRA Paper* No. 24473.

[209] Kimura, F. , and H. – H. Lee, 2006, "The Gravity Equation in International Trade in Services", *Review of World Economics*, Vol. 142 (1), 92 – 121.

[210] King, R. G. , and R. Levine, 1994, "Capital Fundamentalism, Economic Development, and Economic Growth", *Carnegie-Rochester Conference Series on Public Policy*, Vol. 40 (1), 259 – 292.

[211] Kox, H. , and A. Lejour, 2005, "Regulatory Heterogeneity as Obstacle for International Services Trade", *CPB Discussion Paper*, No. 49.

[212] Kox, H. , and A. Lejour, 2007, "Trade in Services and the Dissimilarity in Domestic Regulation", *ETSG Conference Paper*.

[213] Kox, H. L. M. , and H. Rojas-Romagosa, 2010, "Exports and Productivity Selection Effects for Dutch firms", *De Economist*, Vol. 158 (3), 295 – 322.

[214] Krugman, P. R. , 1979, "Increasing Returns, Monopolistic Competition, and International Trade", *Journal of International Economics*, Vol. 9, 469 – 479.

[215] Krugman P. , 1980, "Scale Economies, Product Differentiation and the Pattern of Trade", *American Economic Review*, Vol. 70 (5), 950 – 959.

[216] Krugman, P. , 1991, "Increasing Returns and Economic Geography", *Journal of Political Economy*, Vol. 99, 483 – 499.

[217] Krugman, P. , 1994, "The Myth of Asia's Miracle", *Foreign Affairs*, Vol. 73 (6), 62 – 78.

[218] Ku, H. , and A. Zussman, 2010, "Lingua Franca: The Role of English in International Trade", *Journal of Economic Behavior & Organization*, Vol. 75, 250 – 260.

[219] Lee, J. – W. , and K. Hong, 2012, "Economic Growth in Asia: Determinants and Prospects", *Japan and the World Economy*, Article in Press.

[220] Lee, K. S. , and S. J. Tan, 2003, "E-retailing versus Physical Retailing: A Theoretical Model and Empirical Test of Consumer Choice", *Journal of Business Research*, Vol. 56, 877 – 885.

[221] Lejour, A. , H. Rojas-Romagosa, et al. , 2010, "Trade Costs, Openness and Productivity: Market Access at Home and Abroad", *MPRA Working Paper*, No. 21214.

[222] Lejour, A. , and J-W de Paiva Verheijden, 2004, "ServiceTrade within Canada and the European Union: What do They Have in Common?", *CPB Discussion Paper*, No. 42.

[223] Lohmann, J. , 2011, "Do Language Barriers Affect Trade?", *Economic Letters*, Vol. 110 (2), 159 – 162.

[224] Lööf, H. , 2010, "Are Services Different Exporters?", *Applied Economics Quarterly*, Vol. 56 (1), 99 – 117.

[225] Love, J. H. , and M. A. Mansury, 2009, "Exporting and Productivity in Business Services: Evidence from the United States", *International Business Review*, Vol. 18, 630 – 642.

[226] Maddison, A. , 1998, *Chinese Economic Performance in the Long Run*, Paris: OECD Development Centre.

[227] Mahadevan, R. , 2000, "Sources of Output Growth in Singapore's Service Sector", *Empirical Economics*, Vol. 25 (3), 495 – 506.

[228] Marjit, S., 2007, "Trade Theory and the Role of Time Zones", *International Review of Economics and Finance*, Vol. 16, 153 – 160.

[229] Maroto-Sanchez, A., and J. R. Cuadrado-Roura, 2009, "Is Growth of Services an Obstacle to Productivity Growth? A Comparative Analysis", *Structural Change and Economic Dynamics*, Vol. 20, 254 – 265.

[230] Martínez-Zarzoso, I., 2012, "Exporting and Productivity: Evidence for Egypt and Morocco", *Center for European Governance and Economic Development Research (cege) Discussion Papers*, No. 136.

[231] Martins, P., and Y. Yang, 2009, "The Effects of Exporting on Firm Productivity: A Meta-analysis of the Learning-by-Exporting Hypothesis", *Review of World Economics*, Vol. 145 (3), 431 – 445.

[232] Matthews, K., and N. Zhang, 2010, "Bank Productivity in China 1997 – 2007: Measurement and Convergence", *China Economic Review*, Vol. 21, 617 – 628.

[233] McCallum, J., 1995, "National Borders Matter: Canada-U. S. Regional Trade Patterns", *American Economic Review*, Vol. 85 (3), 615 – 623.

[234] McMillan, M. S., and D. Rodrik, 2011, "Globalization, Structural Change and Productivity Growth", *NBER Working Paper*, No. 17143.

[235] Mc Morrow, K., W. Roeger, et al., 2010, "Determinants of TFP Growth: a Close Look at Industries Driving the EU-US TFP Gap", *Structural Change and Economic Dynamics*, Vol. 21, 165 – 180.

[236] Melitz, M. J., 2003, "The Impact of Trade on Intra-Industry

Reallocations and Aggregate Industry Productivity", *Econometrica*, Vol. 71, 1695 – 1725.

[237] Melitz, J., 2008, "Language and Foreign Trade", *European Economic Review*, Vol. 52, 667 – 699.

[238] Melitz, M. J., and G. I. P. Ottaviano, 2008, "Market Size, Trade, and Productivity", *Review of Economic Studies*, Vol. 75 (1), 295 – 316.

[239] Melitz, M. J., and S. J. Redding, 2012, "Heterogeneous Firms and Trade", *NBER Working Paper*, No. 18652.

[240] Miller, R. E., and P. D. Blair, 2009, *Input-Output Analysis: Foundations and Extensions*, Cambridge UK, Cambridge University Press.

[241] Minondo, A., 2011, "Exporters of Services in Spain", *Orkestra Working Paper Series in Territorial Competitiveness*, No. 2011 – R04.

[242] Minondo, A., 2012a, "Trading Firms in the Spanish Services Sector", *MPRA Working Paper*, No. 43224.

[243] Minondo, A., 2012b, "The Relationship between Export Status and Productivity in Services: A Firm-level Analysis for Spain", *MPRA Working Paper*, No. 43225.

[244] Minondo, A., 2012c, "Are Trade Costs Higher for Services than for Manufactures? Evidence from Firm-level Data", *MPRA Working Paper*, No. 36185.

[245] Miroudot, S., R. Lanz, et al., 2009, "Trade in Intermediate Goods and Services", *OECD Trade Policy Working Papers*, No. 93.

[246] Miroudot, S., J. Sauvage, et al., 2010, "Measuring the Cost of International Trade in Services", *MPRA Working Paper*,

No. 27655.

[247] Miroudot, S. , J. Sauvage, et al. , 2012, "Trade Costs and Productivity in ServicesSectors", *Economics Letters*, Vol. 114, 36 – 38.

[248] Mirza, D. , and G. Nicoletti, 2004, "What is so Special about Trade in Services?", *University of Nottingham Research Paper*, No. 2004/02.

[249] MSITS, 2002, Manual on Statistics of International Trade in Services (MSITS 2002), Statistical Papers, Series M, No. 86. , United Nations, New York.

[250] MSITS, 2010, Manual on Statistics of International Trade in Services (MSITS 2010), Statistical Papers, Series M, No. 86/Rev. 1, United Nations, New York.

[251] Neary, J. P. , 2010, "Two and a Half Theories of Trade", *World Economy*, Vol. 33 (1), 1 – 19.

[252] Nehru, V. , and A. Dhareshwar, 1993, "A New Database on Physical Capital Stock: Source, Methodology and Result", *Revista de Analisis Economico*, Vol. 8, 37 – 59.

[253] Novy, D. , 2006, "Is the Iceberg Melting Less Quickly? International Trade Costs after World War II", *Warwick Economic Research Paper*, No. 764.

[254] Novy, D. , 2013, "Gravity Redux: Measuring International Trade Costs with Panel Data", *Economic Inquiry*, Vol. 51 (1), 101 – 121.

[255] Obstfeld, M. , and K. Rogoff, 2001, "The Six Major Puzzles in International Macroeconomics: Is There a Common Cause?" in Bernanke, B. S. , and K. Rogoff. , *NBER Macroeconomics Annual* 2000, Vol. 15, 339 – 412.

[256] OECD, 2010, "How Imports Improve Productivity and Competitiveness", OECD Report, http：//www. oecd. org/trade/4529 3596. pdf.

[257] O'Mahony, M. , and M. P. Timmer, 2009, "Output, Input and Productivity Measures at the Industry Level：the EU KLEMS Database", *Economic Journal*, Vol. 119 （538）, F374 – F403.

[258] Ortega-Argiles, R. , 2012, "The Transatlantic Productivity Gap：a Survey of the Main Causes", *Journal of Economic Surveys*, Vol. 26 （3）, 395 –419.

[259] Park, S-C. , 2002, "Measuring Tariff Equivalents in Cross-border Trade in Services", *Korean Institute for International Economic Policy Working Paper*, No. 02 – 15, . http：//www. kiep. go. kr/ eng/publications/pub02. jsp? sCate = 013002& sSubCate =005 （accessed March 14, 2013）.

[260] Pavcnik, N. , 2002, "Trade Liberalization, Exit, and Productivity Improvement：Evidence from Chilean Plants", *Review of Economic Studies*, Vol. 69 （1）, 245 –276.

[261] Peneder, M. , 2003, "Structural Change and Aggregate Growth", *Structural Change and Economic Dynamics*, Vol. 14 （4）, 427 –448.

[262] Redding, S. J. , 2011, "Theories of Heterogeneous Firms and Trade", *Annual Review of Economics*, Vol. 3 （1）, 77 –105.

[263] Ruud, P. A. , 2000, An Introduction to Classical Econometric Theory, Oxford：Oxford University Press.

[264] Serti, F. , and C. Tomasi, 2009, "Self-selection along Different Export and Import Markets", *Laboratory of Economics and Management-Sant' Anna School of Advanced Studies LEM Working*

Paper, No. 2009/18.

[265] Shepherd, B., 2010, "Trade Costs and Facilitation in APEC and ASEAN: Delivering the Goods?", *MPRA Working Paper*, No. 21531.

[266] Shepherd, B., 2012, "Services Firms in the Developing World: An Empirical Snapshot", *MPRA Working Paper*, No. 41732.

[267] Shepherda, B., 2013, "Trade Times, Importing and Exporting: Firm-level Evidence", *Applied Economics Letters*, Vol. 20 (9), 879 – 883.

[268] Shestalova, V., 2003, "Sequential Malmquist Indices of Productivity Growth: An Application to OECD Industrial Activities", *Journal of Productivity Analysis*, Vol. 19, 211 – 226.

[269] Silva, A., O. Afonso, et al., 2010, "Do Portugese Manufacturing Firms Self Select to Exports?", *Universidade de Porto FEP Working Papers*, No. 371.

[270] Silva, A., A. P. Africano, et al., 2012, "Learning-by-exporting: What We Know and What We would Like to Know", *International Trade Journal*, Vol. 26 (3), 255 – 288.

[271] Singh, T., 2010, "Does International Trade Cause Economic Growth? A Survey", *World Economy*, Vol. 33 (11), 1517 – 1564.

[272] SNA, 2008, System of National Accounts 2008, download from: http://unstats.un.org/ unsd/nationalaccount/sna 2008. asp.

[273] Stare, M., 2001, "Advancing the Development of Producer Services in Slovenia with Foreign Direct Investment", *The Service Industries Journal*, Vol. 21 (1), 19 – 34.

[274] Stein, E., and C. Daude, 2007, "Longitude Matters: Time Zones and the Location of Foreign Direct Investment", *Journal of*

International Economics, Vol. 71 (1), 96 – 112.

[275] Stiroh, K. J., 2002, "Information Technology and the US Productivity Revival: What Do the Industry Data Say?", *American Economic Review*, Vol. 92 (5), 1559 – 1576.

[276] Syverson, C., 2011, "What Determines Productivity?", *Journal of Economic Literature*, Vol. 49 (2), 326 – 365.

[277] Tanaka, A., 2011, "Multinationals in the Services and Manufacturing Sectors: A firm-level Analysis Using Japanese Data", *Research Institute of Economy, Trade and Industry (RIETI) Discussion papers*, No. 11-E-059.

[278] Temouri, Y., A. Vogel, et al., 2012, "Self-selection into Export Markets by Business Services Firms-Evidence from France, Germany and the United Kingdom", *Structural Change and Economic Dynamics*, In Press, Corrected Proof, http://dx. doi. org/10. 1016/ j. strueco. 2012. 02. 004.

[279] Tharakan, P. K. M., and I. van Beveren, 2003, "Exports and Distance in a Digitized World", *GEP Research Paper*, No. 2003/10.

[280] Tharakan, P. K. M., I. van Beveren, and T. van Ourti, 2005, "Determinants of India's Software Exports and Goods Exports", The Review of Economics and Statistics, Vol. 87 (4), 776 – 780.

[281] Timmer, M. P., and contributions of the WIOD Consortium Members, 2012, "The World Input-Output Database (WIOD): Contents, Sources and Methods", *WIOD Working Paper*, No. 10.

[282] Timmer, M. P., and B. Los, 2005, "Localized Innovation and Productivity Growth in Asia: An Intertemporal DEA Approach",

Journal of Productivity Analysis, Vol. 23, 47 – 64.

[283] Timmer, M. P. , R. Inklaar, et al. , 2010, *Economic Growth in Europe*, Cambridge University Press.

[284] Timmer, M. P. , M. O'Mahony, et al. , 2007a, "The EU KL-EMS Growth and Productivity Accounts: An Overview", University of Groningen & University of Birmingham.

[285] Timmer, M. P. , M. O'Mahony, et al. , 2007b, "The EU KL-EMS Growth and Productivity Accounts: Overview November 2007 Release", University of Groningen & University of Birmingham.

[286] Timmer, M. P. , M. O'Mahony, et al. , 2008, "The EU KL-EMS Growth and Productivity Accounts: An Overview", University of Groningen & University of Birmingham.

[287] Tulkens, H. , and P. V. Eeckaut, 1995, "Non-parametric Efficiency, Progress and Regress Measures for Panel Data: Methodological Aspects", *European Journal of Operational Research*, Vol. 80 (3), 474 – 499.

[288] United Nations, 2008, International Standard Industrial Classification of All Economic Activities (ISIC), Rev. 4, Statistical Papers, Series M No. 4/Rev. 4, New York.

[289] Vandenbussche, J. , P. Aghion, et al. , 2006, "Growth, Distance to Frontier and Composition of Human Capital", *Journal of Economic Growth*, Vol. 11 (2), 97 – 127.

[290] van Ark, B. , M. O'Mahony, et al. , 2008, "The Productivity Gap between Europe and the U. S: Trends and Causes", *Journal of Economic Perspectives*, Vol. 22 (1), 25 – 44.

[291] van der Marel, E. , 2012, "Trade in Services and TFP: the Role

of Regulation", *World Economy*, Vol. 35 (11), 1530 – 1558.

[292] van Pottelsberghe dela Potterie, B. , and F. Lichtenberg, 2001, "Does Foreign Direct Investment Transfer Technology Across Borders?", *Review of Economics and Statistics*, Vol. 83 (3), 490 – 497.

[293] Verma, R. , 2012, "Can Total Factor Productivity Explain Value Added Growth in Services?", *Journal of Development Economics*, Vol. 99 (1), 163 – 177.

[294] Vogel, A. , 2011, "Exporter Performance in the German Business Services Sector", *Services Industries Journal*, Vol. 31 (7), 1015 – 1031.

[295] Vogel, A. and J. Wagner, 2011, "Robust Estimates of Exporter Productivity Premia in German Business Services Enterprises", *Economic and Business Review*, Vol. 13, 7 – 26.

[296] Wagner, J. , 2007a, "Exports and Productivity: A Survey of the Evidence from Firm-level Data", *World Economy*, Vol. 30 (1), 60 – 82.

[297] Wagner, J. , 2007b, "Productivity and Size of the Export Market, Evidence for West and East German Plants, 2004", *Journal of Economics and Statistics*, Vol. 227 (4), 403 – 408.

[298] Wagner, J. , 2011, "Exports, Foreign Direct Investments and Productivity: Are Services Firms Different?", *Working Paper Series in Economics*, No. 215, University of Lueneburg: Institute of Economics.

[299] Wagner, J. , 2012, "International Trade and Firm Performance: A Survey of Empirical Studies since 2006", *Review of World Eco-*

nomics, Vol. 148 (2), 235 – 267.

[300] Walsh, K. , 2008, "Trade in Services: Does Gravity Hold?", Journal of World Trade, Vol. 42 (2), 315 – 334.

[301] Wooldridge, J. M. , 2009, Introductory Econometrics: A Modern Approach, South-Western Cengage Learning.

[302] World Bank, 1997, China 2020: Development Challenges in the New Century, Washington, DC. : World Bank.

[303] Wu, Y. R. , 2003, "Has Productivity Contributed to China's Growth?", *Pacific Economic Review*, Vol. 8 (1), 15 – 30.

[304] Wu, Y. R. , 2009, "China's Capital Stock Series by Region and Sector", *Business School, University of Western Australia, Discussion Paper*, No. 09. 02.

[305] WTO, 2012, International Trade Statistics 2012, World Trade Organization.

[306] Yeaple, S. R. , 2005, "A Simple Model of Firm Heterogeneity, International Trade, and Wages", *Journal of International Economics*, Vol. 65, 1 – 20.

[307] Zhang, J. , 2008, "Estimation of China's Provincial Capital Stock (1952 – 2004) with Applications", *Journal of Chinese Economic and Business Studies*, Vol. 6 (2), 177 – 196.

[308] Zhang, Y. , and R. Bartels, 1998, "The Effect of Sample Size on the Mean Efficiency in DEA with an Application to Electricity Distribution in Australia, Sweden and New Zealand", *Journal of Productivity Analysis*, Vol. 9, 187 – 204.

[309] Zhao, W. , L. Liu, et al. , 2010, "The Contribution of Outward Direct Investment to Productivity Changes within China, 1991 – 2007", *Journal of International Management*, Vol. 16, 121 – 130.

［310］ Zheng, J. H. , A. Bigsten, et al. , 2009, "Can China's Growth be Sustained? A Productivity Perspective", *World Development*, Vol. 37 （4）, 874 – 888.

附录 A

分行业的双边贸易成本结果

表 A—1　　　中国与各经济体的双边服务贸易成本（$\sigma=8$）

	1995	1996	1997	1998	1999	2000	2001	2002	2003	2004	2005	2006	2007	2008	2009	均值	变动
澳大利亚	141	142	147	156	157	162	161	155	143	135	131	131	126	109	106	140	−24
奥地利	211	215	217	218	199	213	221	209	180	187	187	170	169	130	137	191	−35
比利时	177	197	197	202	182	202	206	179	168	160	178	174	145	135	146	177	−18
保加利亚	361	402	404	411	374	386	372	355	330	298	296	280	281	216	236	333	−35
巴西	441	466	352	402	393	373	354	323	296	276	249	269	281	267	277	335	−37
加拿大	151	152	158	177	180	182	185	176	170	172	166	161	153	132	133	163	−12
塞浦路斯	314	315	324	347	341	354	347	347	326	308	335	274	309	201	214	310	−32
捷克共和国	264	280	302	307	300	316	287	269	255	227	215	225	214	178	175	254	−34
德国	194	204	203	207	180	204	194	183	165	148	158	149	146	120	126	172	−35
丹麦	175	184	198	217	200	201	193	184	179	175	172	160	163	133	146	179	−16
西班牙	197	199	192	180	185	159	157	149	141	135	137	116	119	133	141	156	−29
爱沙尼亚	271	286	298	304	314	321	315	300	273	245	228	209	196	244	258	271	−5
芬兰	224	252	252	246	235	222	226	201	186	177	185	181	183	154	159	206	−29
法国	213	232	229	211	211	202	200	211	191	178	177	173	176	122	128	190	−40
英国	163	169	169	161	146	176	175	169	167	158	166	154	137	121	125	157	−23
希腊	309	328	299	313	296	269	269	279	256	247	246	316	301	179	191	273	−38
匈牙利	312	318	328	317	321	283	261	258	255	261	224	204	214	176	178	261	−43
印度尼西亚	133	156	159	169	194	187	198	199	190	177	160	159	157	139	145	168	10
印度	215	221	231	219	217	214	180	175	209	200	185	166	182	145	163	195	−25

	1995	1996	1997	1998	1999	2000	2001	2002	2003	2004	2005	2006	2007	2008	2009	均值	变动
爱尔兰	188	211	213	199	190	189	192	169	176	185	191	171	169	131	136	181	-27
意大利	173	192	183	199	194	195	187	174	181	175	180	172	173	131	141	177	-18
日本	174	172	163	177	161	190	182	175	163	158	151	147	142	129	146	162	-16
韩国	128	135	123	121	122	117	124	120	113	110	108	109	111	100	103	116	-20
立陶宛	336	345	332	319	302	315	290	265	251	239	224	218	215	197	211	270	-37
卢森堡	165	168	177	164	163	155	167	135	127	125	124	119	120	100	105	141	-36
拉脱维亚	333	348	357	440	440	445	432	413	392	383	350	351	325	281	290	372	-13
墨西哥	543	569	619	664	627	599	566	506	475	505	486	423	414	415	399	521	-27
马耳他	236	254	262	213	209	207	203	184	173	164	160	133	140	134	139	187	-41
荷兰	145	148	148	142	136	121	118	107	103	102	110	106	115	100	102	120	-30
波兰	326	334	319	307	294	308	308	299	273	257	251	230	234	195	194	275	-40
葡萄牙	196	206	209	190	186	193	189	187	173	157	164	157	156	140	148	177	-24
罗马尼亚	239	262	271	267	277	227	231	210	198	170	290	253	233	208	219	237	-8
俄罗斯	248	229	212	235	192	204	207	181	176	154	146	154	160	139	153	186	-38
斯洛伐克	258	268	291	373	368	345	313	277	232	249	262	259	248	212	224	279	-13
斯洛文尼亚	321	338	336	312	303	323	300	309	295	250	327	322	306	265	276	306	-14
瑞典	249	261	262	237	227	239	246	228	193	168	150	148	142	116	123	199	-51
土耳其	504	505	441	506	447	436	442	404	373	339	358	333	343	317	345	406	-32
美国	184	193	194	182	186	173	168	155	153	147	140	133	130	106	111	157	-40
剩余国家	132	143	125	119	134	105	102	100	99	99	88	96	98	72	81	106	-39
均值	245	256	254	260	251	249	243	229	215	205	206	198	196	167	175	223	-28
标准差	99	102	99	113	106	103	97	90	83	82	82	77	75	70	70	88	13
高收入均值	201	212	211	207	200	202	201	191	179	170	176	169	167	136	143	184	-29
中等收入	319	333	328	349	337	331	317	296	279	265	261	249	246	222	231	291	-28

注：①本表数据根据式（5—8），并分别对中国与伙伴国的服务业分部门及商品贸易分部门（见表5—3）数据进行加总后计算得到。②"均值"为各列或各行的算数平均值，"变动"是指1995—2009年的百分比变化，标准差表示中国与各国双边贸易成本的离散程度。③按收入水平的国家分类见表5—2。（4）中国台湾由于数据问题而无法计算。

表 A—2　　　　中国与各经济体的双边商品贸易成本（$\sigma=8$）

	1995	1996	1997	1998	1999	2000	2001	2002	2003	2004	2005	2006	2007	2008	2009	均值	变动
澳大利亚	110	110	106	108	106	101	103	102	100	94	89	88	87	77	81	98	-26
奥地利	160	173	168	166	158	153	146	142	138	133	129	126	125	111	114	143	-29
比利时	127	129	121	125	123	121	122	119	116	113	110	111	110	102	104	117	-18
保加利亚	279	253	244	283	243	246	206	214	188	187	196	191	188	160	182	217	-35
巴西	170	169	162	168	170	160	152	144	133	124	123	118	113	99	103	140	-39
加拿大	112	116	115	113	113	105	104	104	101	94	94	94	92	82	88	102	-22
塞浦路斯	222	227	225	231	228	217	224	227	228	235	242	246	237	196	212	226	-5
捷克共和国	209	213	214	216	194	188	177	160	149	139	143	138	130	118	119	167	-43
德国	106	111	108	107	104	97	94	91	84	80	79	76	75	67	69	90	-35
丹麦	140	144	144	146	142	139	140	140	133	129	128	125	124	109	114	133	-19
西班牙	156	164	156	152	153	148	148	145	140	135	133	130	127	119	127	142	-19
爱沙尼亚	313	332	277	278	250	236	192	183	183	188	177	144	175	164	171	217	-45
芬兰	151	155	152	142	139	131	135	137	128	120	121	113	116	108	115	131	-24
法国	125	127	122	119	120	116	113	115	110	107	104	104	103	93	98	112	-22
英国	113	114	111	113	108	104	103	104	104	103	101	101	103	91	96	105	-15
希腊	232	222	216	228	228	215	209	203	208	201	202	205	201	176	182	208	-22
匈牙利	248	248	238	235	201	182	170	138	137	139	140	129	121	112	114	170	-54
印度尼西亚	126	128	127	118	124	112	112	110	110	109	108	111	109	97	100	113	-20
印度	164	160	146	146	139	132	133	127	123	117	111	106	106	99	100	127	-39
爱尔兰	175	183	176	164	154	141	133	132	122	115	116	118	119	109	115	138	-35
意大利	124	129	128	130	124	124	121	120	117	112	112	110	109	100	104	118	-16
日本	88	89	87	87	87	83	81	78	74	71	71	70	71	66	69	78	-21
韩国	92	91	85	86	86	81	80	76	72	69	70	69	69	62	67	77	-27
立陶宛	404	348	300	332	298	246	264	222	227	242	231	227	229	210	215	266	-47
卢森堡	217	220	212	213	210	213	222	215	191	189	195	176	176	167	172	198	-21
拉脱维亚	311	353	321	272	282	283	270	271	236	229	237	227	201	197	196	259	-37
墨西哥	193	190	194	187	186	167	155	142	129	123	123	121	117	108	104	149	-46
马耳他	265	216	227	252	219	203	180	169	167	174	176	159	160	146	148	191	-44
荷兰	118	122	120	120	120	115	111	109	106	102	106	106	106	94	97	110	-18
波兰	209	208	216	207	188	195	177	172	160	152	149	145	135	118	121	170	-42
葡萄牙	216	220	221	217	216	212	210	208	202	193	190	187	181	162	168	200	-22

	1995	1996	1997	1998	1999	2000	2001	2002	2003	2004	2005	2006	2007	2008	2009	均值	变动
罗马尼亚	206	231	225	242	224	209	206	171	164	170	171	181	187	165	171	195	−17
俄罗斯	131	137	137	131	128	129	122	114	111	112	108	107	102	94	96	117	−26
斯洛伐克	246	234	285	281	280	237	231	207	176	176	168	155	141	128	133	205	−46
斯洛文尼亚	269	261	269	252	229	227	206	206	201	214	205	195	193	158	165	218	−39
瑞典	142	140	136	131	131	126	129	133	125	122	122	121	120	110	110	127	−22
土耳其	173	180	173	179	186	176	167	169	158	151	153	148	142	135	129	161	−26
中国台湾	85	83	79	79	78	73	73	68	64	61	61	60	61	57	60	70	−30
美国	94	97	93	94	94	91	90	88	84	79	78	76	75	69	70	85	−26
剩余国家	85	87	94	94	87	77	75	70	65	60	57	56	55	46	52	71	−39
均值	178	178	173	174	166	158	152	146	139	137	136	132	130	117	121	149	−32
标准差	74	70	66	67	60	56	53	50	46	49	49	47	46	41	42	53	11
高收入均值	155	155	152	152	148	142	140	138	133	130	129	126	125	112	117	137	−25
中等收入	225	226	217	218	206	193	182	170	159	157	156	150	146	134	137	178	−39

注：①本表数据根据式（5—8），并分别对中国与伙伴国的服务业分部门及商品贸易分部门（见表5—3）数据进行加总后计算得到。②"均值"为各列或各行的算数平均值，"变动"是指1995—2009 年的百分比变化，标准差表示中国与各国双边贸易成本的离散程度。③按收入水平的国家分类见表5—2。

表 A—3　　　　中国与各经济体的双边农业贸易成本（$\sigma = 8$）

	1995	1996	1997	1998	1999	2000	2001	2002	2003	2004	2005	2006	2007	2008	2009	均值	变动
澳大利亚	139	135	137	152	142	143	151	140	147	145	146	142	146	137	134	142	−4
奥地利	304	321	341	325	314	286	283	297	315	324	306	293	279	249	248	299	−19
比利时	210	251	216	214	203	205	205	223	210	211	190	194	184	158	160	202	−24
保加利亚	438	457	402	453	384	417	405	357	314	331	341	335	332	282	288	369	−34
巴西	214	220	193	203	205	203	196	177	178	180	161	159	164	133	133	181	−38
加拿大	131	137	154	149	160	155	148	159	162	144	144	147	146	130	119	146	−10
塞浦路斯	267	345	467	574	319	281	277	288	288	288	296	284	296	297	309	325	16
捷克共和国	329	298	347	365	310	299	280	297	282	264	260	270	245	238	221	287	−33
德国	170	198	187	164	190	155	190	178	180	179	165	160	153	156	156	169	−8
丹麦	175	185	196	191	197	192	192	197	194	188	177	170	173	158	158	183	−10
西班牙	229	272	250	256	225	252	244	233	232	214	202	204	205	205	192	228	−16

	1995	1996	1997	1998	1999	2000	2001	2002	2003	2004	2005	2006	2007	2008	2009	均值	变动
爱沙尼亚	489	556	512	474	428	428	439	380	330	349	316	409	375	353	368	414	−25
芬兰	214	209	217	228	229	212	224	215	212	205	204	205	218	200	195	212	−9
法国	155	196	201	187	186	184	199	208	194	212	186	207	195	178	171	191	10
英国	166	181	183	189	170	192	192	189	187	186	191	192	179	173	169	183	1
希腊	280	261	381	360	328	329	300	315	244	249	252	254	297	268	266	292	−5
匈牙利	415	361	359	386	356	341	351	358	352	358	360	301	297	269	265	342	−36
印度尼西亚	145	159	152	150	145	132	132	129	127	136	138	130	124	132	132	138	−9
印度	229	241	229	241	229	236	248	229	223	214	210	178	177	172	172	215	−25
爱尔兰	240	269	281	279	265	252	279	285	287	293	272	293	276	242	248	271	3
意大利	211	229	228	225	217	211	216	225	228	222	217	210	212	193	192	216	−9
日本	153	160	159	154	163	168	164	166	162	164	165	164	162	157	153	161	0
韩国	155	167	149	157	168	151	163	159	143	156	148	153	149	152	148	155	−4
立陶宛	630	393	409	496	560	240	347	275	278	325	276	293	306	295	280	360	−56
卢森堡	374	416	334	277	239	359	228	267	290	344	315	373	282	648	435	345	16
拉脱维亚	350	416	385	412	559	479	422	384	353	404	362	333	323	407	327	394	−7
墨西哥	249	243	264	263	277	292	270	279	265	237	215	211	216	190	192	244	−23
马耳他	396	399	362	426		553	382	455	532	491	566	477	514	472	513	467	29
荷兰	137	154	159	157	155	153	153	146	136	137	133	135	138	125	121	143	−12
波兰	283	278	298	283	205	270	213	284	283	300	295	255	268	278	298	273	5
葡萄牙	271	275	275	282	280	275	267	256	245	245	250	244	245	221	230	257	−15
罗马尼亚	385	367	298	364	251	272	311	362	368	444	425	360	302	254	255	335	−34
俄罗斯	171	184	177	163	151	158	155	140	139	139	132	128	131	131	131	149	−23
斯洛伐克	373	394	421	444	297	298	310	308	308	347	340	263	262	217	219	320	−41
斯洛文尼亚	444	438	356	318	302	306	335	343	364	387	487	388	338	271	344	361	−23
瑞典	331	341	368	355	331	345	329	305	327	333	295	318	323	307	322	329	−3
土耳其	263	274	243	282	273	265	265	255	275	271	251	260	248	219	220	258	−16
中国台湾	141	153	157	159	158	158	167	158	165	167	161	166	167	163	167	160	18
美国	114	127	125	135	143	135	139	137	124	117	119	116	116	102	98	123	−14
剩余国家	110	117	135	135	122	113	113	108	96	101	95	94	92	84	86	107	−22

	1995	1996	1997	1998	1999	2000	2001	2002	2003	2004	2005	2006	2007	2008	2009	均值	变动
均值	262	269	268	276	251	252	246	247	243	250	244	237	232	225	221	249	−16
标准差	119	108	104	117	105	100	85	84	89	96	103	90	86	107	93	92	18

注：①本表数据根据式（5—8）计算得到。②"均值"为各列或各行的算数平均值，"变动"是指 1995—2009 年的百分比变化，标准差表示中国与各国双边贸易成本的离散程度。③单元格空白表示由于数据问题而无法计算（以下各表同）。

表 A—4　　**中国与各经济体的双边采矿业贸易成本（$\sigma = 8$）**

	1995	1996	1997	1998	1999	2000	2001	2002	2003	2004	2005	2006	2007	2008	2009	均值	变动
澳大利亚	123	102	104	98	109	92	100	90	96	84	83	85	93	69	88	94	−28
奥地利	237	229	233	232	232	252	239	254	223	206	199	209	162	170	171	217	−28
比利时	110	110	118	125	136	101	111	96	102	111	97	99	96	99		108	−10
保加利亚	327	375	308	365	215	247	124	115	137	147	166	314	140	221	239	229	−27
巴西	199	188	181	174	168	146	115	99	101	111	120	120	119	102	120	138	−40
加拿大	93	91	86	91	92	85	83	75	74	77	76	80	79	55	72	81	−23
塞浦路斯	596	566	537	402	367	633	657	729	442	459	310	286	282	201	301	451	−49
捷克共和国	294	328	290	289	282	302	281	291	280	266	274	283	279	252	274	284	−7
德国	189	191	211	199	188	165	159	178	155	156	142	154	147	134	192	171	2
丹麦	289	303	299	302	349	324	366	348	270	287	379	342	360	314	299	322	4
西班牙	233	202	189	192	174	175	163	168	183	181	159	158	150	147	146	175	−38
爱沙尼亚	522	599	534	566	489	552	526	407	473	375	378	344	336	339	334	452	−36
芬兰	298	278	249		225		209	253	166	241	229	228	225	191	235	233	−21
法国	237	258	217	227	185	199	208	190	204	206	213	219	252	202	213	213	−19
英国	164	204	186	179	141	150	121	141	172	173	202	205	179	188	210	174	28
希腊	338	321	290	310	237	250	207	308						197		273	−42
匈牙利	356	359	339	347	331	353	344	350	345	349	342	297	285	233	237	324	−33
印度尼西亚	113	89	94	114	109	92	88	85	82	90	84	93	103	109	92	96	−19
印度	154	149	148	135	110	97	93	86	96	89	91	97	100	92	99	109	−36
爱尔兰	376	334	304	309	316	313	293	250	279	290	299	348	307	260	312	306	−17
意大利	176	185	163	173	165	177	180	171	177	177	189	184	185	161	169	175	−4
日本	117	111	106	103	107	105	93	84	90	98	97	98	107	83	95	100	−19

续表

	1995	1996	1997	1998	1999	2000	2001	2002	2003	2004	2005	2006	2007	2008	2009	均值	变动
韩国	146			109	122		116	126	123	123					144	126	−1
立陶宛						383	377	311	326	389						357	2
卢森堡	402	348	366	391	388	412	385	310	405	373	362	322	324	285	317	359	−21
拉脱维亚	757	872		807	763	705	540	539	425	377	340	331	302	291	270	523	−64
墨西哥	319	233	260	281	322	279	239	232	199	192	191	203	183	156	165	230	−48
马耳他							389	395	402	422	409	425	419	380	348	399	−10
荷兰	224	230	215	200	189	164	156	148	155	147	166	170	157	133	150	174	−33
波兰	239	226	258	258	244	247	222	186	183	190	169	166	154	137	158	203	−34
葡萄牙	241	260	235	270	291	305	265	282	276	286	270	256	252	224	200	261	−17
罗马尼亚	378		332			259		257	189	241	236	250	250	199	254	259	−33
俄罗斯	172	159	152	170	146	133	152		141	129	123	134	126	110	123	141	−29
斯洛伐克	350	343	297	201	313	169	248	286	244	339	305	304	274	285	232	279	−34
斯洛文尼亚	441	455	415	384	373	382	339	329	321	268	451		412	344	341	375	−23
瑞典	293	210	212	203	258	255	259	220	180	166	244	248	205	180	149	219	−49
土耳其	173	189	171	186	188	184	177		147	119	117	118	113	123	127	152	−26
中国台湾	133	123	112	124	111	119	127	128	133	122	118	121	127	115	147	124	10
美国	155	127	120	129	159	155	167	163	172	152	148	161	160	149	133	150	−14
剩余国家	78	106	112	121	112	95	87	76	79	78	78	76	81	67	84	89	8
均值	264	263	234	244	235	245	231	228	212	212	212	209	203	184	195	229	−26
标准差	146	162	112	144	133	149	137	137	111	108	106	95	95	85	81	112	19

注：①本表数据根据式（5—8）计算得到。②"变动"是指1995—2009 年的百分比变化，当1995 年或2009 年无贸易成本数据时，则根据最近一年与最早一年的数据计算，如中国与立陶宛的变动是指2000—2004 年的百分比变化（以下各表同）。

表 A—5　　　　中国与各经济体的双边制造业贸易成本（$\sigma = 8$）

	1995	1996	1997	1998	1999	2000	2001	2002	2003	2004	2005	2006	2007	2008	2009	均值	变动
澳大利亚	105	108	102	102	100	97	97	95	93	89	88	88	87	81	85	94	−19
奥地利	143	155	150	147	140	135	127	124	120	114	112	109	110	96	98	125	−31
比利时	116	117	108	114	114	108	107	105	100	98	96	97	95	85	86	103	−26
保加利亚	254	226	213	249	233	228	203	219	175	170	178	167	174	139	163	200	−36

· 238 ·

续表

	1995	1996	1997	1998	1999	2000	2001	2002	2003	2004	2005	2006	2007	2008	2009	均值	变动
巴西	158	157	151	160	162	156	150	141	131	125	127	124	121	108	109	139	-31
加拿大	105	110	107	103	102	96	94	95	93	86	88	86	85	78	84	94	-20
塞浦路斯	201	201	198	203	202	199	209	212	210	218	227	227	211	193	186	207	-8
捷克共和国	188	195	194	197	175	169	159	142	131	122	126	122	114	103	104	149	-45
德国	95	99	96	95	92	87	84	81	74	70	70	67	66	58	59	79	-38
丹麦	126	128	126	130	126	123	123	123	116	111	111	109	106	92	96	116	-24
西班牙	140	148	140	136	138	132	132	129	123	118	116	113	110	102	109	126	-22
爱沙尼亚	288	301	247	247	223	209	168	163	161	168	158	123	149	138	143	192	-50
芬兰	138	143	138	128	125	118	121	123	115	106	107	100	103	95	101	117	-27
法国	110	110	105	103	107	103	100	101	97	93	91	91	89	80	85	98	-23
英国	99	100	97	99	95	90	89	90	88	87	85	84	86	74	79	89	-20
希腊	214	207	194	204	208	194	189	181	191	182	185	188	182	167	181	191	-16
匈牙利	229	230	219	217	183	164	153	123	121	122	123	113	106	97	98	153	-57
印度尼西亚	119	124	121	105	113	102	103	101	102	99	100	103	103	89	94	105	-21
印度	150	146	131	130	124	119	120	115	111	105	99	97	97	90	89	115	-41
爱尔兰	151	157	152	141	131	119	111	110	102	93	95	97	100	92	100	117	-34
意大利	114	119	117	118	118	112	110	108	105	100	101	98	98	89	92	107	-19
日本	78	80	78	78	77	74	72	69	65	62	62	62	63	57	60	69	-23
韩国	83	82	76	77	78	73	72	69	64	60	62	62	62	55	59	69	-29
立陶宛	363	323	269	294	265	260	239	200	204	218	209	204	205	187	191	242	-47
卢森堡	179	184	176	176	172	178	174	170	152	151	160	141	140	130	128	161	-29
拉脱维亚	295	332	293	242	248	249	236	237	206	197	205	197	171	164	164	229	-44
墨西哥	177	175	178	170	168	150	140	127	124	115	110	110	107	96	91	135	-48
马耳他	243	195	205	229	197	183	160	149	148	153	153	136	135	121	122	169	-50
荷兰	104	106	103	103	103	98	97	94	92	88	90	89	90	78	81	94	-23
波兰	190	190	197	188	178	177	162	155	143	135	132	130	123	109	110	155	-42
葡萄牙	199	203	204	198	196	190	189	187	182	172	169	167	161	142	150	181	-24
罗马尼亚	188	216	205	219	210	190	184	149	143	149	151	161	167	147	152	175	-19
俄罗斯	117	121	122	115	115	119	112	104	103	109	109	107	108	97	94	110	-19
斯洛伐克	225	210	259	285	266	223	208	182	153	151	144	132	119	106	110	185	-51
斯洛文尼亚	251	237	246	231	206	205	202	183	178	190	181	170	168	135	141	195	-44

续表

	1995	1996	1997	1998	1999	2000	2001	2002	2003	2004	2005	2006	2007	2008	2009	均值	变动
瑞典	127	124	121	116	117	113	115	119	111	107	108	107	106	96	96	112	−24
土耳其	160	163	159	163	172	161	153	153	144	139	143	141	140	127	122	149	−24
中国台湾	77	74	70	69	69	64	64	61	56	53	53	53	54	50	51	61	−33
美国	85	88	84	85	84	81	79	77	74	69	68	66	66	60	61	75	−28
剩余国家	76	77	85	82	75	67	65	59	54	50	47	46	45	38	43	61	−44
均值	161	161	156	156	150	143	137	131	124	121	121	117	115	103	107	134	−34
标准差	68	65	59	62	56	53	48	45	42	44	44	42	40	36	37	48	12

注：本表数据根据式（5—8），并对中国与伙伴国的制造业分部门（见表5—3）数据进行加总后计算得到。

表A—6　中国与各经济体的双边电力燃气及水的生产和供应业贸易成本（$\sigma=8$）

	1995	1996	1997	1998	1999	2000	2001	2002	2003	2004	2005	2006	2007	2008	2009	均值	变动
澳大利亚	295	330	332	321	312	321	318	310	302	281	279	297	297	277	278	303	−6
奥地利	221	249	264	256	250	271	252	223	235	286	281	273	260	220	224	251	1
比利时	199	202	203	207	199	190	197	178	183	162	153	152	167	199	212	187	6
保加利亚	444	482	481	460	456	483	396	369	296	305	338	377	311	330	373	394	−16
巴西									465	501				404	420	447	−10
加拿大	209	229	252	247	225	209	179	202	201	207	212	217	229	200	195	214	−7
塞浦路斯					912	964	930	955		1005	882	911	861	593	770	878	−16
捷克共和国	386	382	412	418	387	400	395	358	339	313	290	280	258	231	225	338	−42
德国	190	194	198	197	194	204	185	166	165	168	173	175	174	147	150	179	−21
丹麦	205	258	320	315	272	333	282	212	227	250	254	253	275	241	248	263	21
西班牙	266	271	284	267	292	255	235	227	227	226	234	234	236	237	250	249	−6
爱沙尼亚	567	642	509	542	453	479	466	390	436	474		421	383	373	385	466	−32
芬兰	242	261	286	270	268	403	382	298	275	275	304	297	310	271	275	295	14
法国	268	318	364	337	293	303	288	247	245	243	260	275	281	224	227	278	−15
英国	266	317	285	268	246	278	315	306	303	300	307	285	282	255	264	285	−1
希腊	655	665	665	671	639	624	771	736	431	409	418	526	494	338	316	557	−52
匈牙利	387	396	411	410	376	411	404	377	375	363	300	280	304	265	262	355	−32
印度尼西亚	746								702	729	797	716	717	735	−4		

续表

	1995	1996	1997	1998	1999	2000	2001	2002	2003	2004	2005	2006	2007	2008	2009	均值	变动
印度	789	742	665	684	498	459	447	419	410	394	383	373	373	350	365	490	−54
爱尔兰									495	493	468	370	344	254	252	382	−49
意大利	190	189	202	215	233	218	220	209	240	255	271	266	274	248	255	232	34
日本	287	321	337	340	330	326	326	290	249	239	247	259	268	250	271	289	−6
韩国	267	308	349	331	311	307	289	243	235	228	243	256	251	231	244	273	−9
立陶宛	632	635	610	608	618	521	524	473	458	456	457	436	445	412	443	515	−30
卢森堡	356	396	441	374	427	332	285	303	384	400	275	328	332	224	229	339	−36
拉脱维亚	358	379	492	585	581	582	549	517	529	553	533	532	484	440	440	504	23
墨西哥	497	554	598	547	531	500	490	438	434	409	420	420	430	391	391	470	−21
马耳他																	
荷兰	236	243	239	223	212	187	180	173	177	179	190	186	194	179	173	198	−27
波兰	420	440	430	399	414	387	339	280	322	352	308	300	257	252	251	343	−40
葡萄牙	292	342	358	325	326	354	364	349	349	363	409	380	368	340	375	353	28
罗马尼亚	292	328	371	345	337	312	309	289	290	263	452	452	438	442	470	359	61
俄罗斯	415	478	522	482	427	429	447	336	346	328	326	327	344	319	342	391	−18
斯洛伐克	337	360	427	462	447	423	442	402	325	444	413	434	404	351	359	402	6
斯洛文尼亚	412	426	450	418	417	424	408	389	383	372	375	376	407	338	352	396	−15
瑞典	375	352	406	380	395	431	441	359	312	307	273	264	273	240	246	337	−34
土耳其	431	473	458	429	391	356	361	373	364	333	332	346	337	301	294	372	−32
中国台湾																	
美国	251	287	289	286	285	297	259	252	261	265	263	266	271	234	267	269	6
剩余国家	185	196	204	200	207	167	170	164	162	165	167	169	171	149	152	175	−18
均值	359	372	386	377	376	376	367	338	317	340	339	344	340	302	315	362	−12
标准差	159	143	131	135	151	152	159	158	98	151	145	149	145	114	131	145	25

注：本表数据根据式（5—8）计算得到。

表 A—7　　中国与各经济体的双边建筑业贸易成本（$\sigma = 8$）

	1995	1996	1997	1998	1999	2000	2001	2002	2003	2004	2005	2006	2007	2008	2009	均值	变动
澳大利亚	436	452	490	470	413	415	386	323	295	273	307	297	321	222	223	355	−49
奥地利	263	301	247	259	238	269	264	297	273	253	187	179	182	135	146	233	−45

续表

	1995	1996	1997	1998	1999	2000	2001	2002	2003	2004	2005	2006	2007	2008	2009	均值	变动
比利时	137	135	134	136	124	144	164	161	197	242	192	182	231	200	214	173	56
保加利亚	380	506	582	595	503	503	488	418	403	330	365	325	301	313	355	424	−7
巴西																	
加拿大																	
塞浦路斯	638	680	756	731	645	680	671	651	655	585	545	561	545	411	440	613	−31
捷克共和国	300	258	290	289	266	295	303	296	283	277	363	317	300	252	252	289	−16
德国	183	214	239	231	242	185	169	163	165	161	148	149	147	133	136	178	−26
丹麦											290	288	263	259	281	276	−3
西班牙	447	385	444	416	393	376	363	319	319	310	304	316	318	349	361	361	−19
爱沙尼亚	391	462	438	466	421	431	377	333	348	315	311	312	320	328	335	373	−14
芬兰																	
法国																	
英国																	
希腊	373	399	404	399	334	337	416	392	335	332	289	317	325	184	188	335	−50
匈牙利	449	471	531	498	404	417	442	353	359	418	396	359	217	213	217	383	−52
印度尼西亚																	
印度																	
爱尔兰																	
意大利	195	211	232	221	263	286	300	250	230	228	218	218	211	195	212	231	9
日本																	
韩国																	
立陶宛	528	580	596	571	544	533	530	485	437	437	388	385	378	428	456	485	−14
卢森堡																	
拉脱维亚																	
墨西哥																	
马耳他																	
荷兰	154	171	200	196	197	195	149	139	131	126	157	156	150	125	128	158	−17
波兰			477	422	368	331	443	366	349	309	272	273	218	148	149	317	−69
葡萄牙	495	481	553	521	440			589	574	534	591	509	460	374	388	501	−22
罗马尼亚	337	368	441	433	360	370	410	337	346	289	234	262	261	227	240	328	−29
俄罗斯	207	223	250	248	234	233	235	230	265	305	249	214	212	167	177	230	−14

续表

	1995	1996	1997	1998	1999	2000	2001	2002	2003	2004	2005	2006	2007	2008	2009	均值	变动
斯洛伐克	384	500	531	524	467	456	488	412	380	373	357	373	366	375	382	424	0
斯洛文尼亚	402	420	457	426	429	452	469	439	431	385	337	362	327	234	245	388	−39
瑞典																	
土耳其																	
中国台湾																	
美国																	
剩余国家	386	391		308	253	201	211	222	178	165	157	154	163	134	143	219	−63
均值	354	380	415	398	359	355	364	342	331	317	302	296	283	246	258	331	−27
标准差	133	145	162	152	127	135	138	132	127	114	115	108	99	96	102	116	27

注：本表数据根据式（5—8）计算得到。

表 A—8　中国与各经济体的双边生产性服务业贸易成本（$\sigma=8$）

	1995	1996	1997	1998	1999	2000	2001	2002	2003	2004	2005	2006	2007	2008	2009	均值	变动
澳大利亚	167	168	167	174	166	168	166	158	142	132	128	130	128	110	108	147	−36
奥地利	219	232	214	220	193	220	223	211	180	183	179	158	156	121	128	189	−42
比利时	187	199	191	200	173	207	205	172	162	150	166	164	135	130	140	172	−25
保加利亚	346	387	384	398	368	372	369	346	317	290	288	269	270	208	229	323	−34
巴西	422	448	338	412	394	369	341	306	279	259	232	251	264	249	259	321	−39
加拿大	203	215	207	221	205	205	201	191	187	188	183	185	185	154	154	192	−24
塞浦路斯	295	294	302	324	316	329	319	318	297	281	313	248	286	181	194	287	−34
捷克共和国	296	327	341	332	302	334	304	286	259	214	213	210	199	167	164	263	−45
德国	189	197	191	195	166	195	188	173	151	135	144	135	108	108	114	161	−40
丹麦	166	173	183	201	183	183	177	169	163	142	163	145	147	122	132	164	−20
西班牙	193	202	197	191	206	172	160	150	139	133	137	107	111	126	135	157	−30
爱沙尼亚	291	305	307	358	350	346	334	314	299	279	257	192	181	231	243	286	−16
芬兰	273	293	287	264	244	236	232	194	176	173	175	186	173	148	152	214	−44
法国	215	225	221	200	198	193	190	200	179	167	162	158	161	111	116	180	−46
英国	157	162	162	152	137	167	166	160	156	156	169	155	136	128	132	153	−16
希腊	298	318	292	314	303	268	263	267	242	231	223	289	295	170	183	264	−39
匈牙利	349	346	344	326	318	300	313	277	259	268	223	193	206	168	170	271	−51

续表

	1995	1996	1997	1998	1999	2000	2001	2002	2003	2004	2005	2006	2007	2008	2009	均值	变动
印度尼西亚	184	198	201	235	240	223	221	207	193	175	154	155	159	142	146	189	−21
印度	227	236	242	240	221	229	236	227	233	208	195	179	191	168	182	214	−20
爱尔兰	223	241	237	213	189	201	202	189	196	186	176	178	188	143	144	194	−35
意大利	184	190	174	192	184	186	178	163	172	164	170	160	162	121	130	168	−29
日本	167	171	160	169	151	173	166	161	149	143	139	135	133	119	136	151	−19
韩国	131	139	121	121	119	115	120	114	106	104	100	101	103	91	93	112	−29
立陶宛	314	321	306	294	277	290	268	243	230	219	204	199	197	180	192	249	−39
卢森堡	155	157	168	154	154	148	159	126	118	115	116	115	112	92	96	132	−38
拉脱维亚	308	323	346	431	423	445	424	407	379	367	329	332	308	265	274	357	−11
墨西哥	515	539	585	627	591	564	531	475	444	472	454	395	388	388	373	489	−28
马耳他	218	234	242	194	190	190	187	167	157	149	150	127	134	130	136	174	−37
荷兰	192	200	201	189	186	178	184	158	140	121	129	112	119	103	105	154	−45
波兰	310	316	300	289	275	290	291	280	254	240	236	214	218	181	181	258	−42
葡萄牙	203	213	208	188	178	199	195	180	165	147	157	147	149	133	141	174	−30
罗马尼亚	268	287	292	266	274	226	225	199	184	156	274	273	238	212	222	240	−17
俄罗斯	243	225	199	221	178	196	197	169	165	141	133	140	146	127	140	175	−42
斯洛伐克	243	250	272	359	354	334	315	277	221	238	245	242	235	214	221	268	−9
斯洛文尼亚	322	339	326	305	285	323	314	305	305	237	306	301	288	256	265	298	−18
瑞典	251	260	249	223	211	226	233	213	177	152	134	133	128	103	110	187	−56
土耳其	488	513	463	521	448	438	419	382	353	322	342	319	327	299	326	397	−33
中国台湾																	
美国	175	181	179	170	174	161	157	144	142	139	133	127	126	99	105	147	−40
剩余国家	132	136	117	108	122	94	92	91	89	88	77	85	89	64	73	97	−45
均值	249	261	254	261	247	249	243	225	209	197	198	188	187	161	168	220	−33
标准差	90	95	94	109	102	98	91	85	79	78	78	72	71	66	66	82	12

注：本表数据根据式（5—8），并对中国与伙伴国的生产性服务业分部门（见表5—3）数据进行加总后计算得到。

表 A—9　中国与各经济体的双边生活性服务业贸易成本（$\sigma=8$）

	1995	1996	1997	1998	1999	2000	2001	2002	2003	2004	2005	2006	2007	2008	2009	均值	变动
澳大利亚	117	117	124	135	143	152	157	150	146	142	137	131	122	107	105	132	−10
奥地利	224	230	248	226	213	256	253	238	195	208	213	208	222	162	173	218	−23
比利时	174	210	226	230	232	234	254	248	188	198	242	214	194	154	167	211	−4
保加利亚	490	503	516	497	449	447	397	387	373	339	355	339	343	279	301	401	−39
巴西																	
加拿大	122	121	129	149	158	163	175	173	164	158	152	142	131	115	116	145	−5
塞浦路斯	459	473	481	493	498	473	498	541	523	448	431	450	429	312	338	456	−26
捷克共和国	229	237	262	274	296	293	265	246	253	296	279	330	320	245	246	271	8
德国	209	227	251	261	276	268	238	229	247	233	227	244	218	189	199	234	−4
丹麦	379	392	431	448	487	378	310	261	304	223	259	263	336	194	232	326	−39
西班牙	214	210	203	184	184	162	161	154	149	144	141	142	142	152	159	167	−25
爱沙尼亚	247	267	289	290	342	336	340	332	301	302	299	402	392	303	324	318	31
芬兰	191	227	226	229	223	211	227	221	219	210	216	194	216	175	183	211	−4
法国	233	261	257	265	300	235	242	250	243	226	264	263	268	193	202	247	−13
英国	195	205	211	191	176	206	203	196	206	162	163	157	147	116	120	177	−38
希腊	339	358	320	314	293	272	278	311	298	297	368	438	322	202	211	308	−38
匈牙利	276	286	308	303	325	265	226	240	264	280	236	238	246	197	199	259	−28
印度尼西亚	102	125	130	135	163	166	198	218	205	201	179	169	155	135	145	162	43
印度	237	215	250	204	218	210	145	141	183	198	172	149	172	121	140	184	−41
爱尔兰	159	182	189	186	199	204	220	224	198	222	259	168	149	118	128	187	−20
意大利	202	231	241	245	250	252	247	236	250	252	257	259	246	192	203	237	0
日本	282	269	300	309	339	400	304	275	272	270	269	301	287	226	254	290	−10
韩国	122	127	131	127	135	140	148	144	138	133	134	143	141	128	134	135	10
立陶宛	441	471	489	459	468	480	455	446	433	424	372	397	425	307	332	425	−25
卢森堡	211	220	227	203	200	190	196	182	169	176	172	133	280	204	214	198	2
拉脱维亚			558	594	612	604	564	568	539	446	482	458	409	363	351	504	−37
墨西哥																	
马耳他	357	373	377	362	370	327	311	296	302	291	271	152	153	138	144	282	−60
荷兰	141	144	141	131	123	106	102	92	90	93	101	103	116	105	104	113	−26
波兰	465	489	488	472	515	434	430	439	426	362	324	333	338	266	263	403	−44
葡萄牙	193	213	225	199	208	193	186	202	193	185	181	183	174	155	164	190	−15

续表

	1995	1996	1997	1998	1999	2000	2001	2002	2003	2004	2005	2006	2007	2008	2009	均值	变动
罗马尼亚	288	310	328	357	383	395	461	514	507	474	356	265	249	212	227	355	-21
俄罗斯	263	276	288	304	306	314	348	331	340	323	327	297	297	241	252	300	-4
斯洛伐克	441	550	629	439	431	384	307	276	303	334	347	355	306	208	232	369	-47
斯洛文尼亚	384	406	416	386	410	385	347	380	354	353	428	422	385	288	303	376	-21
瑞典	263	275	310	294	316	288	293	289	271	268	282	252	267	188	196	270	-25
土耳其	605	542	543	571	444	449										526	-26
中国台湾																	
美国	243	264	286	266	266	232	226	214	223	223	212	211	201	159	165	226	-32
剩余国家	262	266	222	203	251	191	154	140	151	160	150	160	158	118	135	181	-49
均值	271	285	304	296	303	289	274	272	267	257	257	252	248	194	205	270	-25
标准差	120	122	133	127	123	116	109	116	111	96	94	104	93	67	70	106	22

注：本表数据根据式（5—8），并对中国与伙伴国的生活性服务业分部门（见表5—3）数据进行加总后计算得到。

表 A—10　　中国与全球的分部门贸易成本（$\sigma=8$，计算方法1）

	1995	1996	1997	1998	1999	2000	2001	2002	2003	2004	2005	2006	2007	2008	2009	均值	变动
AtB	91	98	101	105	102	96	97	95	88	88	85	84	83	76	76	91	-16
C	68	71	70	75	74	60	59	56	56	56	55	57	59	46	56	61	-17
15t16	88	89	87	88	90	87	87	86	84	80	80	78	76	68	70	83	-21
17t18	38	40	39	39	38	35	35	34	34	32	33	35	37	32	35	36	-9
19	33	37	37	38	35	32	31	30	29	26	27	28	23	26	31	-21
20	62	70	74	77	76	74	76	73	72	70	69	70	72	66	68	71	9
21t22	83	84	82	83	82	79	80	77	77	78	80	80	80	73	75	80	-9
23	88	84	77	80	78	74	73	71	66	64	68	68	71	58	67	72	-24
24	69	63	55	55	54	52	52	50	47	44	42	42	41	34	37	49	-47
25	63	64	62	63	63	61	62	61	58	54	52	51	50	44	46	57	-27
26	127	127	87	88	86	82	81	80	78	74	73	73	75	67	69	84	-46
27t28	66	67	67	66	66	61	61	56	52	49	51	51	51	44	49	57	-26
29	59	59	57	57	56	52	49	45	41	37	37	36	33	26	29	45	-50
30t33	36	38	39	37	35	30	28	23	18	14	12	12	13	8	11	23	-70

	1995	1996	1997	1998	1999	2000	2001	2002	2003	2004	2005	2006	2007	2008	2009	均值	变动
34t35	80	80	78	76	78	75	70	70	63	59	58	53	51	42	44	65	−45
36t37	66	60	49	49	46	42	42	36	33	28	25	27	23	13	16	37	−75
均值	68	69	63	64	63	60	59	56	54	51	50	50	50	43	46	56	−33
标准差	25	24	18	19	19	20	20	20	21	21	22	21	22	21	21	20	24
E	167	175	182	182	178	168	160	148	147	147	152	155	158	139	143	160	−14
F	158	179	195	194	189	179	174	167	162	155	150	147	147	124	131	164	−18
51	499	474	112	116	114	102	99	93	89	83	77	76	81	66	73	144	−85
52	565	529	129	130	129	123	118	113	108	105	119	118	105	89	94	172	−83
60	117	127	130	139	137	119	112	99	93	87	85	84	84	66	73	103	−38
61	70	75	79	84	82	75	71	63	60	58	58	59	59	39	46	65	−34
62	54	57	58	60	59	56	54	50	44	38	31	29	28	−11	11	41	−80
63	60	65	68	124	131	127	124	118	118	117	116	116	99	79	83	103	38
64	106	107	106	115	115	110	109	105	100	95	91	88	86	81	73	98	−31
J	169	174	178	177	173	164	161	154	150	146	147	150	155	131	138	158	−18
70		709			663	794		722	637		647	670	636			685	−10
71t74	120	129	138	94	94	90	90	86	78	73	70	69	67	50	55	87	−54
均值	196	193	111	115	115	107	104	98	93	89	88	88	85	64	72	108	−63
标准差	195	235	38	34	176	219	31	199	175	32	180	187	177	39	35	187	39
H	82	89	95	110	123	130	140	144	132	120	108	97	86	69	73	106	−11
L	165	189	211	207	202	189	184	173	166	160	157	150	147	129	134	171	−19
M	225	223	230	241	247	244	257	198	171	165	169	163	171	146	153	200	−32
N	185	196	206	211	211	205	206		508	515	530	530	193	167	175	288	−6
O	97	105	108	98	97	90	86	77	81	83	85	88	92	72	78	89	−19
均值	151	160	170	174	176	172	174	148	212	209	210	205	138	117	123	171	−19
标准差	60	60	63	65	63	61	65	52	170	174	182	184	44	45	45	80	10

注：①第一行的"均值"和"变动"是 1995—2009 年的算数平均值和百分比变化，第一列中的各均值和标准差是各行业内分部门的算术平均值和离散程度，生产性服务业的均值不包括部门 70。②部门 15t16—36t37 属于制造业，50—71t74 属于生产性服务业，H—O 属于生活性服务业，部门代码名称见表 5—3。③服务业中的部门 50 和 P 由于数据问题而无法计算。部门 70 的变动是 1996—2007 年的。

表 A—11　　中国与全球的分部门贸易成本（$\sigma=8$，计算方法 2）

	1995	1996	1997	1998	1999	2000	2001	2002	2003	2004	2005	2006	2007	2008	2009	均值	变动
AtB	262	269	268	276	251	252	246	247	243	250	244	237	232	225	221	248	−16
C	264	263	234	244	235	245	231	228	212	212	212	209	203	184	195	225	−26
15t16	251	247	233	233	233	215	227	223	213	208	207	202	196	179	182	217	−28
17t18	154	174	163	151	146	132	130	125	118	113	113	115	115	101	106	130	−31
19	139	150	149	149	136	145	137	137	124	115	113	119	117	101	112	129	−19
20	211	215	208	208	199	190	200	196	192	185	182	181	177	169	173	193	−18
21t22	214	220	214	216	205	206	204	192	190	188	194	190	191	176	180	199	−16
23	263	265	238	237	230	214	221	209	207	198	203	202	200	184	199	218	−24
24	178	171	147	151	141	138	141	133	135	130	126	127	121	107	109	137	−39
25	181	187	192	191	184	175	171	168	158	152	146	142	138	125	125	162	−31
26	295	294	221	228	221	212	206	205	200	193	194	188	188	174	176	213	−40
27t28	171	181	171	172	166	172	164	150	145	144	143	143	141	130	133	155	−22
29	167	161	174	177	164	150	142	128	124	115	111	110	100	88	88	133	−47
30t33	132	137	142	127	124	111	105	96	92	83	83	81	79	66	69	102	−48
34t35	201	191	200	204	201	180	168	169	150	149	140	146	146	122	126	166	−37
36t37	193	185	170	170	164	150	148	134	124	118	111	115	107	91	102	139	−47
均值	197	198	187	187	180	171	169	162	155	149	148	147	144	130	134	164	−32
标准差	47	45	32	35	36	34	38	38	39	39	41	39	40	40	41	38	11
E	359	372	386	377	376	376	367	338	317	340	339	344	340	302	315	350	−12
F	354	380	415	398	359	355	364	342	331	317	302	296	283	246	258	333	−27
51	449	431	321	305	261	340	313	277	265	261	256	269	260	230	236	298	−47
52	527	495	459	397	416	436	355	333	360	355	489	378	399	299	308	400	−42
60	299	336	370	384	336	338	314	278	269	262	226	230	228	204	211	286	−29
61	231	237	249	257	233	249	226	207	217	208	206	203	204	155	166	216	−28
62	183	190	188	198	194	201	186	174	155	143	130	129	126	54	90	156	−51
63	163	175	188	311	317	317	319	288	282	285	288	282	241	205	209	258	28
64	250	257	254	257	253	242	255	242	223	207	197	178	175	142	151	219	−40
J	411	438	464	445	429	430	457	400	385	363	339	355	374	324	339	397	−18
70		711			676	677		633	569		603	619	625			639	−12
71t74	281	301	313	243	241	227	222	202	173	160	169	157	158	131	139	208	−51
均值	310	318	312	311	298	309	294	267	259	249	256	242	241	194	205	271	−34

续表

	1995	1996	1997	1998	1999	2000	2001	2002	2003	2004	2005	2006	2007	2008	2009	均值	变动
标准差	125	165	104	82	143	142	83	134	122	78	150	144	150	85	80	141	24
H	240	259	292	300	298	282	289	290	275	284	276	255	232	187	195	264	−19
L	316	354	402	381	392	403	371	369	371	335	367	385	389	290	307	362	−3
M	555	564	575	566	573	536	595	442	415	437	418	420	421	329	341	479	−39
N	464	537	479	434	431	405	430		456	465	461	484	370	296	318	431	−31
O	294	292	307	279	276	254	229	219	226	210	211	219	232	171	183	240	−38
均值	374	401	411	392	394	376	383	330	349	346	347	353	329	255	269	355	−28
标准差	131	141	119	116	119	112	141	97	96	106	102	112	90	71	74	103	15

注：①第一行的"均值"和"变动"是 1995—2009 年的算数平均值和百分比变化，第一列中的各均值和标准差是各行业内分部门的算术平均值和离散程度，生产性服务业的均值不包括部门 70。②部门 15t16—36t37 属于制造业，50—71t74 属于生产性服务业，H—O 属于生活性服务业，部门代码名称见表5—3。③服务业中的部门50 和 P 由于数据问题而无法计算。部门 70 的变动是 1996—2007 年的。

后　记

　　本书以中国服务业对外开放与服务业生产率为研究主题，是我攻读并完成博士学位至今系列研究成果的总结。党的十九大报告提出要推动形成全方位开放新格局，而在服务业领域就是要大幅度放宽市场准入，扩大服务业对外开放。同时，党的十九大报告也提出要以供给侧结构性改革为主线，推动经济发展质量变革、效率变革、动力变革，提高全要素生产率。因此，本书基于异质性企业贸易理论，讨论国际服务贸易成本下降促进服务业生产率及其增长的微观机理及其现实表现，是深入贯彻落实党的十九大报告相关精神的有力体现。但由于研究能力有限，书中难免存在错误和不当之处，敬请学界同仁对本书的研究提出批评和建议。

　　在本书即将付梓之际，本人要向所有指导、关心和帮助我的人致以最衷心的感谢！首先，我必须感谢的是在攻读硕士和博士学位期间，一直对我悉心指导的恩师王恕立教授。王教授不论是在学习上还是生活上都给予了我莫大的鼓舞和帮助，其深厚的学术功底和为人处世的哲学足够我用一生来学习。其次，我要感谢博士后导师黄汉民教授和张建民教授，他们在中国博士后科学基金项目申报中给予了我无私的指导，同时在生活中也关照颇多；工商管理学院院长钱学锋教授是我在教学和科研上的学习榜样，曾多次给予我指点、鼓励和帮助；国际贸易教研室的张华容教授、曹亮教授、席艳乐副教授等，企业管理教研室的刘璠副教授、万华博士，物流管理教研室的李海博士，贸易经济教研室的郭守亭教授、黄漫宇教授、吴振球教授、张伟年副教授、张传杰副教授、赵曜副教授和田博文博士在工作和生活中同样给予了我诸多帮助。再次，我要感谢朱明进、傅佳、周洋、胡碧晴、蒋凯丽、徐利帆、周佳、罗文玉等研究生的助研工作。最后，我要感谢工商管理学院的领导和同事们，感谢经济贸易系的全体老师对我的关照。

另外，我要感谢服务业领域的其他研究者对我提供的无私帮助，特别是 OECD 的 Sébastien Miroudot 教授告知的 WIOD 数据库来源，使本书第五章和第六章的经验分析成为可能；贸易发展咨询有限公司（Developing Trade Consultants Ltd.）的 Ben Shepherd 教授在 Stata 程序设计上的指点使我节省了编程时间；伦敦政治经济学院的研究员 Erik van der Marel 博士给予的回复让我颇受启发。感谢对外经济贸易大学的陶攀博士、清华大学的张寒博士在学习资源上的无偿共享及帮助；感谢《经济研究》《数量经济技术经济研究》《上海经济研究》等期刊编辑部及匿名审稿人提出的建设性修改意见。此外，本书借鉴和引用了大量国内外学者的研究成果，并尽可能在脚注和参考文献中反映出来，在此对相关学者一并表示感谢！

本书的研究得到了中南财经政法大学青年学术文库建设项目、教育部人文社科青年基金项目《中国对外服务贸易成本评估及其影响因素研究》（批准号：14YJC790046）、国家自然科学基金青年项目《服务业出口增长机制、路径及其生产率效应：中国的理论与经验研究》（批准号：71503273）的资助。感谢中国社会科学出版社对本书出版给予的大力支持，更要感谢徐沐熙博士为本书的编辑出版提供的指导和帮助，还要感谢中南财经政法大学科研部的刘进明老师、胡天豪老师和马高昂老师的辛勤工作！特别感谢我的父母、岳父母及家人对我的理解和支持，更要感谢刚满一周岁的儿子带给我的快乐，是家人的默默支持使我可以专注于教学和科研工作。

苏格拉底曾经说过："我唯一所知的是我一无所知"。因此，学无止境，只要生命不息，以"已知"探求"未知"的脚步便不止！以此来勉励自己未来在学术之路上不断进步！

胡宗彪

2017 年 12 月于晓南湖